Der 20. Juli 1944
Politische Rezeption und Traditionsbildung

Zum Geleit und zur Erinnerung
an die Frauen und Männer des
deutschen Widerstandes 1933–1945

»Das Vermächtnis ist noch in Wirksamkeit,
die Verpflichtung noch nicht eingelöst.«

Bundespräsident Prof. Dr. Theodor Heuss
Rede anlässlich einer Feierstunde zur 10. Wiederkehr
des 20. Juli 1944 im Auditorium Maximum
der Freien Universität Berlin am 19. Juli 1954

»Die Menschen des 20. Juli sind ein Teil deutscher und
europäischer Geschichte und in der deutschen Geschichte
einmalig: Nie zuvor gab es in Deutschland einen solchen
Aufstand für Befreiung, für Recht und menschliche Würde...«

Prof. em. Dr. Fritz Stern, New York
Rede anlässlich des 66. Jahrestages am 20. Juli 2010
im Ehrenhof des Bendlerblocks in Berlin

Rüdiger von Voss

Der Staatsstreich vom 20. Juli 1944

Politische Rezeption und Traditionsbildung in der Bundesrepublik Deutschland

Mit einem Geleitwort von Karl-Theodor Freiherr zu Guttenberg

Lukas Verlag

Umschlagabbildung
Fritz Eschen: Das von Richard Scheibe geschaffene Ehrenmal im sog. Bendlerblock in Berlin (Detail), abgebildet in: Ihr trugt die Schande nicht – Ihr wehrtet Euch, hg. vom Senator für Sozialwesen und vom Presseamt des Senats von Berlin, Berlin o.J. (wohl 1953)

Erstausgabe, 1. Auflage 2011

Lukas Verlag für Kunst- und Geistesgeschichte
Kollwitzstraße 57
D–10405 Berlin
www.lukasverlag.com

Satz und Umschlag: Lukas Verlag
Lektorat: Dr. Christian Hufen, Berlin
Druck: Elbe-Druckerei Wittenberg

Printed in Germany
ISBN 978–3–86732–097–9

Inhalt

Geleitwort des Bundesministers der Verteidigung,
Dr. Karl-Theodor Freiherr zu Guttenberg 6

Vorwort 8

Zur geistigen und politischen Dimension des 20. Juli 1944 11

Attentat und Staatsstreich im Spiegel politischer Reden 25

Kritisches Traditionsbewusstsein in der Bundeswehr 49

Die »Stiftung 20. Juli 1944« 103

Der Weg zur Forschungsgemeinschaft 118

Anhang
- Verzeichnis der Reden und Ansprachen zum 20. Juli 1944 138
- Namensgebungen für Kasernen der Bundeswehr 145
- Publikationen und Tagungen der »Forschungsgemeinschaft 20. Juli 1944« 149
- Personaltableau 155

Danksagung 158

Geleitwort

Ein offizieller Feiertag ist der 20. Juli nicht, und doch hat er in unserem Gedenken einen festen Platz. Für die Bundeswehr gilt dies auf ganz besondere Weise.

Das Bekenntnis zur Tradition des Widerstandes gegen Hitler prägt das Selbstverständnis der Bundeswehr bis heute. Es war General Adolf Heusinger, der erste Generalinspekteur der Bundeswehr, der in seinem Tagesbefehl zum 20. Juli 1959 herausstellte, dass den Soldaten der Bundeswehr »der Geist« und die »Haltung« der Männer und Frauen des Widerstandes »Vorbild« seien.

Im Tagesbefehl zum 15. Jahrestag des gescheiterten Staatsstreichs hat General Heusinger dafür bleibende Worte gefunden:

> Die Tat des 20. Juli 1944 – eine Tat gegen das Unrecht und gegen die Unfreiheit – ist ein Lichtpunkt in der dunkelsten Zeit Deutschlands. Die tragische Wahrscheinlichkeit des Scheiterns vor Augen, entschlossen sich freiheitlich gesinnte Kräfte aus allen Lagern, in vorderster Front Männer aus den Reihen der Soldaten, zum Sturz des Tyrannen. Das christlich-humanistische Verantwortungsbewusstsein, das diesen Entschluss bestimmte, gab ihrem Märtyrertum die Weihe. Wir Soldaten der Bundeswehr stehen in Ehrfurcht vor dem Opfer jener Männer, deren Gewissen durch ihr Wissen aufgerufen war. [...] Ihr Geist und ihre Haltung sind uns Vorbild.

Wenn heute der 20. Juli fester Bestandteil der Traditionspflege der Bundeswehr ist, so verdanken wir dies neben Heusinger auch Johann Adolf Graf

Kielmansegg, Ulrich de Maizière und Hans Speidel. Als Offiziere des militärischen Widerstandes gegen Hitler trugen sie in den frühen 1950er Jahren nicht nur maßgeblich zur Gründung der Bundeswehr bei, sondern prägten in diesem Zusammenhang auch die Prinzipien der »Inneren Führung« und des »Staatsbürgers in Uniform« entscheidend mit. Diese Prinzipien binden den Dienst in unseren Streitkräften an die Normen und Werte des Grundgesetzes.

Die enge Bindung des Dienstes in der Bundeswehr an die Tradition des 20. Juli erinnert uns daran, dass die Zukunft nur gestalten kann, wer die Vergangenheit und ihre prägenden Kräfte kennt und wer über die Fähigkeit verfügt, daraus Lehren zu ziehen. Gerade vor dem Hintergrund komplexer werdender sicherheitspolitischer Herausforderungen ist die Einordnung des eigenen Handelns in den größeren Zusammenhang der Geschichte für unsere Soldaten von besonderer Wichtigkeit.

Auch dazu leistet Rüdiger von Voss mit seinem Buch einen wertvollen Beitrag. Rüdiger von Voss ist dem Thema 20. Juli eng verbunden: durch seine Biographie und sein Wirken. Mit seinem Buch trägt er dazu bei, unseren Blick erneut auf das Vermächtnis der Frauen und Männer vom 20. Juli 1944 zu richten. Deshalb wünsche ich dieser Veröffentlichung eine breite, vor allem aber eine junge Leserschaft.

Dr. Karl-Theodor Freiherr zu Guttenberg
Bundesminister der Verteidigung

Vorwort

Längst wird der »20. Juli 1944« wie selbstverständlich als Synonym für das Attentat auf Hitler und den gescheiterten Staatsstreich gebraucht. Unbestritten ist das Datum heute auch Symbol für den tätigen Widerstand einer größeren Gruppe deutscher Offiziere, Beamter und Politiker, die angetreten waren, der Welt und vor der Geschichte die Existenz eines »anderen Deutschland« zu beweisen.

Deren Motiv und Entschlossenheit drücken jene Worte aus, die Henning von Tresckow im Juni 1944 an den künftigen Attentäter Claus Graf von Stauffenberg richtete:

> Das Attentat muss erfolgen, coûte que coûte. Sollte es nicht gelingen, so muss trotzdem gehandelt werden. Denn es kommt nicht mehr auf den praktischen Zweck an, sondern darauf, dass die deutsche Widerstandsbewegung vor der Welt und vor der Geschichte unter Einsatz des Lebens den entscheidenden Wurf gewagt hat. Alles andere ist daneben gleichgültig.[1]

Unmittelbar nach dem gescheiterten Attentat im Führerhauptquartier »Wolfsschanze« und kurz vor seinem Freitod bekannte Tresckow gegenüber Fabian von Schlabrendorff:

> Wenn ich in wenigen Stunden vor den Richterstuhl Gottes treten werde, um Rechenschaft abzulegen über mein Tun und Unterlassen, so glaube ich, mit gutem Gewissen vertreten zu können, was ich im Kampf gegen Hitler getan habe. Wenn einst Gott Abraham verheißen hat, er werde Sodom nicht verderben, wenn auch nur zehn Gerechte darin seien, so hoffe ich, dass Gott auch Deutschland um unseretwillen nicht vernichten wird. Niemand von uns kann über seinen Tod Klage führen. Wer in unseren Kreis getreten ist, hat damit das Nessushemd angezogen. Der sittliche Wert eines Menschen beginnt dort, wo er bereit ist, für seine Überzeugung sein Leben herzugeben.[2]

Diese Worte enthalten auch das Eingeständnis eigener Verstrickung und Verfehlung. Das gerade war der sittliche Kern der Tat Stauffenbergs und seiner Mitstreiter: sie erfolgte im Bewusstsein um eigene Schuld und Mitschuld für die Schrecken der Nazi-Diktatur und deren verbrecherische Kriegsführung. Der »Gewissensgehorsam« gab letztlich den Ausschlag zum Widerstand; hierin wurzelte die Entschlossenheit, die Hand gegen den Diktator zu erheben und das eigene Leben – mit allen Konsequenzen – für den Versuch der Beendigung von Gewalt, Unterdrückung, Vernichtung und Verfolgung einzusetzen.

1 Zit. aus: Hendrik Röder; Sigrid Grabner (Hg.): Ich bin der ich war. Texte und Dokumente zu Henning von Tresckow, Berlin ^{3}2005, S. 114.
2 Zit. aus: ebd., S. 115.

Weil die »verantwortliche Tat« misslang und auch der geplante Staatsstreich gescheitert ist, konnte nur vom »geistigen Vermächtnis« dieser Gruppe des deutschen Widerstandes die Rede sein. Doch die Auffassung, dass diese aus sittlicher Verantwortung begangene folgenschwere Widerstandshandlung damit hinreichend legitimiert ist und dass der »Bewegung des 20. Juli« eine über die zeitgebundene Bewertung hinausreichende historische Bedeutung zukommt, war nach der totalen Niederlage im geteilten Deutschland lange keine mehrheitsfähige oder gar staatstragende Überzeugung.

Heute ist die Erinnerung an dieses historische Ereignis im historischen Gedächtnis der Bundesrepublik Deutschland fest verankert. Das ist auch das Verdienst jahrzehntelanger Bemühungen der von überlebenden Mitstreitern und Angehörigen gegründeten »Stiftung 20. Juli 1944« und von deren gleichnamiger Forschungsgemeinschaft. Die alljährlichen Gedenkveranstaltungen zum Jahrestag des Attentats auf Hitler haben ihren Ursprung und Ausgangspunkt in der Selbstverpflichtung der Angehörigen, den Auftrag und das geistige Vermächtnis des Widerstandes zu pflegen – eine Arbeit, die gerade in Nachkriegsdeutschland zahlreichen Anfeindungen und ideologisch motiviertem, politischem Widerstand ausgesetzt war. Diese Untersuchung stellt dar, wie das »geistige Vermächtnis« des deutschen Widerstandes um Graf Stauffenberg in sechzig Jahren Bundesrepublik von Bundespräsidenten und -kanzlern aufgefasst und vermittelt wurde sowie Eingang in das Traditionsverständnis der Bundeswehr gefunden hat.

Als Sohn des am militärischen Widerstand beteiligten Offiziers Hans Alexander von Voß setzt sich der Verfasser seit über vierzig Jahren ehrenamtlich für eine historische Würdigung und gesellschaftliche Anerkennung des 20. Juli 1944 ein. Der Freitod unseres Vaters am 8. November 1944 und die Ermordung unseres Großonkels, des Generals Carl Heinrich von Stülpnagel, sowie unseres Verwandten Albrecht von Hagen haben das persönliche Leben unserer Familie in entscheidender Weise geprägt. Meine Mitarbeit in Stiftung und Forschungsgemeinschaft half, die Trauer zu überwinden. Ausschlaggebend war dabei der Wunsch, dieses Kapitel jüngster deutscher Geschichte dürfe nicht in Vergessenheit geraten.

Stets einzutreten für Recht und Freiheit, hierzulande mitzuwirken an der weiteren Ausgestaltung einer demokratischen Ordnung und politischen Praxis, die den einzelnen Menschen achtet und ihm dient – das »geistige Vermächtnis« des 20. Juli verpflichtet.

Die vorliegende Arbeit sei den Frauen und Männern des deutschen Widerstandes gewidmet, die ihr Leben gegen die Diktatur und als Sühne für geschehenes Unrecht eingesetzt haben.

Bonn, im Dezember 2010 *Rüdiger von Voss*

Zur geistigen und politischen Dimension des 20. Juli 1944

Am 20. Juli 2009 jährte sich zum 65. Mal der Attentatsversuch auf Hitler. Im Gedenken an die daran und an dem gescheiterten Staatsstreich beteiligten Frauen und Männer fand in Berlin am selben Tag auf dem Platz vor dem Reichstagsgebäude, dem Sitz des Deutschen Bundestages, eine öffentliche Vereidigung von Rekruten der Bundeswehr statt. Eine solche Veranstaltung vor dem Parlament des wiedervereinigten Deutschland hatte es zuvor schon mehrfach gegeben. Diesmal hielten Bundeskanzlerin Angela Merkel (CDU) und Verteidigungsminister Franz-Josef Jung (CDU) die Reden.

Bei der Kranzniederlegung im ehemaligen Gefängnishof Berlin-Plötzensee, an der Hinrichtungsstätte vieler Beteiligter am 20. Juli 1944, wo zahlreiche deutsche und ausländische Widerstandskämpfer starben, sprach am selben Tag der junge Bundesminister Karl-Theodor zu Guttenberg (CSU). In sprachlich und gedanklich herausragender Weise erinnerte er an das Vermächtnis und den Auftrag jenes deutschen Widerstandes, dem auch ich persönlich eng verbunden bin und dessen Andenken dieses Buch gewidmet ist.

Das in der Anlage und Gewichtung der Veranstaltungen und Reden sichtbar werdende politische Protokoll zeigt, dass die demokratischen politischen Parteien, der Bundestag, die Bundesregierungen und die Führung der Bundeswehr den 20. Juli 1944 als zentrales Ereignis des deutschen Widerstands anerkennen und würdigen. Ein solches Gedenken ist seit Jahrzehnten unverzichtbarer Bestandteil der Identität der Bundesrepublik Deutschland und Bezugspunkt des offiziellen politisch-ethischen Wertekanons.

Die Geschichte, heißt es, sei die Erinnerung der Völker. Gemeint ist hier die Rückbesinnung einer Nation, der Versuch einer Selbstaufklärung über die Wirklichkeit des Geschehens. Dazu gehört, meine ich, die Abwägung und Beurteilung von Gut und Böse, eine Gewichtung von Gewagtem und Unterlassenem und auch eine Wertschätzung der Erfolge – gemessen an eigenen Fehlern. Das Nachdenken über die Geschichte des eigenen Volkes wäre unvollständig ohne unser Urteil über Versagen und Verantwortung sowie, daran anschließend, ein Bekenntnis zu Schuld und Sühne.

Golo Mann schrieb 1952 die nachdenkenswerten Sätze über die Geschichte:

> Sie lehrt uns das Überraschende, Unvorhersagbare: Bescheidenheit und Resignation. Sie lehrt uns, dass alle großen, aus angeblichem Geschichtswissen hergeleiteten Planungsunternehmungen, alle Revolutionen und Gegenrevolutionen und Kreuzzüge und eiserne Programme nie zu dem geführt haben, wozu sie führen sollten; dass sie stets zu etwas ganz anderem, nicht vorher Gesehenem geführt haben. Sie ist das beste Gegengift gegen allen Fanatismus, alle falsche Selbstsicherheit, Selbstgerechtigkeit und Rechthaberei.[3]

Diese Worte ermahnen zur Bescheidenheit und vor allem zu einer Vorsicht vor apodiktischen und doktrinären Urteilen. Wir sollten einräumen, dass es keine unausweichlichen, geradezu deterministischen Abläufe gibt. Es kommt vielmehr darauf an zu klären, was der Einzelne, insbesondere die die Geschichte gestaltenden Persönlichkeiten, in der ihnen aufgegebenen Situation und Entscheidungsnotwendigkeit getan haben. Bei der Frage nach dem Gewissen, bei der Entscheidung zwischen Recht und Unrecht, zwischen Freiheit und Unfreiheit, Frieden und Krieg, Humanität und Gewalt ist ein Ausweichen, ein Sich-davon-Stehlen nicht mehr möglich. Die Geschichte holt jeden ein, soweit man sich der Darstellung der Wahrheit verpflichtet weiß.

Bezogen auf die Geschichte der NS-Diktatur komme ich nicht umhin festzustellen, dass die Darstellung der Wahrheit durch persönliche Erinnerungen erschwert wird. Klar erfasst hat diese Problematik Christian Graf von Krockow in seinen lesenswerten Erinnerungen »Zu Gast in drei Welten« (2002):

> Jeder Konflikt, der in Abgründe führte, hinterlässt bei den Beteiligten Wunden, die nicht vernarben wollen, die Bitterkeit der Erinnerungen: eben darum ist es so schwer, zur Versöhnung zu finden. Diese Erinnerungen sind ungenau und verzerrt, selbst wenn sie den Tatsachen entsprechen, jeder hütet seine eigenen, rechtfertigt sich mit ihnen und hält sie dem anderen wie ein Plakat entgegen, auf dem geschrieben steht: Du trägst die Schuld.[4]

Der Autor, der als junger Soldat das Kriegsende sowie Flucht und Vertreibung aus seiner Heimat miterlebt und dokumentiert hat, spricht hier von dem Trauma der Diktatur, von Verdrängung und Verweigerung von Verantwortung – welche nicht verschwiegen werden darf, wenn man nicht mitschuldig werden will an der Entstehung neuer Mythen und der Leugnung geschehenen Unrechts.

3 Golo Mann: Von der Tyrannei historischer Erfahrungen. Wie man nicht aus der Geschichte lernen soll, in: Außenpolitik, 3. Jg., Nr. 2 (Febr. 1952), S. 81–88, zit. nach: Tilmann Lahme: Golo Mann. Biographie, Frankfurt a.M. 2009, S. 209.

4 Christian Graf von Krockow: Zu Gast in drei Welten. Erinnerungen, München 2002, S. 302. – Ders.: Die Stunde der Frauen. Bericht aus Pommern 1944 bis 1947. Nach einer Erzählung von Libussa Fritz-Krockow, Stuttgart 1988.

Verantwortung – wessen, wofür und wozu? Hierzu sei eine kurze Darstellung deutscher Verantwortung für die nationalsozialistische Diktatur erlaubt.

Der amerikanische Historiker Gordon A. Craig warnte in seinem Essay »Wie Hitler Hitler wurde« vor einer deterministischen Darstellung der Ursachen und Entwicklungen, die zur Nazi-Diktatur führten.[5] Er meint damit eine Verkettung von Ereignissen und Vorgängen – das Scheitern der Paulskirchen-Revolution von 1848, die Unterdrückung des deutschen Liberalismus, das imperiale Streben des Wilhelminischen Reiches und auch das Scheitern der Weimarer Republik, desgleichen das Entstehen der militanten Arbeiterbewegung, von pseudowissenschaftlichen Rassetheorien und den schwärenden Antisemitismus, um einige Stichworte zu nennen –, so als hätte es zu diesen Abläufen und Entscheidungslagen keine Alternative gegeben.

Im Rückblick wird deutlich, dass Deutschland im Verlauf des 19. Jahrhunderts, so Helmuth Plessner in seinem grundlegenden Werk »Die verspätete Nation« (1935), sich zu einer »Großmacht ohne Staatsidee« entwickelte.[6] Übersetzt in eine »unbequeme« politische Begrifflichkeit heißt dies: nationaler Gedächtnisverlust, Isolationismus und Weltfremdheit, geistige Verarmung und kulturelle Dürre, antagonistisch-ideologisches Denken, rassische Ressentiments, obrigkeitsstaatlich-bürokratisches Denken.[7] Zu diesen negativen Eigenschaften traten in den 1920er Jahren Freund-Feind-Frontstellungen, eine Bejahung des »Ausnahmezustandes« als Grundlage staatlicher Souveränität und schließlich sogar eine Legitimation der Gewaltausübung des NS-Staates durch konservative deutsche Intellektuelle wie Carl Schmitt und Martin Heidegger.[8] Kritische Beobachter aus dem Ausland fanden den Begriff »incertitudes allemandes« für die Unwägbarkeiten deutscher Politik.[9] So bewirkte die fortwährende Unterdrückung einer politischen und gesellschaftlichen Liberalisierung eine gefährliche Konzentration geistig-kultureller Sprengkräfte, die zur Explosion drängten. So zitiert Plessner Heinrich Heine: »Der Gedanke geht der That voraus, wie der Blitz dem Donner.«[10]

5 Zu finden in der Aufsatzsammlung: Gordon A. Craig: Ende der Parade. Über deutsche Geschichte, München 2003, S. 80ff.

6 Vgl. Helmuth Plessner: Gesammelte Schriften, Bd. VI: Die verspätete Nation, Frankfurt a.M. 1982, S. 52.

7 Ebd., S. 22.

8 Dazu grundlegend: Christian Graf von Krockow: Die Entscheidung. Eine Untersuchung über Ernst Jünger, Carl Schmitt und Martin Heidegger, Stuttgart 1958, Neuausgabe Frankfurt a.M./New York 1990.

9 Plessner: Die verspätete Nation (wie Anm. 6), S. 20.

10 Vgl. Heinrich Heine: Zur Geschichte der Religion und Philosophie in Deutschland. Historisch-kritische Gesamtausgabe der Werke, hg. v. Manfred Windfuhr, Bd. 8,1., Hamburg 1979, S. 118.

Das Ende des Deutschen Kaiserreichs und die unvollendete Revolution von 1918 sowie der Versailler Vertrag wurden als nationale Katastrophe und Entwürdigung begriffen. Eine »Dolchstoßlegende«, womit die Oberste Heeresleitung die Schuld an der Niederlage Deutschlands vor allem der Sozialdemokratie anlastete, überschattete den staatlichen Neuanfang. Der Republik fehlte der nationale Konsens zur Entfaltung und die Solidarität der Demokraten zum Überleben. Die Reichswehr etablierte sich zum »Staat im Staat«, neben dem und notfalls gegen den republikanisch-demokratischen Geist. Hindenburg, Ludendorff und Papen wurden zu den Vollstreckern des Endes von Weimar.

Die darauf folgende Diktatur betrieb – vom Ermächtigungsgesetz, dem Gesetz zur Neuordnung des Berufsbeamtentums bis zu den Nürnberger Rassegesetzen von 1935 – eine folgenschwere und allumfassenden Zerstörung der Freiheits- und Menschenrechte. Dazu trugen viele bei: Täter und Mitläufer, die Schweigenden und angeblich Nichtwissenden, diejenigen, die wegsahen, als erst die Bücher und dann die Synagogen brannten. Reinhold Schneider formulierte diese Mitverantwortung und Mitschuld:

> Wieder und wieder werden die Tyrannen den Tod rufen, damit er die Erde überdecke und die Schmach ihres Versagens verberge. Wer aber ein einziges Mal es für richtig hielt, dass irgendeines Zweckes wegen die Freiheit der Person übergangen wurde, ist mitschuldig an der Zeit.[11]

Der Schriftsteller Jochen Klepper, aus protestantischer Familie stammend, verstand nicht, warum die Kirchen geschwiegen haben, als die Synagogen brannten. Denn dieses Ereignis erschien ihm als Fanal für die ganze Christenheit und jeden Menschen im Schatten der Diktatur.[12] Seine Frau und Tochter galten als »Juden« und waren unmittelbar bedroht; mit ihnen wählte er am 11. Dezember 1942 den Freitod.

Welche Bedeutung die Verletzung der Menschen- und Freiheitsrechte, der Gebote und Regeln des Rechtsstaates für die Frauen und Männer vom 20. Juli hatten, zeigen ihre Aussagen in den Gestapo- Verhören und vor dem sogenannten Volksgerichtshof.[13]

11 Vgl. die Predigt von Landesbischof Dr. Hanns Lilje 1961, in: Rüdiger von Voss und Gerhard Ringshausen (Hg.): Die Predigten von Plötzensee. Zur Herausforderung des moderen Märtyrers. Mit Geleitworten von Bischof Dr. Wolfgang Huber und Erzbischof Dr. Robert Zollitsch, Berlin 2009, S. 101, 106.

12 Vgl. Reinhold Schneider: Verhüllter Tag, Köln/Olten 1955, S. 155. – Jochen Klepper: Unter dem Schatten Deiner Flügel. Aus den Tagebüchern der Jahre 1932–1942, Stuttgart 1956.

13 Vgl. Hans Adolf Jacobsen (Hg.): Spiegelbild einer Verschwörung. »Die Opposition« gegen Hitler und der Staatsstreich vom 20. Juli 1944 in der SD-Berichterstattung. Geheime Dokumente aus dem ehemaligen Reichssicherheitshauptamt, Stuttgart-Degerloch 1984, Bd. 1, S. 447ff., 453ff. – Vgl. auch: Gerhard Ringshausen; Rüdiger von Voss (Hg.): Widerstand und Verteidigung des Rechts, Bonn 1997. – Bengt von zur Mühlen unter Mitarbeit

Unter den Ursachen für den katastrophalen Verlauf deutscher Geschichte im 20. Jahrhundert kommt dem Niedergang des Rechtsbewusstseins und der Verfassungstreue wohl eine Schlüsselstellung zu. Gar ein Fehlen desselben glaubte die Dichterin Ricarda Huch beobachten zu müssen. An Clemens August Graf von Galen, den Bischof von Münster, schrieb sie am 4. November 1941, nachdem sie von dessen mutiger Predigt erfahren hatte, worin er die Euthanasie als Mord angeprangerte:

> Erfahren zu müssen, dass unserem Volk das Rechtsgefühl zu fehlen scheint, war wohl das Bitterste, was die letzten Jahre uns gebracht haben.[14]

Das Fehlen und die Verweigerung des Rechtsgefühls und rechtlichen Handelns, die Perversion des Pflichtenkataloges führten konsequent zu den Vernichtungslagern, zum Holocaust. Auschwitz wurde jener Maßstab, an dem Verantwortung, Schuld und Mitschuld zu messen sind.

Um meine ganz persönliche Position deutlich zu machen: Die Berufung auf ein »anderes Deutschland« ist nur möglich, wenn man auch bereit ist zu begreifen, dass der Verantwortung für den Holocaust unser Eintreten für Freiheit, Recht und Menschenwürde mitbestimmt.

Die Beschäftigung mit den Zeugnissen jüdischer Überlebender hat mich tief bewegt. Eine Dimension des Verlusts beschrieb Gisela Bermann-Fischer, die Enkelin des Verlegers:

> Ich habe etwas verloren, das für immer verloren ist. Viele Verfolgte haben das verloren: Herkunft, Zugehörigkeit, Geschichte, Tradition, nennen Sie es, wie Sie wollen. Eine Welt ist untergegangen, eine Zivilisation wurde ausgelöscht.[15]

Von einer existentiellen Verunsicherung sprach Nobelpreisträger Elie Wiesel:

> Nie werde ich die Flammen vergessen, die Meinen Glauben für immer verzehrten.[16]

von Andreas von Klewitz (Hg.): Die Angeklagten des 20. Juli vor dem Volksgerichtshof, Berlin-Kleinmachnow 2001, insb. S. 195ff.

14 Ricarda Huch: In einem Gedenkbuch zu sammeln… Bilder deutscher Widerstandskämpfer, hg. und eingeleitet von Wolfgang M. Schwiedrzik, Leipzig 1997, S. 30. – Vgl. auch Alfred Heuß: Versagen und Verhängnis. Vom Ruin deutscher Geschichte und ihres Verständnisses, Berlin 1984, S. 98, 140ff. – Rüdiger von Voss (Hg.): Von der Legitimation der Gewalt. Widerstand und Terrorismus. Mit Beiträgen von H.G. Adler, E. Bethge, H.B. Streithofen, C. Graf von Krockow; insb. H. G. Adler: Geist und Grenzen des Widerstandes, S. 28ff. (Mitschuld durch Mitwirkung in der Gesetzgebung, Gerichtsbarkeit, Polizei, Verwaltungsakte usw.).

15 Zit. nach: Johanna Adorján: Bericht zur Restitution eines Gemäldes von Camillo Pisarro, Frankfurter Allgemeine Sonntagszeitung v. 14.6.2009, S. 19.

16 Elie Wiesel: Die Nacht. Erinnerung und Zeugnis, Paris 1958, dt. Neuausgabe 2008, S. 56. – Zur Dimension der Verfolgung und Vernichtung vgl. H.G. Adler: Der verwaltete Mensch. Studien zur Deportation der Juden aus Deutschland, Tübingen 1974.

Die Vertreibung und Vernichtung von Menschen jüdischer Herkunft hat Deutschland und Europa einer kulturellen Elite beraubt, zivilisatorische Grundlagen zerstört und menschliche und geistige Verluste herbeigeführt, von denen wir uns bis heute nicht erholt haben. Auschwitz und alle Vernichtungslager, Orte der Erinnerung und des Vermächtnisses sagen uns, meine ich, dass eine Ordnung ohne Glauben, ohne Zivilisation und die sie tragenden Menschen unfähig ist, Freiheit und Recht zu bewahren.

Die historischen Hintergründe und Abläufe des Geschehens am 20. Juli 1944 sind nunmehr weitgehend erforscht.[17] Heute wissen wir, dass schon vor 1933 Menschen in Deutschland klar voraussahen, worauf Hitler und die NSDAP abzielten und welches Unheil für das eigene Volk und Europa damit heraufzog. Sozialdemokratie und Gewerkschaften, deren Vertreter neben den Kommunisten nach der nationalsozialistischen »Machtergreifung« als erste verfolgt wurden, deuteten Hitlers Ermächtigungsgesetz zutreffend als Ende der Weimarer Republik und Voraussetzung zur Errichtung eines Gewaltregimes. Die mutige Rede des Vorsitzenden der SPD-Reichstagsfraktion, Otto Wels, vom 23. März 1933 bei der Abstimmung zu diesem Gesetz, ist und bleibt ein historisches Dokument demokratischen Freiheitswillens und Widerstandes gegen Gewalt und Terror. An Hitler gewandt, schloss Otto Wels seine Rede mit den Worten:

> Wir sehen die machtpolitische Tatsache Ihrer augenblicklichen Herrschaft. Aber auch das Rechtsbewusstsein des Volkes ist eine politische Macht, und wir werden nicht aufhören, an dieses Rechtsbewusstsein zu appellieren. Die Verfassung von Weimar ist keine sozialistische Verfassung. Aber wir stehen zu den Grundsätzen des Rechtsstaates, der Gleichberechtigung, des sozialen Rechtes, die in ihr festgelegt sind. Wir deutschen Sozialdemokraten bekennen uns in dieser geschichtlichen Stunde feierlich zu den Grundsätzen der Menschlichkeit und

17 Hans Rothfels: Die deutsche Opposition gegen Hitler – Eine Würdigung. Einführung Friedrich Freiherr Hiller von Gaertringen, Neuausgabe der Fassung von 1949, Zürich 1994. Vgl. Peter Hoffmann: Widerstand – Staatsstreich – Attentat. Der Kampf der Opposition gegen Hitler, München ^{3}1969/70. – Forschungsgemeinschaft 20. Juli 1944 e.V. (Hg.): Bibliographie »Widerstand«, Bearbeiter Ulrich Cartarius, Einl. K. O. Freiherr von Aretin, München/New York/London/Paris 1984. – Peter Steinbach; Johannes Tuchel (Hg.): Widerstand in Deutschland 1933–1945. Ein historisches Lesebuch, München 1994. – Peter Steinbach: Widerstand im Widerstreit. Der Widerstand gegen den Nationalsozialismus in der Erinnerung der Deutschen, 2. erw. Auflage Paderborn/München/Wien/Zürich 2001. – Peter Steinbach; Johannes Tuchel (Hg.): Widerstand gegen die nationalsozialistische Diktatur 1933–1945, Berlin 2004. – Siehe auch Materialien sowie die ständige Ausstellung zur Geschichte des Deutschen Widerstanden in der Gedenkstätte Deutscher Widerstand (Berlin). – Joachim Fest: Staatsstreich. Der lange Weg zum 20. Juli, Berlin 1994. – Tobias Kniebe: Operation Walküre – Das Drama des 20. Juli, Berlin 2009.

> der Gerechtigkeit, der Freiheit und des Sozialismus. Kein Ermächtigungsgesetz gibt Ihnen die Macht, Ideen, die ewig und unzerstörbar sind, zu vernichten.[18]

Und in Erinnerung bleibt insbesondere sein berühmter Satz: »Freiheit und Leben kann man uns nehmen, die Ehre nicht.«

Der Vorwurf, der Widerstand gegen Hitler habe sich zu spät zu Wort gemeldet, kann heute aus der Fülle des Materials jederzeit und über die politischen Lager hinweg widerlegt werden. Ein solches Zeugnis enthält die Einleitung zu den 1935 erschienenen »Politischen und journalistischen Schriften« des Dichters Heinrich von Kleist. Darin schreibt der Herausgeber Adam Trott zu Solz:

> Die Freiheit ist nicht nur ein inneres, sondern ein politisches Postulat, insofern die äußere Macht und ihr Eingriff jenen allein Recht schaffenden Ursprung echter menschlicher Ordnung zu gefährden vermag.[19]

Dass solche Warnungen überhört wurden, war der Beginn der deutschen Tragödie! Der Autor dieser Zeilen gehörte später bekanntlich zum engeren Kreis des 20. Juli und wurde am 26. August 1944 in Berlin-Plötzensee hingerichtet.

Die Leitungen beider großen Kirchen gingen frühzeitig den Weg der Anpassung und der Kompromisse, um ihre Institutionen vor der angedrohten Zerstörung zu bewahren.[20] Dass die Kirchen, die Christen als Ganzes bedroht waren, wurde erkannt und ausgesprochen. Zum Widerstand aufgerufen haben die Amtskirchen jedoch nie. Es waren einzelne Christen und Geistliche beider Konfessionen, die für sich und andere nach Wegen des Widerstands suchten. Christliche Dichter wie Reinhold Schneider, Jochen Klepper, Werner Bergengruen, Ricarda Huch, Rudolf Alexander Schröder, Ernst Wiechert, Gertrud von le Fort und andere erkannten früh das drohende Unheil für die Christenheit und die Freiheit eines jeden. Sie wussten voneinander. Sie standen mit-

18 Otto Wels, in: Reden, die die Welt bewegten, Essen [9]1998, S. 366ff., 369, 367. – Siehe auch die Darstellung zu Hitlers Auftritt im Reichsrat und die Rede von Arnold Brecht vom 2.2.1933 (Appell an Gewissen und Rechttreue) in: Arnold Brecht: Mit der Kraft des Geistes. Lebenserinnerungen zweite Hälfte 1927–1967, Stuttgart 1967, S. 276ff.

19 Heinrich von Kleist: Politische und journalistische Schriften, ausgew. und eingeleitet von Adam von Trott zu Solz, Nachdruck 1995. – Gustav Seibt: Ein trotz aller Not herrliches Leben. Adam von Trott zu Solz in einer großen Biographie zum hundertsten Geburtstag, in: Süddeutsche Zeitung vom 8./9.8.2009, S. 16. – Benigna von Krusenstjern: Dass es Sinn gehabt hat zu sterben, gelebt zu haben. Adam von Trott zu Solz. Biographie, Göttingen 2009. – Clarita von Trott zu Solz: Adam von Trott zu Solz. Eine Lebensbeschreibung, Einl. Peter Steinbach, Berlin 2009. – Joachim Fest: Spiel mit hohem Einsatz. Über Adam von Trott, in: Joachim Fest: Bürgerlichkeit als Lebensform. Späte Essays, Hamburg 2007, S. 119ff.

20 Gerhard Besier; Gerhard Ringshausen (Hg.): Bekenntnis, Widerstand, Martyrium. Von Barmen 1934 bis Plötzensee 1944. – Gerhard Ringshausen: Widerstand und Christlicher Glaube angesichts des Nationalsozialismus (Lüneburger Theologische Beiträge, Bd. 3), Berlin 2007.

einander in enger Verbindung. Sie bildeten eigene Netzwerke, publizierten im Untergrund ihre »verbotenen« Schriften, Gedichte und Liedertexte in teilweise hohen Auflagen. Nach dem Zweiten Weltkrieg sahen sich Vertreter der sogenannten »inneren Emigration« dem Vorwurf des Mitläufertums ausgesetzt. Altnazis in der bundesdeutschen Publizistik und linksorientierten Schriftstellern ist es weitgehend gelungen, den christlichen Autorenkreis aus der öffentlichen Wahrnehmung weitgehend zu verdrängen. Die »Stiftung 20. Juli 1944« und die gleichnamige Forschungsgemeinschaft unterstützten 2009 einen neuen Versuch, diese Gruppe deutscher Schriftsteller angemessen zu würdigen.[21]

Dietrich Bonhoeffer, Eberhard Bethge, Alfred Delp, Bernhard Lichtenberg – diese Namen stehen für den christlichen »Aufstand des Gewissens« in Nazideutschland. Sie zählten zu den wenigen Kirchenvertretern, die sich von Anbeginn an gegen die Diktatur auflehnten und bereit waren, den Weg des Martyriums auf sich zu nehmen. Die »Predigten von Plötzensee« bezeugen eindrucksvoll den religiös motivierten Widerstand gegen das »Dritte Reich«.[22]

Reinhold Schneider sprach aus seiner christlichen Überzeugung heraus, mit theologischen Gründen, sich gegen das Attentat auf Hitler aus. Doch der Schriftsteller wusste, dass es gewagt werden musste – aus Solidarität mit den Verfolgten und Ermordeten, um dem Unrecht und der Gewalt ein Ende zu bereiten.[23] Mit dieser Haltung stand er, wie wir von Graf Moltke und dem Kreisauer Kreis wissen, keineswegs allein. Das 13. Kapitel des Römerbriefes, worin es heißt: »Jedermann sei Untertan der Obrigkeit, die Gewalt über ihn hat.« (Römer 13,1), stellte Christen vor eine schwierige Entscheidung. Hans Graf von Lehndorff über ein letztes Gespräch mit seinem Vetter Heinrich, der im Widerstand tätig war:

> Eines jedenfalls wurde uns klar: Unter Berufung auf den Römerbrief sich zu drücken, um das eigene Seelenheil zu retten, dazu bot uns der Apostel Paulus keine Handhabe. Er ließ uns nur erkennen, wie schwer die Entscheidung wog, vor die wir uns gestellt sahen. Hier gab es nur noch zwischen Schuld und Schuld zu wählen.[24]

21 Wissenschaftliche Tagung der Forschungsgemeinschaft 20. Juli 1944 und der Stiftung 20. Juli 1944, Rheinischer Merkur, Hessische Landeszentrale für Politische Bildung TU Chemnitz: Schriftsteller im Widerstand. Facetten und Probleme der »Inneren Emigration«, 9.–11.7.2009 in Chemnitz, Publikation in Vorbereitung.

22 Die Predigten von Plötzensee (wie Anm. 11), darin insbes. Eberhard Bethge: Das neue Alphabet-Gesichtspunkte für das Verständnis des modernen Märtyrers, S. 117ff.

23 Reinhold Schneider: Verhüllter Tag, 1 u. 2. Aufl. Köln 1954/55, S. 185ff, 187. – Babette Stadie (Hg.): Die Macht der Wahrheit. Reinhold Schneiders »Gedenkwort zum 20. Juli« in Reaktionen von Hinterbliebenen des Widerstandes, Berlin 2008, darin insb. Peter Steinbach: Distanz –eine bändigende Kraft S. 11ff.

24 Hans Graf von Lehndorff: Ostpreußisches Tagebuch. Aufzeichnungen eines Arztes aus den Jahren 1945–1947, München 1961, S. 93. – Vgl.: Ders.: Die Insterburger Jahre. Mein Weg zur Bekennenden Kirche, München 1981, S. 86ff., 93ff.

Und Dietrich Bonhoeffer sagte schon 1940: »Wir sind schuldig geworden am Leben der schwächsten und wehrlosesten Brüder Jesu Christi«.[25]

All jene, denen die Frage nach Schuld und Mitschuld an den Verbrechen der Hitler-Diktatur ein Ärgernis ist, seien an die klaren und unmissverständlichen Worte Bonhoeffers erinnert, die er während seiner Haft niederschrieb:

> Wir sind stumme Zeugen böser Taten gewesen, wir sind mit vielen Wassern gewaschen, wir haben die Künste der Verstellung und der mehrdeutigen Rede gelernt, wir sind durch Erfahrung misstrauisch gegen die Menschen geworden und mussten ihnen die Wahrheit und das freie Wort oft schuldig bleiben, wir sind durch unerträgliche Konflikte mürbe und vielleicht zynisch geworden – sind wir noch brauchbar?[26]

Der Geograph und Diplomat Albrecht Haushofer (1903–45), Leidensgenosse Bonhoeffers, der wegen seiner Verbindung zum 20. Juli mit diesem noch im April 1945 von der SS ermordet wurde, schrieb in Haft, bezeichnenderweise, auch ein Sonett mit dem Titel »Schuld«:

> Ich trage leicht an dem, was das Gericht
> mir Schuld benennen wird: an Plan und Sorgen.
> Verbrecher wär' ich, hätt' ich für das Morgen
> des Volkes nicht geplant aus eigner Pflicht.
>
> Doch schuldig bin ich anders als ihr denkt,
> ich musste früher meine Pflicht erkennen,
> ich musste schärfer Unheil Unheil nennen –
> mein Urteil hab ich viel zu lang gelenkt...
>
> Ich klage mich in meinem Herzen an:
> ich habe mein Gewissen lang betrogen,
> ich hab mich selbst und andere belogen –
>
> Ich kannte früh des Jammers ganze Bahn –
> ich hab gewarnt – nicht hart genug und klar!
> und heute weiß ich, was ich schuldig war...[27]

25 Zit. nach: Eberhard Bethge, in: Predigten von Plötzensee (wie Anm. 11), S. 121.
26 Dietrich Bonhoeffer: Widerstand und Ergebung. Briefe und Aufzeichnungen aus der Haft, hg. v. Eberhard Bethge, Neuausgabe München 1970, S. 27.
27 Albrecht Haushofer: Moabiter Sonette/Schuld, aus: Gedichte fürs Gedächtnis, zum Inwendig-Lernen und Auswendig-Sagen, ausgew. und kommentiert von Ulla Hahn, Nachwort Klaus von Dohnanyi, Stuttgart [15]2005, S. 162. – Vgl. auch die eindrucksvollen Gedichte von Werner Bergengruen: »Dies Irae« – Eine Dichtung, geschrieben 1944, München o.J.

Das Bekenntnis zu eigener Schuld und einer »kollektiven Scham« (Alfred Heuss) sowie die Übernahme historischer wie politischer Haftung – dies waren entscheidende Schritte zum Entschluss, den Tyrannenmord und Staatsstreich zu wagen, und sei es im »letzten Augenblick«. Selbstüberwindung aus dem Wissen um die eigene Schuld – darin erkenne ich die moralische und zugleich politische Legitimation des Widerstandes vom 20. Juli.

Damit war eine Grenze gezogen, an der sich auch entschied, wer dafür und wer dagegen war, wer der eigenen Schuld zu entfliehen versuchte, wer sich zur Verdrängung und Leugnung des wirklichen Geschehens entschloss und bereit war, die eigene Schuld auf den »Anderen« zu wälzen. Ein sich zurückmeldendes Rechtsgefühl und -bewusstsein sowie eine noch lebendige Gewissenskultur gaben den Ausschlag. Dies gestattete dem Kreis der Widerständler zu unterscheiden zwischen jenen, die sich der Verantwortung stellten, und anderen, die der gemeinsamen Verantwortung zu entfliehen suchten. Nach meinem Eindruck sind genau diese Voraussetzungen ebenso ausschlaggebend, wann immer über unsere Geschichte in jenen Jahren gesprochen wird.

So wie der nationale Konsens am Ende der Weimarer Republik verlorengegangen war, gab es in den unterschiedlichen Gruppen, die den 20. Juli vorbereiteten, auch keine einheitliche, ausdiskutierte Vorstellung über den weiteren Weg nach einem Staatsstreich.[28] Wie sahen die Pläne zur Neuordnung Deutschlands nach Hitler und einem Ende der Nazi-Diktatur aus? Meiner Ansicht nach kann die Feststellung, dass diese, soweit vorhanden, mit unserer heutigen Staats- und Verfassungsordnung wenig gemein haben, kein abschätziges Urteil rechtfertigen. Angestrebt wurde ein »anderes Deutschland«: Einigkeit bestand darin, dass die Freiheit und Würde des Menschen nur durch die Wiederherstellung der »Majestät des Rechts« und eine Ordnung von Freiheit, Verantwortung und sozialer Gerechtigkeit wiederzugewinnen ist. Eine Einordnung Deutschlands in eine Ordnung des Friedens in Europa war der weitere Baustein einer neuen nationalen »Staatsraison«. Klar war allen, dass die Neuordnung einer grundlegenden philosophischen und theologischen Orientierung bedurfte.

Grundlegende Überlegungen dazu wurden im Kreisauer Kreis angestellt. Ein Teilnehmer der Besprechungen, der am 2. Februar 1945 hingerichtete Jesuit Alfred Delp, nannte in seinem Abschiedsbrief an Freunde jene Werte, die seinem Leben Richtung gaben und für die er in den Tod ging:

28 Gerhard Ringshausen; Rüdiger von Voss (Hg.): Die Ordnung des Staates und die Freiheit des Menschen. Deutschlandpläne im Widerstand und Exil, Bonn 2000. – Heuß: Versagen und Verhängnis (wie Anm. 14), S. 136ff.

Mein Verbrechen ist, dass ich an Deutschland glaubte auch über eine mögliche Not- und Nachtstunde hinaus [...] und dass ich dies tat als katholischer Christ und als Jesuit.[29]

Zum Schicksal der Kirchen und ihrer Zukunft sagt er in den erhaltenen Fragmenten, die zwischen seiner Verhaftung und Hinrichtung geschrieben worden sind, unbeugsam und unmissverständlich:

Eine kommende ehrliche Kultur- und Geistesgeschichte wird bittere Kapitel zu schreiben haben über die Beiträge der Kirchen zur Entstehung des Massenmenschen, des Kollektivismus, der diktatorischen Herrschaftsformen usw. Wenn die Kirchen der Menschheit noch einmal das Bild einer zankenden Christenheit zumuten, sind sie abgeschrieben. Wir sollen uns damit abfinden, die Spaltung als geschichtliches Schicksal zu tragen und zugleich als Kreuz? Von den heute Lebenden würde sie keiner noch einmal vollziehen. Und zugleich soll sie unsere dauernde Schmach und Schande sein, da wir nicht im Stande waren, das Erbe Christi, seine Liebe, unzerrissen zu hüten.[30]

Von den die Haft überlebenden und in den Gefängnissen Tegel und Plötzensee tätigen Geistlichen beider Konfessionen, den Patres Peter Buchholz und Odilo Braun sowie den Pfarrern Harald Poelchau und Eberhard Bethge, wissen wir –nachzulesen in den bereits erwähnten »Predigten von Plötzensee« –, dass sie die Trennung der Kirchen im Gebet, in Kommunion und Abendmahl überwunden hatten. Die einige Kirche, die »una sancta«, war ihre Wirklichkeit.

In seiner am 20. Juli 1969 in Berlin (West), in der Kirche Maria Regina Martyrium, gehaltenen Predigt berichtete Pfarrer Bethge, dass Alfred Delp vor seinem gewaltsamen Tod seinen evangelischen Zellennachbarn beschwor:

Sorge dafür, dass unsere Kirchen in ihrer Uneinigkeit unserem gemeinsamen Herrn nicht mehr Schande machen. Wir haben es so lange getan. Es soll und muss ein Ende haben.[31]

Seine Worte begleiten uns auf dem weiterhin mühsamen Weg zur Einigung der Christenheit; ich lese sie auch als Aufforderung zum gemeinsamen Abendmahl. In den jährlichen Gottesdiensten am 20. Juli im Hinrichtungsschuppen von

29 Vgl. Alfred Delp S. J.: Im Angesicht des Todes, geschrieben zwischen Verhaftung und Hinrichtung, hg. v. Paul Bolkovac S. J., Frankfurt a.M. 1949, S. 173ff., 180. – Günter Brakelmann: Helmuth James von Moltke 1907–1945. Eine Biographie, München 2007. – Ders.: Christ sein im Widerstand. H.J. von Moltke (Schriftenreihe der Forschungsgemeinschaft 20. Juli 1944, Bd. 11), Berlin 2008.

30 Delp: Im Angesicht des Todes (wie Anm. 29), S. 108f.

31 Eberhard Bethge, in: Die Predigten von Plötzensee (wie Anm. 11), S. 117.

Plötzensee lebt dieser Geist fort, trotz aller kirchenrechtlichen und dogmatischen Trennung.[32]

Demokratie und Rechtsstaat, eine soziale Wirtschafts- und Gesellschaftsordnung, weitgehende Überwindung gewerkschaftlicher Spaltung und das Konzept sozialer Partnerschaft zwischen Staat, Arbeitgebern und Arbeitnehmerschaft – zu diesen Voraussetzungen für die bundesdeutschen Erfolgsgeschichte sollten auch konzeptionelle Vorleistungen des deutschen Widerstands gezählt werden. Dazu beigetragen haben auch dem 20. Juli zugehörige Gruppen, allen voran die Pläne des Kreisauer und des Freiburger Kreises zur Neuordnung von Staat, Wirtschaft und Gesellschaft, zur Überwindung ideologischer Gegensätze, zur Überwindung von Schuld und Verfolgung, zur Neuordnung Europas. Diese Vorarbeiten für ein »anderes Deutschland« gaben wichtige Impulse beim demokratischen und rechtsstaatlichen Neubeginn.[33]

Eine in die demokratische Ordnung eingepasste und der Verfassung verpflichtete Bundeswehr, das Konzept des »Bürgers in Uniform«, ist ohne das mutige Handeln eines Henning von Tresckow, Claus Graf von Stauffenberg und aller im Widerstand aktiv tätigen Offiziere und Soldaten nicht denkbar. Sie haben den unheilvollen Eid auf Hitler und den Nationalsozialismus überwunden und, so muss es heute erneut klar gesagt werden, eben keinen »Landesverrat« begangen. Aus dem durch die Diktatur herbeigeführten »Befehlsnotstand« konnte nur der angestrebte Staatsstreich und das Attentat befreien.

Diese Offiziere stellten sich bewusst gegen ihre Vorgesetzten. Die oberste Führung des deutschen Militärs hatte – angefangen mit der Eidesleistung

32 Vgl. Roman Bleistein: Alfred Delp. Geschichte eines Zeugen, Frankfurt a.M. 1989, insb. S. 424ff. – Michael Kißener; Kardinal Lehmann: Das letzte Wort haben die Zeugen: Alfred Delp (Mainzer Perspektiven. Orientierung 6), Mainz 2007. – Petra Weber: Erinnerung an Alfred Delp S.J., in: Die neue Ordnung, Heft 6, Dez. 2008, S. 442ff.

33 Zum Kreisauer Kreis und seinen Vorstellungen und seinen Plänen: Albrecht von Moltke: Die wirtschafts- und gesellschaftspolitischen Vorstellungen des Kreisauer Kreises innerhalb der deutschen Widerstandsbewegung (Wirtschafts- und Rechtsgeschichte, Bd. 16), Hg. F.W. Hemmig, Diss. 1989, Köln 1989. – Ulrich Karpen (Hg.): Europas Zukunft. Vorstellungen des Kreisauer Kreises um Helmuth James Graf von Moltke, Heidelberg 2005. – Zu den Vorstellungen des Freiburger-Kreises: Christine Blumenberg-Lampe: Das wirtschaftspolitische Programm des Freiburger Kreises. Entwurf einer freiheitlich- sozialen Nachkriegswirtschaft. Nationalökonomen gegen den Nationalsozialismus (Volkswirtschaftliche Schriften, H. 208), Berlin 1973. – In der Stunde Null. Die Denkschrift der Grundtexte der Freiburger Tradition der Ordnungsökonomen, des Freiburger »Bonhoeffer-Kreises«, Einl. Helmut Thielicke, Nachwort Philipp von Bismarck, Tübingen 1979. – Vgl. zur Wirkungsgeschichte: Nils Goldschmidt et al.: Grundtexte der Freiburger Tradition der Ordnungsökonomen, Tübingen 2008.

auf Hitler nach dem Tod Hindenburgs, über die Duldung der Morde beim sogenannten Röhm-Putsch 1934, durch ihre Gleichgültigkeit in der Fritsch-Krise und Blomberg-Affäre – erst ihre Ehre, dann auch den Zeitpunkt verpasst, gegen Hitlers Kriegspläne zu rebellieren. Die Marschälle und der größte Teil der Generalität wurden Helfer und Helfershelfer bei der Umsetzung von Hitlers Großmacht- und Ausrottungspolitik. Alle Versuche, die Wehrmacht von ihrer Mitschuld freizusprechen, mussten scheitern und sind gescheitert. Allein Beck, Tresckow, Stauffenberg und alle anderen zum Staatsstreich entschlossenen Offiziere haben – im Wissen um ihre Mithaftung und die aus den Verbrechen resultierende Mitschuld – den »entscheidenden Wurf«, den Schritt zum Attentat in letzter Stunde gewagt.[34]

Ihr Aufstand des Gewissens wurde durch das Attentat zum Aufstand für Freiheit und Recht.[35] Die Bundeswehr ist als Verfassungsarmee dem Schutz dieser Güter verpflichtet. Für ihr Selbstverständnis sollte das Vorbild des 20. Juli auch in Zukunft eine Orientierungsfunktion haben, gemäß den Worten des Bundespräsidenten Theodor Heuß in seiner wegweisenden Rede zum 20. Juli 1954 in Berlin (West):

> Die Scham, in die Hitler uns gezwungen hatte, wurde durch ihr Blut vom besudelten deutschen Namen wieder weggewischt. Das Vermächtnis ist noch in Wirksamkeit, die Verpflichtung noch nicht eingelöst.[36]

Eine offizielle Würdigung der Beteiligten am 20. Juli 1944, die angemessene Auseinandersetzung mit ihrer Tat und eine Wertschätzung des hohen Preises, den sie und ihre Angehörigen dafür oftmals bezahlt hatten, standen in Nachkriegsdeutschland bekanntlich nicht auf der Tagesordnung. Den Überlebenden blieb die Hoffnung, der Yorck von Wartenburg im Abschiedsbrief an seine Mutter Ausdruck verliehen hat:

34 Heuß: Versagen und Verhängnis (wie Anm. 14), S. 100, 104, 111, 135ff., 190ff., 194. – Vgl. auch Heinrich August Winkler: Auf ewig in Hitlers Schatten. Anmerkungen zur deutschen Geschichte, München 2007, S. 16ff.

35 Aufstand des Gewissens – Militärischer Widerstand gegen Hitler und das NA-Regime 1933–1945. Katalog zur Wanderausstellung des Militärgeschichtlichen Forschungsamtes, Berlin/Bonn/Herford, [4]1994 und die darin enthaltenen Beiträge. – Zur Eidesproblematik: Rainer Blasius: Ein Lichtpunkt in dunkelster Zeit, FAZ v. 20.7.2009, S. 8; Ders.: Vom treuen Diener zum unbedingten Gehorsam, FAZ v. 1.8.2009, S. 10. – Vgl. Wolf Graf von Baudissin: Soldat für den Frieden, Entwürfe für eine zeitgemäße Bundeswehr, Hg. Peter von Schubert, München 1970, S. 77ff., 115ff., insb. 95ff. – Sönke Neitzel: Abgehört. Deutsche Generale in britischer Kriegsgefangenschaft, Berlin 2006. Diese Dokumentation zeigt, dass der Widerstand maßgeblich an der falsch verstandenen Gefolgschaftstreue und nationalsozialistischen Gesinnung in den Reihen der Generalität gescheitert ist!

36 Theodor Heuss, in: Gedanken zum 20. Juli 1944, Einl. von Helmut Kohl, Vorwort D. Bracher, hg. von der Forschungsgemeinschaft 20. Juli e.V., Mainz 1984, S. 31ff.

> Vielleicht kommt doch einmal die Zeit, wo man eine andere Würdigung für unsere Haltung findet, wo man nicht als Lump, sondern als Mahnender und Patriot gewertet wird.[37]

Die Angehörigen und Nachkommen waren in der Nachkriegszeit weitgehend isoliert und viele in einer äußerst schwierigen sozialen Lage. Der Vorwurf des Landesverrates war Teil der Verweigerung, die Vergangenheit des eigenen Landes zu bewältigen. Noch bis in die 1960er Jahre war in der Bundesrepublik die Diffamierung des Widerstandes als Landesverrat oder als sinnloser, erfolgloser, verräterischer Putsch einer reaktionären Gruppe weitverbreitet.

Umso erstaunlicher wirkt die heute selbstverständliche Ehrung dieser Widerstandsgruppe. Die Hoffnung der Entschlossenen auf eine Nachwirkung ihrer Tat ging in Erfüllung. Die offizielle und breite öffentliche Würdigung des 20. Juli zeugt davon. Sie ist Ausdruck der Selbstachtung unseres Landes und des Patriotismus, auf den Deutschland dringend angewiesen ist. Nicht eine vordergründige Heldenverehrung ist gemeint, sondern eine Würdigung von Menschen, die mit ihrem Leben für die Wiedergewinnung von Freiheit und Recht eingetreten sind und auch das Martyrium auf sich nahmen.

Diese Überlegungen sollen Zeilen von Ricarda Huch abschließen, die sie unmittelbar nach dem 20. Juli 1944 niederschrieb, auch im Gedenken an die Angehörigen der Hingerichteten. Im zweiten Teil ihres Gedichtes »Märtyrer der Freiheit« heißt es, als Trost und Auftrag zugleich:

> Wir aber wollen Male richten euch zum Gedächtnis;
> Wo auf Hügeln stürmische Eichen grünen, wo die
> Silberne Buche ragt und die rötliche Kiefer am Meere,
> Stehe der Marmor und glühe die Flamme der heiligen Namen.
> Dort, Ihr Glorreichen, wollen wir euer gedenken und schwören,
> Tapfer wie ihr zu sein, dem Recht und der Freiheit zu dienen,
> Niemals treulos und feige den Gott in der Brust zu verleugnen,
> Der uns zu lieben treibt und im Kampf mit dem Bösen zu sterben.
> Wir vergessen euch nicht. Oft wird euer tragisches Opfer
> Unser Gespräch sein, den Enkeln künftig ehrwürdige Sage.
> Über den Trümmern weht die schwarze Fahne der Trauer.
> Aber dereinst, wenn eure Male bemoost und verwittert,
> Möge Lebendiges neu erwachsen und, wie auch gestaltet,
> Unseren heimischen Boden bestreun mit goldenen Früchten.[38]

37 Peter Graf Yorck von Wartenburg, in: Helmut Gollwitzer; Käthe Kuhn; Reinhold Schneider (Hg.): Du hast mich heimgesucht bei Nacht, Abschiedsbriefe und Aufzeichnungen des Widerstandes 1933–1945, München 1954, S. 225ff.
38 Huch: In einem Gedenkbuch … (wie Anm. 14), S. 39.

Attentat und Staatsstreich im Spiegel politischer Reden

Seit 1952 wurden in Bonn und Berlin (West) offizielle Gedenkveranstaltungen zur Erinnerung an den 20. Juli 1944 abgehalten. Die Reden ehemaliger Widerständler, von Politikern, Historikern und Schriftstellern spiegeln die schrittweise Identifikation der Bundesrepublik Deutschland mit dem Erbe des militärischen Widerstands gegen Hitler. Zugleich demonstrierten und dokumentieren diese Veranstaltungen – insbesondere die Auftritte von Bundespolitikern in Westberlin, das kein Bestandteil der Bundesrepublik war und unter Verwaltung des Alliierten Kontrollrats der vier Siegermächte stand – auch das Selbstverständnis der Bonner Republik, einziger legitimer Nachfolger des Deutschen Reiches zu sein.

An dieser Stelle sei kurz an die Situation nach dem verlorenen Krieg erinnert. Seit 1949 existierten zwei deutsche Staaten: die Bundesrepublik Deutschland ab September *und* die Deutsche Demokratische Republik, gegründet am 7. Oktober. Deren Hauptstadt war Ostberlin, im sowjetischen Sektor der von den Siegermächten aufgeteilten ehemaligen Reichshauptstadt. In der Ära des Kalten Krieges, die mit der »deutschen Wiedervereinigung« 1990 endete, gehörten Ost- und Westdeutschland und damit auch das geteilte Berlin zum Einflussgebiet der beiden neuen Weltmächte Sowjetunion und USA. So wie die unterschiedliche politische, wirtschaftliche und gesellschaftliche Entwicklung in Ost- und Westdeutschland nicht ohne diese geopolitische Konstellation in der Folge des Zweiten Weltkrieges zu verstehen ist, haben Systemkonkurrenz und innerdeutsche Rivalität auch die Auseinandersetzung um die jüngste deutsche Vergangenheit mitbestimmt. Das zeigt sich nicht zuletzt an der Wertschätzung deutschen Widerstands: Während im Osten zunächst ausschließlich und auch später vor allem die kommunistische Widerstandstradition gepflegt und verklärt wurde, war das linke Spektrum des Widerstands in der christlich-konservativen und antikommunistisch geprägten Ära Adenauer unterbelichtet; dies sollte sich in den 1960er Jahren ändern. Anderseits erfolgte in der DDR erst relativ spät eine Anerkennung der Widerstandsleistung des 20. Juli – eine vergleichbare Würdigung wie in der Bundesrepublik gab es dort nicht.

Die Gedenkstätte Deutscher Widerstand in Berlin im sogenannten Bendler-Block, am historischen Ort des versuchten Staatsstreichs vom 20. Juli 1944, versucht in ihrer Dauerausstellung heute die ganze Breite des Widerstands gegen Hitler darzustellen. Einzelkämpfer wie Georg Elser haben darin ebenso ihren Ehrenplatz wie die sogenannte »Rote Kapelle«, die Münchner Studenten der »Weißen Rose« und – neben vielen hier Ungenannten – auch der Kreisauer Kreis sowie Stauffenberg und dessen Mitstreiter. Das Archiv der Gedenkstätte bewahrt einen riesigen Bestand von Reden auf, die in der Bundesrepublik und Westberlin sowie in Berlin als Hauptstadt des vereinten Deutschland im Gedenken an den 20. Juli 1944 gehalten worden sind. Insgesamt 484 Reden aus den Jahren 1952–2009, nachlesbar auch im Internet, dokumentieren die »Annäherung an einen schwierigen Tag deutscher Geschichte«.[39] Sie zeigen die Bereitschaft und das Bemühen, das geistige und politische Vermächtnis des konservativ-militärischen Widerstandes zu interpretieren.

Dieser einzigartige Bestand, der einen zentralen Akt geschichtspolitischer Identitätsstiftung der Bundesrepublik nachvollziehbar macht, umfasst rund 165 »Berliner« (1952–2009) und fünfundsiebzig »Bonner« (1958–83) Reden und Würdigungen.[40] Ab 1983 wurden die Gedenkveranstaltungen auf Anregung von Richard von Weizsäcker und in Übereinstimmung von Bundesregierung und Berliner Senat, unterstützt von der Stiftung 20. Juli 1944 und dem Zentralverband demokratischer Widerstandskämpfer und Verfolgtenorganisationen e.V. (ZDWV), auf die »Hauptstadt des Widerstandes« konzentriert, was praktisch hieß: im mit Westdeutschland eng verbundenen Westen der geteilten Stadt. Damit beabsichtigt war, diesen Tag in der Öffentlichkeit als »gesamtdeutschen Tag« (Gustav W. Heinemann) des Gedenkens zu etablieren.

Es war Ernst Reuter, der Regierende Bürgermeister von Berlin (West), der als Erster namhafter deutscher Politiker der Nachkriegsära bei der Grundsteinlegung des Denkmals für die Opfer des 20. Juli 1944 im Ehrenhof des Bendlerblocks, früher Sitz des Oberkommandos des Heeres und weiterer militärischer Führungsstäbe der Deutschen Wehrmacht, das Wort ergriff. Die Urkunde, die bei dieser Veranstaltung in den Grundstein des Denkmals eingelegt wurde, bringt die nun endlich erfolgte Würdigung zum Ausdruck:

39 Vgl. Gedenkstätte Deutscher Widerstand: Der 20. Juli 1944. Erinnerungen an einen historischen Tag – Reden und Gedenkfeiern, http://www.20-juli-44.de/reden.php. – Gedanken zum 20. Juli 1944 (wie Anm. 36). – Rüdiger von Voss; Günther Neske (Hg.): Versöhnung mit der Geschichte. Reden am 20. Juli 1984, Pfullingen 1985. – Informationszentrum Berlin (Hg.): Der 20. Juli 1944. Reden zu einem Tag der deutschen Geschichte, Berlin 1984; Bd. 2: Berlin 1986. – Dokumentation: Der deutsche Widerstand und die CDU. Reden – Stellungnahmen – Erklärungen 1954–1978, Red. Rüdiger von Voss; Dr. Klaus Gotto, Bonn 1978. – Vgl. auch: Rüdiger von Voss; Günther Neske (Hg.): Der 20. Juli 1944. Annäherung an den geschichtlichen Augenblick, Pfullingen 1984.

40 Siehe Anhang: Auflistung der Reden und Ansprachen zum 20. Juli 1944.

> Zur Wahrnehmung der deutschen Ehre und im Kampf des deutschen Volkes für die Befreiung von der Hitlerdiktatur ließen am 20. Juli 1944 an dieser Stelle ihr Leben:
>
> Ludwig Beck, Generaloberst
> Friedrich Olbricht, General der Infanterie
> Claus Graf Schenk von Stauffenberg, Oberst
> Albrecht Mertz von Quirnheim, Oberst im Generalstab
> Werner von Haeften, Oberleutnant.
>
> Ihnen folgten mehr als 2000 Mitkämpfer dieser Widerstandsbewegung, Männer und Frauen aus allen Kreisen des deutschen Volkes in den Tod. Berlin ehrt durch diesen Gedenkstein alle Widerstandskämpfer gegen den Naziterror.

Am 19. Juli des Folgejahres hielt Ernst Reuter seine Gedenkrede bei der Einweihung des Denkmals[41], das einen aufrecht stehenden, gefesselten Mann zeigt und dem Andenken der Hinterbliebenen gewidmet ist. Mit der ihm eigenen rhetorischen Intensität verband Reuter – wenige Wochen nach der Niederschlagung des Volksaufstandes in der DDR – damit den Wunsch nach einem in Frieden und Freiheit geeinten Deutschland:

> Einmal wird hier in Berlin ganz Deutschland versammelt sein, und das ganze Deutschland wird diese Stätte als nationales Heiligtum von uns übernehmen.

Weitere Ansprachen hielten Emil Henk als Vertreter der Stiftung Hilfswerk 20. Juli 1944 und Dr. Friedrich Georgi für die gleichnamige Arbeitsgemeinschaft, Bundesminister Dr. Hans Lukaschek und Dr. Otto Lenz, Staatssekretär im Bundeskanzleramt. Damit hatte diese Einweihung offiziellen Charakter. Wenn auch nicht im Geltungsbereich des Grundgesetzes, so leisteten Ernst Reuter, die Repräsentanten der Organisationen des Widerstandes und Vertreter der ersten Bundesregierung, die sich hiermit zu Treuhändern des Gedenkens und des Vermächtnisses erklärten, damit doch einen entscheidenden Beitrag zur Legitimation des Widerstandes sowie zu dessen Integration in das Selbstverständnis der Bundesrepublik. Dies zu einem Zeitpunkt, da der 20. Juli bei uns im Lande weder anerkannt noch populär, sondern vielmehr höchst umstritten war, ja sogar diffamiert und verleugnet wurde, so als hätte es ihn nie gegeben.[42]

Die Aufarbeitung in der Bundesrepublik resümierend, stellte Karl Dietrich Bracher 1984 einen Zusammenhang zwischen der Legitimierung des Attentats und unserer freiheitlich-demokratischen Rechtsordnung her und erinnerte an die fortwährende Verpflichtung, das Vermächtnis des 20. Juli zu erfüllen:

41 Vgl. hierzu: Senator für Sozialwesen/Presseamt des Senats von Berlin (Hg.): Ihr trugt die Schande nicht – Ihr wehret Euch, Berlin o.J.

42 Vgl. Gedanken zum 20. Juli 1944 (wie Anm. 36), Vorwort von K.D. Bracher, S. 7ff.

> Es geht um die politische und moralische Bedeutung, die in der Vergegenwärtigung des 20. Juli liegt: sie verpflichtet uns zu einem Staat, der auf dem Schutz der Menschenwürde und der Verwirklichung der Menschenrechte besteht.[43]

Seit diesen Worten ist ein Vierteljahrhundert vergangen, doch an der Notwendigkeit, die traditionellen Werte unseres Gemeinwesens, wie im Grundgesetz fixiert, ebenso Freiheit und Menschenwürde bei neuen internationalen Herausforderungen zu verteidigen, auch um eine überzeugende Antwort auf die seit der Wiedervereinigung virulente Frage nach Identität und nationalem Selbstverständnis unseres Landes zu finden, gilt es nach meiner Überzeugung, die Erinnerung an dieses herausragende Datum deutscher Widerstandsgeschichte weiter wachzuhalten.

Es lohnt sich, meine ich, dafür die erfolgreiche Traditionsbildung in der Bundesrepublik zu untersuchen. Dies soll im Folgenden anhand ausgewählter Reden und Ansprachen der Bundes- und Bundestagspräsidenten, unserer Bundeskanzler und der Bundesminister der Verteidigung unternommen werden.[44]

Reden der Bundespräsidenten

Zum 10. Jahrestag des Attentats vom 20. Juli 1944 ergriff Theodor Heuss, Mitglied der FDP, im Auditorium Maximum der Freien Universität (FU) zu Berlin (West) am 20. Juli 1954 als bundesdeutsches Staatsoberhaupt das Wort und stellte seine Rede unter die Überschrift »Dank und Bekenntnis«. Es wurde eine Grundsatzrede, mit der eine Anerkennung und Legitimation des Widerstandes gegen das NS-Regime in seiner ganzen Breite und Unterschiedlichkeit erfolgte.

Wichtigstes Anliegen des Bundespräsidenten war es, eine Brücke zu den Freiheitsbewegungen der Vergangenheit zu schlagen, um ein »neues« Fundament für das Freiheitsverständnis in Deutschland zu legen. Er analysierte das Scheitern der Weimarer Republik, sprach von der Mitschuld der damals Handelnden am Scheitern der ersten deutschen Demokratie, der Mitverantwortung am Entstehen der totalitären Diktatur. Dies war durchaus auch selbstkritisch gemeint, hatte der Abgeordnete Heuss doch im Reichstag zu Berlin am 23. März 1933 dem Ermächtigungsgesetz zugestimmt. Nun aber bewiesen seine Ausführungen über Fehldeutungen von Eid, Gehorsam und Gefolgschaft tiefe Einsicht: die Deutschen mussten sich der Wahrheit über die Nazi-Diktatur stellen, um ihre Glaubwürdigkeit und Vertrauen zurückzugewinnen.

43 Ebd., S. 10.
44 Auflistung im Anhang des Buches

Sein ausdrücklicher Bezug auf die Neuordnungspläne des 20. Juli, auf das Schuldbewusstsein dieser Widerständler und ihre Lebenszeugnisse, so auf die »Moabiter Sonette« von Albrecht Haushofer und die hieraus erwachsenden Wertentscheidungen für ein »anderes Deutschland« machten aus dieser Rede ein Bekenntnis, das alle folgenden Reden der Bundespräsidenten bestimmen sollte. Sein Schlusswort – »Das Vermächtnis ist noch in Wirksamkeit, die Verpflichtung noch nicht eingelöst!« – befreite den konservativ-militärischen Widerstand aus dem Zwielicht von Landesverrat und fehlendem Patriotismus. Im Rückblick erweist sich die Anerkennung durch den ersten höchsten Repräsentanten als entscheidende Legitimation dieser deutschen Widerstandsbewegung in der der Bundesrepublik.

Heinrich Lübke (CDU, Bundespräsident 1959–69) sprach am 19. Juli 1964 in der FU Berlin aus Anlass des 20. Jahrestages des Attentats in der Wolfschanze. Wohlwissend, dass dieses Ereignis immer noch höchst umstritten war, vertrat der zweite Bundespräsident die Auffassung, der Gedenktag zwinge dazu, wesentliche Folgerungen für die Einstellung jedes Bürgers zum Staat und zum Verhalten gegenüber der Gemeinschaft zu ziehen. Seine zentrale Aussage mündete in den Worten:

> Der Aufstand vom 20. Juli ist zum Symbol der Selbstachtung unseres Volkes und zum Beginn seiner Rehabilitierung in der Völkerfamilie geworden.

Sein ausdrücklicher Bezug auf Ernst Wiecherts Rede an die deutsche Jugend von 1945 und dessen Aufforderung, »nicht zu schweigen, wenn das Gewissen zu reden befiehlt, weil nichts das Mark eines Mannes so zerfrisst wie die Feigheit«[45], ist ebenso markant wie seine Referenz an die Aufrufe der Geschwister Scholl, »endlich aufzustehen [...] und ein neues geistiges Europa aufzurichten«. Auch Lübke erinnerte an die Pläne und Lebenszeugnisse des Widerstandes vom 20. Juli, an den Entwurf der Rundansprache Goerdelers und insbesondere die bereits erwähnten Worte Henning von Tresckows (»Der sittliche Wert eines Menschen beginnt erst dort, wo er bereit ist, für seine Überzeugung sein Leben hinzugeben.«) – Zeugnisse, so Lübke, von »sittlicher Größe und edlen Muts«.

Mit Blick auf die Verbrechen der NS-Diktatur bekannte Heinrich Lübke seine tiefe Scham darüber, dass »eine solche Entwürdigung des Menschen von Deutschen im deutschen Namen geschehen konnte«. Von dieser Schmach und der Notwendigkeit zur Reue, so sein Appell an die westdeutsche Gesellschaft nach dem Wirtschaftswunder, könnten die Deutschen sich »nicht freikaufen«. Mit aller Entschiedenheit wandte Lübke sich gegen seinerzeit noch laut gewordene Versuche, den Widerstandskämpfern »unedle Motive« zu unterschieben, »vielleicht in der Absicht, sich von dem Vorwurf des eigenen Versagens zu distanzieren«.

45 Vgl. Ernst Wiechert: Rede an die Deutsche Jugend 1945, München 1945.

In aus heutiger Sicht erstaunlicher Offenheit würdigte Lübke den *gesamten* Widerstand deutscher Menschen – bis hin zu den Kommunisten. Er bejahte die Wandlung der im Widerstand aktiv Beteiligten, die ihre Bejahung des Nationalsozialismus aufgegeben hatten und sich zu ihrem Gewissen bekannten. Er wusste, dass der Auschwitz-Prozess, der in Frankfurt am Main seit 1963 stattfand und die bundesdeutsche Gesellschaft erstmals mit dem ganzen Ausmaß der Verbrechen gegen die Juden konfrontierte, eine umfassende Absage an die Nazi-Vergangenheit erforderlich macht. Hinweise auf York von Wartenburg, Ludwig Beck und insbesondere auf Alfred Delp weisen eine Haltung aus, die den Bundespräsidenten Heinrich Lübke dazu führte, den 20. Juli trotz seines Scheiterns als »eine politische Tat von historischer Bedeutung« für das Verständnis der politischen Verantwortung zu sehen.

Bundespräsident Gustav Heinemann, erster Sozialdemokrat im Amt (1969–74), sprach in Berlin-Plötzensee zum 25. Jahrestag des Attentatsversuchs. Er deutete das historische Ereignis als »Zeugnis des Ringens um Menschenrecht und Menschenwürde«. Nach seiner Auffassung war der 20. Juli »ein gesamtdeutscher Tag« und müsse dies bleiben, »wenn das Wort Nation trotz der Spaltung Deutschlands für uns einen Sinn behalten soll.«

Heinemanns Rede ist deshalb von Bedeutung, weil er vor dem Hintergrund seines politischen Lebens – er hatte der Bekennenden Kirche angehört, die sich gegen die Vereinnahmung der Evangelischen Kirche durch die Nationalsozialisten stellte – in besonderer Weise authentisch sprach.[46] Seine Analyse der deutschen Vergangenheit berührte Tabus wie den »christlichen Antisemitismus« und nicht zuletzt die Tatsache, dass die Alliierten dem deutschen Widerstand, der in den 20. Juli mündete, »kein Zeichen für einen Frieden der Verständigung an die Hand gegeben haben«, sondern auf bedingungsloser Kapitulation beharrten und damit dem Widerstand in Deutschland jegliche Unterstützung versagten.[47]

»Das Dritte Reich war kein Betriebsunfall.« Diese Feststellung, die auch heute wiederholt werden muss, führte ihn zu der ihn belastenden Frage, »warum ich im Dritten Reich nicht mehr widerstanden habe.« Heinemann hatte während des Krieges untergetauchten Juden geholfen, als Kirchenvertreter aber weiter guten Umgang mit NS-Behörden gepflegt. Sein Bekenntnis eigenen Versagens und der hieraus erwachsenden Schuld mündete in die wichtigste Aussage der Stuttgarter Erklärung des Rates der Evangelischen Kirche vom Oktober 1945: »Wir klagen uns an, dass wir nicht mutiger bekannt, nicht treuer gebetet nicht fröhlicher geglaubt und nicht brennender geliebt haben.«

46 Vgl. Jörg Treffke: Gustav Heinemann. Wanderer zwischen den Parteien. Eine politische Biographie, Paderborn 2009.

47 Vgl. dazu umfassend Klemens von Klemperer: Die verlassenen Verschwörer. Der deutsche Widerstand auf der Suche nach Verbündeten 1938–1945, Berlin 1994.

Diese Rede des Bundespräsidenten von 1969 bekam dadurch besonderes Gewicht, dass er eine Verbindung zwischen seinem Amtsverständnis als Staatsoberhaupt und dem 20. Juli herstellte. Heinemann schloss mit den Worten:

> Bei meiner Eidesleistung am 1. Juli habe ich davon gesprochen, dass unsere freiheitliche demokratische Ordnung eines weltanschaulich neutralen Staates ein großes Angebot ist. Dieses Angebot wahrzunehmen, zu leben und zu verwirklichen, gehört zu den Vermächtnissen des Widerstandes.

Bundespräsident Walter Scheel (FDP) hielt während seiner Amtszeit (1974–79) keine Gedenkrede zum 20. Juli. Zieht man aber seine Rede auf dem Deutschen Historikertag in Mannheim vom 22. September 1976 und weitere Äußerungen zu Lehrplänen und Schulbüchern in Betracht[48], so ergibt sich, dass seine politischen Auffassungen auf den im konservativ-militärischen Widerstand hervortretenden Wertorientierungen aufbauten. Eine Überwindung eines »verdorbenen Geschichtsbewusstseins«, das sich der ganzen Wirklichkeit der NS-Diktatur verweigerte, setzt nach seiner Auffassung eine umfassende Kenntnis des deutschen Widerstandes in all seinen Facetten ebenso voraus wie eine Befestigung der »Verbindungslinien zwischen dem Widerstand und unserem Staat«.[49]

Seine Mahnungen an Historiker, Lehrer und insbesondere an die Hochschul- und Schulpolitik, seine Anforderungen an die Kultusminister sind in dem Bewusstsein verankert, dass die Verfassungsordnung und -wirklichkeit der Bundesrepublik auf den Erfahrungen der totalitären Nazi-Diktatur und einer entschlossenen Wertentscheidung für Rechtsstaat, Demokratie und Europäischer Einigung aufbauen.

Bundespräsident Karl Carstens (CDU, 1979–84) sprach 1981 auf der Gedenkfeier des Zentralverbandes demokratischer Widerstandskämpfer und Verfolgtenorganisationen (ZDWV) in der Stadthalle Bad Godesberg. Unter dem Motto »Mahnung und Verpflichtung des 20. Juli 1944« bekannte er sich zum Attentat »als einem Symbol dafür, dass in deutschem Namen nicht nur Unrecht getan wurde«. Carstens würdigte diese Tat als Symbol höchster Opferbereitschaft deutscher Männer und Frauen für eine Überzeugung, die sie als richtig, wahrhaftig und gut erkannt hatten.

Für ihn bestand das Vermächtnis des »demokratischen Widerstandes« in dem Bekenntnis zur Freiheit, zur Menschenwürde und zur Demokratie. »Freiheitssinn, Gerechtigkeitsgefühl, Achtung vor der Menschenwürde,

48 Vgl. Gedanken zum 20. Juli 1944 (wie Anm. 36), S. 81ff. und z.B. das Geleitwort zu Otto-Ernst Schüddekopf: Der deutsche Widerstand gegen den Nationalsozialismus, hg. v. d. Forschungsgemeinschaft 20. Juli 1944, Vorwort Rüdiger von Voss.
49 Vgl. Geleitwort in Schüddekopf: Der deutsche Widerstand (wie Anm. 48), S. VII.

Brüderlichkeit und Pflichtbewusstsein gegenüber dem moralischen Gewissen in uns« – dies seien jene Maßstäbe, an denen wir uns auch künftig messen lassen müssten.

Aus Anlass des 40. Gedenkens empfing Bundespräsident Richard von Weizsäcker (CDU, 1984–94) am 20. Juli 1984 die Angehörigen der deutschen Widerstandsgruppen in seinem Amtssitz Schloss Bellevue zu Berlin.[50] Es war der erste Empfang seiner Amtszeit. Was am 20. Juli 1944 geschehen war, trug, wie Weizsäcker kundtat, für ihn auch eine tiefere persönliche Bedeutung:

> Denn die Gedanken und Taten der Männer und Frauen, an die wir uns heute erinnern, und die ganze Zielrichtung des 20. Juli 1944 wurden die prägende Grundlage im Reifeprozess meiner Generation und meines eigenen Freundeskreises.

Der konservativ-militärische Widerstand des 20. Juli war für den sechsten Bundespräsidenten ein »Akt höchster Verantwortung« und eine »Entscheidung des verantwortlichen Gewissens«. Gemeinsame Überzeugungen von Humanität hatten in diesen Kreisen nach seinen Worten unterschiedliche politische Standpunkte und Vorstellungen überwunden und zur Tat gegen das Unrechtsregime befähigt. Es seien nicht die damaligen, historisch bedingten Vorstellungen über die Zukunft Deutschlands und die Neuordnung von Staat und Gesellschaft oder gar die politische Zielsetzung im Einzelnen, so Weizsäcker 1984, die fortwirkten, »sondern Wesen und Charakter, Worte und Taten der Personen«:

> Ihre Zielrichtung war auf die zentralen Fragen des Lebens bezogen, ihr Gewissen war ihr Antrieb.

Gerade der Gewissenskampf der Widerständler, ihr Ringen um die Geltung ethischer Maßstäbe, besitze Vorbildcharakter und solle, bei allem politischen Meinungsstreit, gerade an die junge Generation weitergegeben werden.

Das Grußwort von Bundespräsident Roman Herzog (CDU, 1994–99), gesprochen aus Anlass des Empfanges im Amtssitz Schloss Bellevue am 20. Juli 1994, war eine gedankliche Fortsetzung seiner Gedenkrede, die er vier Jahre zuvor, seinerzeit noch in seiner Eigenschaft als Präsident des Bundesverfassungsgerichts, im Ehrenhof der Gedenkstätte Deutscher Widerstand gehalten hatte. Sie galt den Männern und Frauen des deutschen Widerstande »aus allen Schichten unseres Volkes« und denen, die ihr eigenes Leben in der Nazi-Diktatur für die Rettung von Verfolgten eingesetzt haben. Im Jahr nach dem Mauerfall, wenige Monate vor der Vollendung der deutschen Einheit, hatte er festgestellt:

50 Vgl. Voss/Neske: Versöhnung mit der Geschichte (wie Anm. 39), S. 55ff.

> Es waren die Besten und unser Volk leidet im Ablauf seiner Generationen bis zur Gegenwart daran, dass es sie verloren hat, ehe sie aus ihren Visionen Wirklichkeit schaffen konnten.

In Anerkenntnis der unterschiedlichen Beweggründe zum Widerstand und der divergierenden Vorstellungen über eine zukünftige Neuordnung des Staates nach dem Ende der Diktatur mahnte Roman Herzog ein »gerechtes Urteil an, das auch die Kommunisten nicht übersehen dürfe, die beileibe nicht alle auf der Seite des stalinistischen Totalitarismus« gestanden hätten. Es käme nach Herzog also keineswegs allein auf die – auch kritische – Bewertung der Pläne an, sondern auf das »Mehr«, das den Widerstand in seiner Substanz ausmachte. Beachtung verdienten, so der oberste bundesdeutsche Richter und spätere Bundespräsident, die »Facetten« des Widerstandes.

> Der Glaube an eine Herrschaft des Rechts, was immer man sich darunter vorstellen mag; der Glaube an die Freiheit und an die Kraft des menschlichen Geistes, sie zum Wohle des Menschen zu nutzen; der Glaube an einen Staat, der für den Menschen da ist und nicht umgekehrt; der Glaube an ein Quäntchen Liebe unter den Menschen, wie sie der galiläische Prediger vor zwei Jahrtausenden verkündet hat und wie sie sehr viel später als Brüderlichkeit wieder verkündet worden ist; die Hoffnung auf die Kraft der Menschen, in Frieden beieinander zu leben; und vielleicht auch der Glaube daran, dass das deutsche Volk imstande sein könnte, trotz allem zu diesen Überzeugungen zurückzukehren.

Roman Herzog wandte sich sodann entschieden gegen die Rechtfertigungsversuche der »Täter und Verantwortlichen von damals«, die wegschauten und sich duckten. Sätze wie »Das habe ich nicht gewollt!« oder »Das habe ich nicht gewusst!« seien nichts anderes als ein Leugnen eigener Mitschuld und Mitverantwortung:

> Aber in Wirklichkeit war es der Rechtsstaat, der hier mit Füßen getreten wurde, und das konnte man wissen, das stand in jeder Zeitung!

Bei einem totalitären System zu hoffen, es würde sich totlaufen, hatte sich als folgenschwerer Irrtum erwiesen. Man müsse, insistierte Herzog 1990, es von Anfang an bekämpfen, es von vornherein verhindern wollen. Wer dies, angesichts der offensichtlichen Gefahr, also sehenden Auges nicht tue, sei vielleicht kein Mitschuldiger, aber doch Mitverursacher und hafte vor der Geschichte und den Opfern für den Rest seines Lebens. Mit Blick auf den weiter gewachsenen historischen Abstand und neue Generationen junger Deutscher, denen keine persönliche Schuld anzulasten ist, sprach Roman Herzog von der bleibenden nationalen Verantwortung:

Die Haftung geht weiter, und sie verlangt von uns beispielsweise, mit aller Wachsamkeit und aller Leidenschaft dafür zu sorgen, dass sich solche Verbrechen zu unseren Lebzeiten nicht wiederholen. Wirklich sicher können wir da erst sein, wenn andere nicht nur deshalb abgelehnt werden, weil sie anders sind, wenn der Rechtsstaat auch dort bejaht wird, wo er »nur« formal ist, wenn die typisch deutsche Neigung zum Selbstmitleid aufhört, ohne die Hitler nicht möglich gewesen wäre, wenn die Lust zur Verallgemeinerung aufhört – die Juden, die Deutschen, die Jugend, die Politiker – die immer ins Unrecht führt und die, wie wir heute wissen, bis an die Rampe von Auschwitz führen kann, wenn endlich begriffen wird, dass die »totale« Befolgung einer ›Idee‹ niemals ›Idealismus‹ ist, weil auch Ideen letzten Endes immer nur Produkte des Menschen sind und daher vom Irrtum behaftet. Nur wenn wir das begreifen, können wir von uns sagen, wir hätten unsere Lektion gelernt, und jeder mag sich prüfen, ob er das von sich sagen kann.

Bei seinem Grußwort am 20. Juli 1994 verwies Roman Herzog ausdrücklich auf diese Gedenkrede. Es ist und bleibe die wichtigste Aufgabe, den Totalitarismus von Anfang an und mit Kompromisslosigkeit vom ersten Augenblick an zu bekämpfen und der jungen Generation die schrecklichen Folgen des Totalitarismus aufzuzeigen: Unterjochung von Völkern, Ausrottung ganzer Bevölkerungsgruppen, Folter und die ersten Zeichen solcher Entwicklungen wie Häme, Hetze gegen einzelne Menschen und Menschengruppen, Isolierung und Demütigungen im Alltag. Diese Bewusstseinshaltung und Bereitschaft zur Wahrheit prägten sein Amtsverständnis, wie auch Herzogs Antrittsrede zu entnehmen ist.

Seine damaligen Aussagen zum Streit um die Erweiterung der Gedenkstätte Deutscher Widerstand und die von ihm befürwortete Berücksichtigung des kommunistischen Widerstandes waren eine deutliche Mahnung, sich stetig der »nüchternen Wahrhaftigkeit des Urteil zu befleißigen«.

Der neunte Bundespräsident, Horst Köhler (CDU, 2004–10), gab aus Anlass des 60. Gedenkens an die Ereignisse in der Wolfsschanze und im Bendlerblock am 19. Juli 2004 einen Empfang im Schloss Charlottenburg. Empfindsam auf die Gefühle der Angehörigen eingehend, formulierte Köhler:

Die Männer und Frauen des 20. Juli waren Patrioten. Sie haben das, was sie getan und was sie auf sich genommen haben, für Deutschland getan – für die Selbstachtung unseres Landes und für eine bessere Zukunft. Deswegen bezeuge ich heute, am 60. Jahrestag, meinen und aller Deutschen Respekt und Dankbarkeit vor dem Mut und dem Gewissen der Verschwörer, vor der Tat des 20. Juli.

Da der 20. Juli ein Ehrendatum der deutschen Geschichte sei, erklärte Horst Köhler, es sei richtig, dass sich die Bundeswehr in die Tradition des 20. Juli stelle und am 60. Jahrestag des versuchten Umsturzes ein feierliches Gelöbnis im Bendlerblock stattfindet. Dies zeige, dass sich »unsere Armee und unsere Soldaten auf die Verteidigung von Freiheit und Recht verpflichten«.

Die offene Frage, was das bleibende Vermächtnis sei, beantwortete Horst Köhler mit dem Bestreben des Widerstandes, der »Majestät des Rechts« wieder Geltung zu verschaffen. Da sich ebendiese, die »Majestät des Rechts«, noch immer nicht überall in der Welt durchgesetzt habe, sah er im 20. Juli und den Zeugnissen des mit diesem Datum verbundenen Widerstands die Verpflichtung, »uns vor allem, uns immer für ein freiheitliches Gemeinwesen einzusetzen, oder, mit den Worten unserer Nationalhymne: Für Einigkeit, für Recht und für Freiheit.«

Zieht man eine Bilanz aus den Reden der Bundespräsidenten von 1954 bis 2004, so ergibt sich eine klare, eindeutige und auf die Zukunft ausgerichtete Grundhaltung. Parteiübergreifend war es den höchsten Repräsentanten unseres Staates um die nachträgliche Legitimation, Anerkennung und eine verpflichtende Würdigung des Widerstandes vom 20. Juli als integralen und vorbildhaften Bestandteils bundesdeutscher Identität und des europäischen Einigungsstrebens zu tun. Weit hinausreichend über die Pläne dieses Widerstands, weit entfernt von der Frage nach Erfolg und Scheitern, kam es allen Bundespräsidenten darauf an, die von Theodor Heuss 1954 formulierten Auffassungen festzuhalten, zu verdeutlichen und in ihrem geistigen wie politischen Kern zum Wesensbestandteil nationalen Selbstverständnisses werden zu lassen. Das Vermächtnis ist noch in Wirksamkeit, die Verpflichtung als dauerhafte Aufgabe benannt.

Reden der Bundestagspräsidenten

Den Beiträgen von Eugen Gerstenmaier (CDU, 1954–69) aus den Jahren 1954, 1956 und 1964 zur Würdigung des 20. Juli kommt eine besondere Stellung unter den Gedenkreden zu. Dieser Festredner war einer der wenigen Überlebenden des aktiven Widerstandes; er war am Tag des Umsturzversuchs im Bendlerblock selbst anwesend gewesen und dadurch Augenzeuge der standrechtlichen Erschießung von Claus Graf von Stauffenbergs, Ludwig Becks und der anderen Offiziere in der Nacht vom 20. auf den 21. Juli. Neben Fabian von Schlabrendorff war er unter den unmittelbar Beteiligten der einzige, der durch seine kirchliche Tätigkeit und Mitwirkung im »Kreisauer Kreis« mit den programmatischen Vorstellungen ebenso vertraut war wie mit dem weitgespannten Kreis der bestimmenden Persönlichkeiten des Widerstandes. Gerstenmaier war von der Gestapo verhaftet worden, saß mit seinen Freunden in Haft und war vor dem »Volksgerichtshof« nur knapp der Verurteilung zum Tode entgangen. Er gehörte zu der kleinen Zahl aktiver Widerstandskämpfer, die nach Ende des Zweiten Weltkriegs in der Bundesrepublik in einem hohen Staatsamt am Wiederaufbau mitwirkten und sich zugleich als Vertreter und Treuhänder des geistigen Vermächtnisses des Widerstandes verstanden.

Seine Gedenkrede vom 21. Juli 1954 im Stadttheater Bonn-Bad Godesberg konzentrierte sich auf Lebensbilder und Wirken von Diplomaten im Widerstand.[51] Mit diesen Darstellungen über die diplomatischen Aktivitäten und Zukunftspläne einer Außenpolitik nach Umsturz und Krieg, mit der Schilderung des Denkens des »Kreisauer Kreises« unter Leitung von Helmuth James Graf von Moltke, über die Kontakte Bonhoeffers und Schönfelds nach Genf und in England ist diese Rede eine unverzichtbare Quelle für die Geschichte des Auswärtigen Amtes in der Nazi-Zeit und das Scheitern, im westlichen Ausland Hilfe und Unterstützung zu finden. Besonders bemerkenswert bleiben seine differenzierte Bewertung und Würdigung des damaligen Staatssekretärs Ernst von Weizsäcker, der während der Sudetenkrise versucht hatte, die britische Regierung zu einer eindeutigen Erklärung gegen Hitlers Kriegspolitik zu bewegen, desgleichen seine bitteren Worte über London, das trotz umfassenden Wissens der deutschen Widerstandsbewegung jede Kooperation verweigerte und damit zur Eskalation der Gewalt und zur Verlängerung des Zweiten Weltkrieges bis zur »bedingungslosen Kapitulation« beitrug.

In dieser und den beiden Reden im Ehrenhof des Bendlerblocks am 20. Juli 1956 und 1964 setzte sich Gerstenmaier mit der Mitschuld am Entstehen der Diktatur, mit Selbstzweifeln und dem Ringen um eine Aufkündigung von Eid und Gehorsam, schließlich auch mit der historisch zu spät erfolgten Tat auseinander, und er sprach das Versagen der Kirchenleitungen an, deren Isolierung oppositioneller Theologen, Pfarrer und Priester.

Indem er den geistigen Weg zum Umsturzversuch und Attentat im Denken eines von Moltke, York von Wartenburg, Adam von Trott zu Solz, Bonhoeffer und Delp nachzeichnete, machte der Bundestagspräsident einmal mehr deutlich, dass der konservativ-militärische deutsche Widerstand auf existentielle Fragen von Ethik, Moral und Glauben, auf die Wiederherstellung des Rechtsbewusstseins und des Gewissens ausgerichtet war. Das »sittliche Vermächtnis« definierte Gerstenmaier als dessen wertvollstes Erbe und zugleich als unverzichtbare Grundlage für den Neubeginn nach dem Kriege, für den Bonner Staat und die westdeutsche Gesellschaft sowie deren Armee – die Bundeswehr. Eugen Gerstenmaiers Reden leisteten damit einen folgenreichen Beitrag zum Geschichtsbild der Jahre 1933–45 und zur Identitätsbildung der Bundesrepublik: selbstkritisch, unbequem für die Vergesslichen und Leugner, streitbar und fordernd in der Konsequenz für eine an Wahrheit und Verantwortung orientierte Politik.

51 Von der Schulenburg, von Hassel, Kiep, Bernstorff, von Trott zu Solz, von Haeften, Brücklmeier, von Schwarzenstein, Litter u.a.

Die erste Frau im Amt, Bundestagspräsidentin Rita Süßmuth (CDU, 1988–98), bekräftigte mit ihrer Rede am 20. Juli 1998 im Ehrenhof des Bendlerblocks in Berlin die Bereitschaft, das Traditionsverständnis von Staat und Armee auch künftig am 20. Juli auszurichten. Ebenso wie die Bundespräsidenten verstand sie die fundamentalen Entscheidungen zu Rechtsstaat und Demokratie, zur Friedenspolitik und europäischen Einigung, die Verständigung mit Frankreich und Polen als die Erfüllung und zugleich Fortentwicklung eines wertvollen geistigen wie politischen Vermächtnisses, das entscheidenden Einfluss auf die Verfassung und das Politikverständnis der Bundesrepublik genommen hat.

Rita Süßmuth war sich des Ringens und der Differenzen innerhalb des Widerstandes, der Akzeptanzfragen und ideologisch bedingten Probleme der Vergangenheit bewusst. Sie ließ keinen Zweifel daran, dass die Bundesrepublik und ihre Ordnung ohne den – in seiner Vielgestaltigkeit gemeinten – Widerstand gegen Hitler keine ausreichende Legitimation erfahren hätte. Mit ihrem Bekenntnis zum Vermächtnis des Widerstandes folgte sie der langen Reihe von Repräsentanten hoher Staatsämter, die über Jahrzehnte hinweg den »Aufstand des Gewissens« als eine weltanschauliche Gegensätze überschreitende Bewährung des Gewissens verstanden haben.

Am selben Ort sprach zehn Jahre nach der Wiedervereinigung mit Wolfgang Thierse (SPD, 1998–2005) der erste Bundestagspräsident aus den »Neuen Bundesländern«. Thierse zog eine erste Bilanz der Rezeption des deutschen Widerstandes aller Richtungen in beiden Teilen der Nation. Aus diesem Grunde kommt dieser Rede große Bedeutung zu, weist sie doch auf die Notwendigkeit hin, nach der Wiedervereinigung über bislang trennende Sichtweisen deutscher Geschichte hinaus die verbindenden Fundamente für eine freiheitliche Demokratie zu sichern. Dieser Bundestagspräsident sprach vor dem Hintergrund eigener Erfahrungen in der DDR, wo vierzig Jahre die Diktatur des sogenannten Arbeiter- und Bauernstaates herrschte und den Ostdeutschen elementare Freiheitsrechte verweigerte – bis die Bürger 1989 auf die Straße gingen und die Einparteienherrschaft der SED stürzten. Kommunistischer Widerstand, der Widerstand des Militärs, Bund Deutscher Offiziere, Nationalkommitee Freies Deutschland, Georg Elser, Bischof Galen, Dietrich Bonhoeffer, Julius Leber, die »Rote Kapelle«, der Aufstand im Warschauer Ghetto, ausländische Widerstandsbewegungen, »Kreisauer Kreis« und »Weiße Rose« – diese Namen und Stichworte stehen für die Vielfalt des Widerstands in zwölf Jahren Naziherrschaft. Wolfgang Thierse verwies hiermit auf die ganze Breite widerständigen Handelns gegen diese Diktatur.

Ausgehend von dem Gedicht »Schuld« aus Albrecht Haushofers »Moabiter Sonetten« entwickelte Thierse seine Deutung des 20. Juli. Es war für ihn »die radikale Ablehnung von Totalitarismus und Unrecht«, die dessen Vermächtnis für unsere Zeit ausmachten. Auch unter veränderten Bedingungen sei das ein Maßstab zum Schutz von Menschenwürde, Freiheit und der Rechte der einzelnen Person.

Reden der Bundeskanzler

Am 20. Juli 1954 nahm Bundeskanzler Konrad Adenauer (CDU, 1949–63) gemeinsam mit Bundespräsident Heuss an der Gedenkveranstaltung in Berlin (West) teil. Einen Tag später trat er im Stadttheater Bonn-Bad Godesberg ans Mikrophon. Seine Worte zum Gedenken schlossen sich an die oben erwähnte Rede von Eugen Gerstenmaier an, der sich auf die Angehörigen des Auswärtigen Amtes im Widerstand konzentriert hatte. Adenauer sah die Widerständler des 20. Juli, die für ihre Beteiligung an Attentat und Staatsstreichversuch mit dem Leben bezahlten, als Vorbild für Recht und Gerechtigkeit und den Kampf gegen einen »falschen Nationalismus«:

> Sie sind gestorben für das Vaterland; wir haben uns zu ihrem Andenken und zu ihren Ehren versammelt, und wir gedenken ihrer und neigen uns vor ihnen in tiefer Ehrfurcht.

Der vierte Bundeskanzler und erste sozialdemokratische Regierungschef, Willy Brandt (SPD, 1969–74), hielt während seiner Kanzlerschaft keine Gedenkreden zum 20. Juli 1944. Seine Haltung zum Widerstand erklärt sich indes aus den in den Jahren 1955-59 während seiner politischen Tätigkeit in Berlin (West) gehaltenen Reden.

Als Präsident des Westberliner Abgeordnetenhauses sprach Willy Brandt am 19. Juli 1955 in der Gedenkstätte Plötzensee und bekannte sich zum Widerstand:

> Euer Opfer hat doch einen Sinn gehabt, die Welt hat das in zunehmendem Maße erkannt. Wir werden diesen tieferen und eigentlichen Sinn Eures Opfers unserem eigenen Volk immer mehr bewusst werden lassen, und das wird Euer nachträglicher Sieg sein. [...] Unser Werk wird nur dann Bestand haben, wenn es auf dem Grunde des Rechts und der Gerechtigkeit errichtet ist, wenn es im Zeichen der Freiheit steht, und wenn wir uns in Gesinnung und Tat zu den Vorkämpfern für Freiheit und Recht nicht nur bekennen, sondern uns ihrer würdig erweisen. [...] Wir wollen zunächst bekunden, was leider noch nicht wirklich Gemeingut des Volkes geworden ist, dass wir unendlich viel ärmer wären ohne das, was uns die Frauen und Männer des Widerstandes vorgelebt haben – ohne den Opfergang, den Tausende der Besten für uns gegangen sind – ohne den Versuch der befreienden Tat im Juli des Jahres 1944.

Brandt erinnerte an die verpassten Möglichkeiten und gescheiterten Versuche, die Machtübernahme Hitlers, die daraufhin erfolgte Zerstörung des Rechtsstaates, den Zweiten Weltkrieg zu verhindern. Noch im Juli 1944 wäre viel zu gewinnen gewesen:

> Die Einheit von Volk und Staat hätte durch die befreiende Tat gerettet und neu begründet werden können.

Zehn Jahre nach Kriegsende vertrat Willy Brandt die Auffassung, dass der Neubeginn ohne diesen deutschen Widerstand noch schwerer gefallen wäre, hatte er doch Brücken zu den anderen Völkern geschlagen; auch sei damit die These von der Kollektivschuld widerlegt:

> Es gab das andere Deutschland. Daran konnte, daran kann jedenfalls heute niemand mehr vorübergehen.

So sehr auch die außerdeutschen Kräfte versagt hätten, so wenig könnten sich die Deutschen aus der gemeinsamen Verantwortung, von der Wahrheit der grauenvollen Vergangenheit lösen. Entscheidende Erfahrungen dürften eben nicht vergessen werden: »Vergeben ja – vergessen nein, wenn es sich um die wirklich entscheidenden Fragen handelt.« Da ein Leben nicht auf einer Lüge aufgebaut werden könne, gäbe es keine Möglichkeit, das Unangenehme zu verdrängen:

> [...] und darum können und dürfen wir weder die Verbrechen noch die Opfer vergessen, weder das Schändliche, das dem deutschen Namen zugefügt wurde, noch das, was der Schande abzuwaschen gedient hat.

So sehr das schlechte Gewissen und der mangelnde Mut zur Konsequenz bislang verhindert hätten, den Widerstand vom 20. Juli würdig zu deuten, so komme es nunmehr darauf an, sich von Rechthaberei und falscher Anklage zu lösen. Dies gelte auch für alle, die die Wirklichkeit verkannten und glaubten, ihre Pflicht zu tun, ebenso wie für jene, die Gefahr und Gewissen außer Landes trieb. Damit war nicht zuletzt die deutsche Linke gemeint: Kommunisten, die vor und nach 1933 in die Sowjetunion gingen, und Sozialdemokraten wie Brandt selbst, die wegen der politischen Verfolgung Nazideutschland verlassen mussten und im Exil eine vorübergehende Heimat fanden.

Die Frauen und Männer des Widerstandes bedurften nicht der Entschuldigung:

> Sie haben eine nachträgliche Rechtfertigung nicht nötig. Ihr Werk ruht in sich selbst. Ihre Entscheidung spricht für sich selbst. [...] Dank und Bewunderung verdienen die wirklichen Vertreter des Widerstandes gerade deswegen, weil sie über die hergekommenen Maßstäbe und über die Opportunitäten des Tages

zum Letzten durchgestoßen waren, zu den eigentlichen Werten, und nur für letzte Werte lohnt das letzte Opfer.

Konzentriere man sich aber auf den »Geist des Widerstandes«, so sei es Verpflichtung, diesen in der politischen Arbeit Gestalt gewinnen zu lassen, gegenüber Verleumdern und Ehrabschneidern ebenso wie im Streben nach einer lebendigen rechtsstaatlichen und freiheitlichen Demokratie. Die vom Widerstand entzündete Flamme weise den Weg – auch zur Deutschen Einheit in Freiheit.

Die geistig wie sprachlich stringente Rede fand eine Fortsetzung am 19. Juli 1959 in der Gedenkstätte Plötzensee. Fünfzehn Jahre nach dem Ereignissen vom 20. Juli 1944 sprach Willy Brandt als Regierender Bürgermeister von Berlin (West) (1957–66). Künftig, »in der vor uns liegenden Zeit, in der es nicht nur darum geht, sinnvoll wieder zusammenzufügen, was sinnlos auseinandergerissen wurde«, käme es darauf an, an den uns gemäßen Formen des gemeinschaftlichen, des staatlichen und zwischenstaatlichen Lebens zu arbeiten. Dabei könne der »Aufstand des Gewissens« weiterhin Orientierung geben: sittliches Denken und Vaterlandsliebe, das Bewusstsein höherer Pflicht und höchster Verantwortung, ein Begriff von Recht und Freiheit, Achtung vor dem Menschen und das Streben nach menschlicher Gerechtigkeit.

Die Werte und Ziele des Widerstandes würdigend, griff Brandt die Worte von Theodor Heuss auf und sagte:

> Ihr Opfer hat dem Volk das Weiterleben leichter gemacht, denn die zeugten für das andere Deutschland. Uns bleiben die Opfer Mahnung und Verpflichtung. Ihr Vermächtnis ist noch nicht erfüllt. Wir können uns nur bemühen, ihren Ideen und Idealen nachzuleben. Wir können nicht nur, wir wollen auch bestrebt sein, ihrem Vorbild durch unsere Arbeit, durch unsere Haltung nachzueifern.

Willy Brandt wertete den »Tagesbefehl« des Generalinspekteurs der Bundeswehr General Heusinger vom gleichen Tag und dessen Bekenntnis zum Widerstand des 20. Juli als ein »nationalpolitisches Ereignis«. Ausdrücklich erwähnte er die telegraphischen Grüße von NATO-General Hans Speidel, Oberbefehlshaber der alliierten Landstreitkräfte für Mitteleuropa, aus Fontainebleau sowie die Verbundenheit zwischen Bundesregierung, Westberliner Senat, den Volksvertretungen und den Verbänden.

In der für den Kalten Krieg typischen Rhetorik dieser Jahre brandmarkte der Sozialdemokrat die »hasserfüllte Verzerrung« des konservativ-militärischen Widerstandes gegen Hitler in der DDR und beschwor ein gemeinsames Bemühen und Ringen um ein freiheitlich wiedervereinigtes Deutschland.

In seiner Rede vom 19. Juli 1965 schlug Willy Brandt bereits andere Töne an. Nun würdigte er auch die »unbesungenen Helden« – jene Mitbürger, die bedrohten und verfolgten Menschen in der Nazizeit selbstlos geholfen haben, sowie den europäischen Widerstand in den besetzten Ländern. In deutlicher Abgrenzung von konservativen Stimmen in der Bundesrepublik (und Westberlin) erklärte er, der »Widerstand« dürfe nicht als »nationales Alibi« missbraucht werden, »um uns der Auseinandersetzung mit dem zu entziehen, was in und durch Deutschland geschah.«

»Der 20. Juli 1944 wurde zum Symbol des anderen, des besseren – im Sinne Stauffenbergs des ewigen Deutschland.« Der Geist des Widerstandes möge helfen, »heute unser geschichtliches Selbstverständnis als Deutsche zu gewinnen«. Und so sollten die Gedenkfeiern dem deutschen und europäischen Widerstand gleichermaßen gewidmet sein.

Auch Bundeskanzler Helmut Schmidt (SPD, 1974–82) hielt während seiner Regierungszeit keine Rede zum Gedenken an den Widerstand. Einzig in seiner Erklärung vom 19. Juli 1979 sprach er von einem persönlichen Erlebnisse als junger Soldat, wie er 1944 für einen Tag als Zuhörer in eine Verhandlung des Volksgerichtshofs abkommandiert wurde. Schmidt erinnerte sich an die Erschütterung, die er verspürt habe angesichts der Unmenschlichkeit, über den »bösen Hass« und »die niedrige Rache« des Vorsitzenden Richters Roland Freisler. Die Filmaufnahmen des Volksgerichtsprozesses, wären sie damals öffentlich gezeigt worden, hätten allen Deutschen vor Augen führen können, »wer in Wahrheit die Angeklagten und wer in Wahrheit die Ankläger waren«. Die Motive der »Patrioten des 20. Juli« wären durchsichtig geworden:

> Durch ihre eigenen Verbrechen hatten die Machthaber den Anspruch auf Eidestreue zum Beispiel durch Soldaten längst selbst verwirkt. Es waren vielmehr die Angeklagten jener Prozesse, die das eigentliche anständige Deutschland vertraten.

Helmut Schmidt richtete seine Worte mit Bedacht an die Adresse der Jüngeren, die, das versuchte er klarzumachen, »die drückende Bürde der Geschichte« von 1933 bis 1945 nicht einfach abschütteln dürften:

> Uns muss bewusst bleiben, dass Menschenwürde und Freiheit und Recht der einzelnen Person Werte sind, auf die man sich immer aufs Neue zurückbesinnen muss, für die man immer aufs Neue einzustehen hat, Werte, mit denen wir selbst uns innerlich identifizieren.

Er räumte ein, dass sich die Ordnung des demokratischen Rechtsstaates nicht genau mit den damaligen politischen Vorstellungen des Widerstandes decken möge, dies aber »die Größe und die geschichtlich-moralische Bedeutung ihrer Taten« nicht mindere. Die Widerstandskämpfer des 20. Juli hätten erkannt, dass Hitler Deutschland und Europa in die Katastrophe führte. Von ihrem Gewissen gedrängt, wollten sie den Verderber unseres Volkes und anderer europäischer

Völker an der Vollendung dieses Verbrechens hindern. Dafür hätten Deutsche und Menschen aus fast allen europäischen Völkern ihr Leben geopfert.

Im Gedenken an den Sozialdemokraten und Nazi-Gegner Kurt Schumacher, Parteivorsitzender nach dem Krieg sowie langjähriger Oppositionsführer im Bundestag, stellte Schmidt klar, es müsse alles getan werden, »damit sich die Schrecken der Vergangenheit niemals wiederholen können.« Wachsamkeit der Demokraten und die Bereitschaft zur Abwehr jedweden Extremismus, ob von links oder rechts gehörten zu den entscheidenden Lehren, die aus dem deutschen Widerstand zu ziehen seien. Zeitgenössische Zuhörer konnten diese Worte als Rechtfertigung der ergriffenen staatlichen Maßnahmen gegen den linksextremen Terror der RAF verstehen.

Von Bundeskanzler Helmut Kohl (CDU, 1982–96) ist bekannt, dass der deutsche Widerstand des 20. Juli und die daraus abgeleiteten Wertmaßstäbe zu Leitmotiven seines politischen Handelns geworden sind.[52]

Seine Berliner Gedenkreden von 1984 und 1994, gehalten im Ehrenhof des Bendlerblocks, bezeugten dem »Aufstand des Gewissens« die gebotene Anerkennung und Würdigung; zugleich wollten sie gewiss einen Beitrag zu der von Kohl selbst bei seinem Amtsantritt angekündigten »geistig-moralischen Wende« sein und das Fundament der nationalen Identität verstärken. Beide Reden beschrieben sein Verständnis unserer Verfassungsordnung und -wirklichkeit, seine Ansichten über die Grundlinien bundesdeutscher Außenpolitik und zu den Erfordernissen europäischer Einigung und Zusammenarbeit. Damit hatten sie zugleich programmatische Bedeutung und sind ein Schlüssel zur Erklärung der politischen Leitmotive seiner Kanzlerzeit.

Bezugnehmend auf die Rede von Theodor Heuss sowie die Ansprachen Eugen Gerstenmaiers, bekannte auch er sich zu den geistigen Orientierung des Widerstandes, zu dessen politischen Zielen und den daraus erwachsenen Verpflichtungen für die »Nachgeborenen«. Die ganze Breite des Widerstandes würdigend, sah Helmut Kohl in der Wahrung der Würde des einzelnen Menschen, die aller staatlichen Gewalt vorausgehe und ihr übergeordnet sei, und in der Herrschaft des Rechts das wichtigste Vermächtnis des 20. Juli 1944:

> Die Wiederherstellung von Recht und Gerechtigkeit und damit die Rückkehr zu ethischen Werten und Maßstäben war das oberste Ziel der allermeisten, die sich gegen das nationalsozialistische Regime erhoben. Die Beseitigung von Unrecht und Willkürherrschaft war der notwendige Schritt auf dem Wege dorthin.

52 Vgl. Helmut Kohl: Erinnerungen 1930–1982, München 2004, S. 38, 52, 122, 324, 521, 539f., 646.

»Wir wollen eine neue Ordnung, die alle Deutschen zu Trägern des Staates macht und ihnen Recht und Gerechtigkeit verbürgt.« Bundeskanzler Kohl zitierte diese Worte Stauffenbergs und erklärte, daneben wären die innen- und außenpolitischen Vorstellungen der Widerständler nachrangig. Es sei »wohlfeil«, aus der Sicht von heute zu bemängeln, dass nicht allen Repräsentanten des Widerstandes eine Staats- und Gesellschaftsordnung vorgeschwebt habe, wie sie später in der Bundesrepublik verwirklicht wurde. Auch mindere keineswegs den Rang dieser Widerstandskämpfer, dass sie später eigene Irrtümer und Fehler während der Weimarer Zeit und ihre Verstrickungen in Unrecht und Schuld während der Nazi-Zeit eingestanden hätten.

Seine ausdrückliche Bezugnahme auf Ludwig Beck, Henning von Tresckow und Helmuth James von Moltke führt Helmut Kohl zu der Auffassung, dass Gewissen und Verantwortung die entscheidenden Grundlagen und Handlungsmotive des Widerstandes waren, die zur Tat gegen Hitler befähigten. Die außenpolitischen Darstellungen von einem Ende der Machtpolitik und einer freiheitlichen und gerechten Ordnung unter den Völkern als Grundlage einer europäischen Nachkriegsordnung, eine Abkehr vom Denken in Rassen und die Beendigung der Gewalt des Staates über den einzelnen Menschen wären »ein Geschenk an die deutsche Zukunft« gewesen.

Kohl zufolge gehört zum Erbe des Widerstandes die Gemeinsamkeit der Demokraten als wichtigster Ausdruck der Überzeugung vom Vorrang der Menschenwürde, des Rechts und der Gerechtigkeit:

> Diese Gemeinsamkeit ist das Herzstück unserer Staatsraison.

Wie Theodor Heuss 1954 betonte er die Verpflichtung, in der Wachsamkeit gegenüber den Feinden der Freiheit nicht nachzulassen:

> Das ist der größte und vornehmste Ausdruck des Dankes, den unser Volk den Männern und Frauen des deutschen Widerstandes für immer schulden wird.

Bundeskanzler Gerhard Schröder (SPD, 1998–2005) ging am selben Ort 2004 auf das europäische Vermächtnis des Widerstandes vom 20. Juli ein. In seiner Rede sprach er von Irrtümern bei der Einschätzung des Nazi-Regimes, über das Verhängnis von Schuld und Versäumnissen, würdigte aber die Entschlossenheit, selbst in letzter Stunde der Diktatur ein Ende zu bereiten. Am 20. Juli 1944 habe ein anderes Deutschland Zeugnis für die Kraft des Gewissens, die Wiedergewinnung der »Majestät des Rechts«, des Friedens und der Freiheit und für die »europäische Verpflichtung« abgelegt. In dieser Tradition stehe, beteuerte der Bundeskanzler, heute auch die Bundeswehr.

Exkurs: Reden jüdischer Persönlichkeiten

Die Ansprachen und Gedenkreden der führenden bundesdeutschen und Westberliner Politiker zum 20. Juli 1944 sind eine wertvolle Quelle für unser Verständnis vom Selbstbewusstsein und Geschichtsverständnis dieses Landes. Gleichwohl handelt es sich nur um einen Teilbestand der Reden, die bei offiziellen Erinnerungsveranstaltungen an diesem Tag seit über einem halben Jahrhundert gehalten wurden. Von herausragender Bedeutung sind außerdem die zahlreichen Stellungnahmen jüdischer Persönlichkeiten – Repräsentanten jüdischen Organisationen und Institutionen, unabhängiger Historiker und Schriftsteller –, in der Regel Überlebende des Holocaust. Ihre anerkennenden Worte über das gescheiterte Attentat auf Hitler besitzen für die Hinterbliebenen ebenso wie für Staat und Gesellschaft der Bundesrepublik, deren Selbstverständnis in besonderer Weise mit dieser Widerstandstradition verbunden ist, großen Wert.

Viele der genannten deutschen Politiker, die zum 20. Juli gesprochen haben, kannten und kennen das Dritte Reich noch aus eigener Erfahrung. Ernst Reuter war selbst ein Verfolgter des Naziregimes. Sein Urteil über Denken und Tun der Widerständler des 20. Juli besaß schon deshalb ein hohes Maß an Autorität und Glaubwürdigkeit. Theodor Heuss hatte bei der Abstimmung über das Ermächtigungsgesetz 1933 als Abgeordneter des Reichstages versagt. Seine Rede von 1954 machte Schuld und Mitverantwortung zum Thema und bekam als beispielhafte Demonstration von aufrichtiger Reue und politischer Einsicht historische Bedeutung. Eugen Gerstenmaier, Gustav Heinemann und andere haben sich mit der Frage des eigenen Versagens, des Zögerns, des zu langen Schweigens offen auseinandergesetzt. Sie setzten Maßstäbe, indem sie das Selbstverständnis der westdeutschen Nachkriegsgesellschaft in Frage setzten.

In allen Reden seit 1952 drängen die geistigen, ethischen Aspekte und moralischen Existenzfragen in den Vordergrund und eben nicht der Versuch, sich der eigenen Mitverantwortung zu entziehen.

Unabhängig von den politischen Unterschieden, Differenzen und zeitgebundenen Vorstellungen der einzelnen Gruppen des Widerstandes, unabhängig von den unterschiedlichen »Fraktionen der Vergangenheitsbewältigung«, suchten alle Redner nach den übergeordneten geistigen und politisch-grundsätzlichen Elementen des »Aufstandes des Gewissen.« Die Reden festigten die Fundamente unserer freiheitlichen Ordnung von Rechtsstaat und Demokratie, weil die sie verbindliche, gemeinsame Werte herausstellten.

Diese Selbstbestimmung bundesdeutscher und Westberliner Demokraten erfuhr durch Gastbeiträge US-amerikanischer Staatsbürger jüdischer Herkunft eine Bekräftigung und moralische Rückenstärkung. In lebhafter Erinnerung geblieben sind mir besonders die Auftritte von Rabbi Albert H. Friedlander[53] und Howard I. Friedman[54] im Jahr 1984 sowie zuletzt die Berliner Rede von Fritz Stern am 20. Juli 2010.[55] Diese drei Reden reichen weit über die innerdeutsche Reflexion des deutschen Verhängnisses der Jahre 1933–45 hinaus. Sie richten ihren Blick auf die zukünftige Verantwortung und rufen auf, sich der Versöhnung nicht zu verweigern, zugleich aber dauerhafte Lehren aus der Erfahrung der totalitären Diktatur zu ziehen.

> Zachor V-shamor b'dibur echad: Erinnere Dich und halte das Gedenken lebendig. Wie gleichsam die übrigen Tage geschaffen sind um des einen Sabbattages willen, sind uns alle anderen Worte gegeben, um des einen Wortes willen: Gedenke!

Diese Worte von Elie Wiesel zitierte am 19. Juli 1984 Albert Friedlander (1927–2004) in seiner Vorlesung im Otto-Braun-Saal in Berlin (West) vor Überlebenden und Nachkommen des deutschen Widerstandes. Der gebürtige Berliner Friedlander, der 1939 mit der Familie 1939 Deutschland verlassen musste, sprach zum einen aus seiner geistlichen Verantwortung als Rabbi der Westminster-Synagoge und zum anderen aus seiner wissenschaftlichen Verpflichtung als Direktor des Leo-Baeck-Instituts in London. Zum ersten Mal in der Geschichte der Bundesrepublik war ein ehemaliger jüdischer Deutscher, der die NS-Vernichtungspolitik im Ausland überlebt hatte, nun bereit, zumindest besuchsweise in seine frühere Heimat zurückzukehren, um am 20. Juli in der Öffentlichkeit zu sprechen – und damit ein Zeichen der Versöhnung zu setzen.

Mit großem Ernst wies Friedlander darauf hin, dass, wer sich aufrichtig zum 20. Juli 1944 bekenne, auch nicht von Auschwitz schweigen darf. Die ethische Bedeutung des militärisch-konservativen Widerstands sei durch die Dimension des Zuspät und die Dimension des Zuwenig bestimmt. Die Diktatur war nicht von Deutschen besiegt worden. Doch stehe die Tat für die Fähigkeit des Menschen, das Unmenschliche zu überwinden. Aus der Tiefe seines Glaubens heraus warnte Rabbi Friedlander davor, die Männer und Frauen des Widerstandes zu Märtyrern zu machen. Dies würde bedeuten, sie von den heute Lebenden zu entfernen. Die Gesinnung des Widerstandes, so Friedlander, verpflichte dazu, jeden Tag dem Bösen Widerstand zu leisten, um nicht erneut mitschuldig zu werden, wo Recht und Freiheit unterdrückt werden.

53 Albert H. Friedlander, in: Voss/Neske: Versöhnung mit der Geschichte (wie Anm. 39), S. 11ff.

54 Howard I. Friedman, in: ebd., S. 59ff.

55 Prof. Dr. Fritz Stern: Aktuelles & Presse, Bundesministerium des Innern, Protokoll 20. Juli 1944 vom 21. Juli 2010, www.bund.de.

Ebenso großes Gewicht kommt den Worten des Präsidenten des American Jewish Committee Howard Friedman vom 20. Juli 1984 zu. Er wollte dazu beitragen, eine Brücke der Verständigung zwischen Deutschen und Juden zu schlagen. Nach seinen Worten bewiesen Mut und Entschlossenheit jener tapferen Männer, welche die Nazi-Herrschaft zu Fall bringen wollten, die Kraft des menschlichen Geistes in unserer Zeit. Friedman riet den amerikanischen Juden, hieraus zu lernen. Man möge beherzigen, dass aus den Ruinen eines bösen, schmählichen Regimes eine lebensfähige, freie Gesellschaft entstanden war, die sich der Bewahrung der Werte der westlichen Zivilisation und dem Gedanken einer freien demokratischen Gesellschaft verpflichtet hatte. Christen und Juden, Deutsche wie Amerikaner, ja alle Menschen guten Willens sollten gemeinsam für die Verwirklichung und Verteidigung der Menschenrechte eintreten, wo immer dies in Zukunft erforderlich sei.

Mit seiner am 20. Juli 2010 im Bendlerblock in Berlin gehaltenen Rede bezog Fritz Stern, der bekannte US-amerikanische Historiker deutsch-jüdischer Herkunft, eine Position zum deutschen Widerstand, die »von Demut und Dankbarkeit« bestimmt war: »Demut, da uns die Pein der Prüfung erspart geblieben ist«, da keiner der heute Lebenden wisse, wie er sich in der Zeit der Bedrohung durch die Diktatur verhalten hätte. Und Dankbarkeit,

> da die Menschen des 20. Juli ein Vorbild der Anstands hinterlassen haben, weil die Erinnerung an sie und den gescheiterten Aufstand eine Mahnung an die Bürger unserer Welt darstellt.

Das historische wie politische Urteil über den dann doch gescheiterten Staatsstreich erhebe sich, so der aus Breslau (Wrocław) stammende Stern, über die nicht beendigten Versuche der Infragestellung und Diskreditierung des Widerstandes in später Stunde:

> Die Menschen des 20. Juli sind ein Teil deutscher und europäischer Geschichte und in der deutschen Geschichte einmalig: Nie zuvor gab es in Deutschland einen solchen Aufstand für Befreiung, für Recht und menschliche Würde, von Menschen aus verschiedenen Schichten getragen – Adel und Gewerkschaftler, Militär und Beamte, Christen und Freidenker, aus allen Teilen des Landes. Gemeinsam im Kampf gegen ein Übel, den eigenen Unrechtsstaat, der das Land moralisch und schließlich existentiell in eine Katastrophe trieb, und doch mit sehr verschiedenen Zukunftsvorstellungen.

Frei von jeder Art der Heroisierung und Mystifizierung, frei von den Vorbehalten derjenigen, die den Gegenentwurf des »Aufstands des Gewissens« nicht ertragen konnten oder diesem mit Schweigen in Deutschland wie im Ausland begegneten, mahnte Fritz Stern ein »lebendiges historisches Verständnis« und ein gerechtes Urteil über die Menschen an, die unter schwierigsten Bedingungen der Stimme ihres Gewissens gefolgt waren.

Schon früh – am 20. Juli 1954, bei der ersten offiziellen Gedenkstunde in Berlin (West) – hatte er für sich nach persönlichen Begegnungen mit den Witwen und Kindern, angesichts auch der Trauer und des Leidens der Familien des Widerstandes, seine »Abscheu vor allem Deutschen« überwunden und den Weg zu neuen Beziehungen zur deutschen Gegenwart beschritten. Hermann Lüdemann, Ralf Dahrendorf, Marion Gräfin Döhnhoff und Axel von dem Bussche sind seine Wegbegleiter gewesen, die seine persönliche Annäherung an das Land der Täter durch den Aufbau vertrauensvoller Beziehungen förderten.

Fritz Stern wies eindringlich darauf hin, dass der Widerstand von den Frauen im Widerstand unerschütterlich mitgetragen wurde. Auch eine religiöse Dimension ihres Handelns kam hiermit zur Sprache:

> Ein tiefer Glaube an Gott und seinem Walten gab vielen Widerständlern Rückhalt und Rechtfertigung. Alle hatten ein durchdringendes Verantwortungsgefühl – ein Pflichtgefühl aus Tradition, im Dienste der Humanität, überzeugt von den Geboten der Menschlichkeit. Der Aufstand war nicht umsonst.

Anders als so mancher Zeitgenosse erkannte Fritz Stern in Artikel 1 des Grundgesetzes (»Die Würde des Menschen ist unantastbar«), im Konzept des »Bürgers in Uniform« sowie in der Mahnung an die Soldaten der Bundeswehr, bei jedem Befehl ihrem Gewissen zu folgen, das Erbe dieses Widerstands gegen Hitler, dessen Vorbild über Deutschland hinausweist.

In eindrucksvoller Prägnanz setzte sich dieser Redner mit dem Niedergang der Weimarer Republik, mit den damaligen Irritationen, Fehlbeurteilungen und Täuschungen, mit dem Versagen der Verantwortungseliten in Staat und Gesellschaft auseinander. Für mich war das eine Lehrstunde in deutscher Geschichte, die den Kern der Gewissensverantwortung deutlich macht. Es bleibt zu hoffen, dass Fritz Sterns Rede Eingang in deutsche Lehrpläne findet, ist sie doch frei von jener deutschen Manier, der bis heute feststellbaren Unaufrichtigkeit bei der sogenannten »Vergangenheitsbewältigung« – ein Unwort aus dem Handbuch der Leugner von Schuld und Mitverantwortung.

Sterns Darstellung des Lebens unter den Schrecken der modernen, jedes Individuum mitverantwortlich machenden Diktatur, seine Schilderung der Zukunftsvorstellungen des Widerstandes und sein Wissen um Schuld und Sühne in Deutschland nach 1945 verleihen dieser Rede eine Bedeutung, die der Rede von Theodor Heuss von 1954 gleichzusetzen ist. Die von ihm genannten Zeugen machten einmal mehr klar, dass der Widerstand des 20. Juli seine eigentliche Legitimation aus der Kraft zur Selbstüberwindung der Mitschuld, aus den moralischen Kategorien des verzweifelten Aufstandes des Gewissens erfuhr und damit ein Maßstab gesetzt wurde, der uns auch heute verpflichtet.

Sein Vorschlag, eine europäische Erinnerungsstätte, eine »Gedenkstätte des europäischen Widerstandes« am Sitz des Europäischen Gerichtshofs zu errichten – »ein Denkmal der Versöhnung: die Toten zu ehren, den Künftigen zur Mahnung« –, verdient eine sorgsame und politisch verantwortungsvolle Beachtung. Mit seiner Rede hat Fritz Stern, ein Verfolgter des Nazi-Regimes, künftigen Rednern aus Politik und Gesellschaft, die sich über den deutschen und europäischen Widerstand und dessen Bedeutung für Recht und Freiheit, Versöhnung und Verantwortung äußern werden, neue Wege gewiesen.

Kritisches Traditionsbewusstsein in der Bundeswehr

Zu den umstrittensten Themen deutscher Geschichte im 20. Jahrhundert gehört die Rolle des deutschen Militärs im NS-Staat.[56]

Während ein historisches Urteil über die Reichswehr nach dem Weltkrieg deren unglückseligen Beitrag zum Scheitern der Weimarer Republik zu berücksichtigen hat, bleibt jede Wertschätzung technologisch-organisatorischer und militärischer Leistungen sowie jede Würdigung von Opposition und Widerstand deutscher Soldaten und Offiziere gegen das NS-Regime vom Wissen um eine Mitverantwortung der Wehrmacht an vorsätzlich herbeigeführten Angriffskriegen, bis dahin beispiellosen Kriegsverbrechen und am Holocaust belastet.

Dies gilt ebenso für die zum Machtkomplex des Reichsführers SS Heinrich Himmler gehörende, im Einsatz aber der Wehrmachtsführung unterstellte, andere deutsche Armee im Zweiten Weltkrieg – die kampfstarken und im weiteren Kriegsverlauf auch mit Soldaten und nationalen Einheiten aus besetzten Gebieten aufgefüllten und erweiterten Verbände der Waffen-SS. Diese schlagkräftige und moderne, weltanschaulich geschulte sowie transnationale Truppe stellt einen Sonderfall deutscher und europäischer Militärgeschichte im 20. Jahrhundert dar, auf den in dieser Abhandlung nicht näher eingegangen wird. Festzuhalten bleibt, dass die Waffen-SS bis zuletzt eine loyale Stütze des Naziregimes geblieben ist. Widerstandsleistungen wie im Offizierskorps der Wehrmacht mit diversen Attentatsversuchen auf Hitler und der Beteiligung am Staatsstreichversuch des 20. Juli sind aus dieser Armee nicht bekannt. Eine Einbindung dieser bis heute höchst umstrittenen militärischen Tradition in das Selbstverständnis der Bundeswehr wie überhaupt der Bundesrepublik stand nie zur Debatte, da die SS von den Alliierten auf den Nürnberger Prozessen insgesamt als »verbrecherische Organisation« gebrandmarkt worden war.

56 Klaus-Jürgen Müller: Armee, Politik und Gesellschaft in Deutschland 1933–1945. Studien zum Verhältnis von Armee und NS-System, Paderborn ^{2}1979. – Philippe Masson: Die deutsche Armee. Geschichte der Wehrmacht 1935–1945, Vorwort und Anmerkung von J. A. Graf Kielmansegg, München ^{3}1997. – Hans Poeppel; W.K. Prinz von Preußen; K.G. von Hase (Hg.): Die Soldaten der Wehrmacht, München 1998. – Interessant bleibt: Hermann Foertsch: Schuld und Verhängnis. Die Fritsch-Krise im Frühjahr 1938 als Wendepunkt in der Geschichte der nationalsozialistischen Zeit, Stuttgart 1951(!).

Die politische Führung der Reichswehr hatte durch ihr Denken und Handeln die verfassungsmäßige Macht der ersten deutschen Demokratie gegenüber radikalen, antidemokratischen Kräften geschwächt. Anstatt der bewaffnete Arm einer freiheitlich-demokratischen Ordnung zu sein, verkannten die Militärs die Gefahren für die Weimarer Demokratie und den die Grundrechte und Freiheitsgarantien schützenden Rechtsstaat – oder handelten bewusst gegen diesen.

Die Eidesformel des Soldaten in der Weimarer Republik und auch noch nach der Machtübernahme 1933[57] lautete:

> Ich schwöre Treue der Reichsverfassung und gelobe, dass ich als tapferer Soldat das Deutsche Reich und seine gesetzmäßigen Einrichtungen jederzeit schützen, dem Reichspräsidenten und meinen Vorgesetzten Gehorsam leisten will.

In der neuen Eidesformel vom 1. Dezember 1933 fehlte bereits jeder Verfassungsbezug:

> Ich schwöre bei Gott diesen heiligen Eid, dass ich meinem Volk und Vaterland allzeit treu und redlich dienen und als tapferer und gehorsamer Soldat bereit sein will, jederzeit für diesen Eid mein Leben einzusetzen.

Der Fahneneid war bis dahin also die feierliche Verpflichtung des deutschen Mannes, bei seinem Eintritt in die Wehrmacht der Gemeinschaft zu dienen. Im Gegensatz dazu handelte es sich ab dem 28. August 1934 um einen rein persönlichen Eid auf das Staatsoberhaupt, auf Hitler:

> Ich schwöre bei Gott diesen heiligen Eid, dass ich dem Führer des Deutschen Reiches und Volkes, Adolf Hitler, dem Obersten Befehlshaber der Wehrmacht, unbedingten Gehorsam leisten und als tapferer Soldat bereit sein will, jederzeit für diesen Eid mein Leben einzusetzen.

Mit dem persönlichen Eid auf Adolf Hitler wurde die Reichswehr ein integraler Bestandteil des nationalsozialistischen Deutschland. Im Kommentar in den militärischen Handbüchern heißt es zum Eid des Soldaten jedoch erläuternd und ergänzend: »mit Leib und Leben für den Führer, für Reich und Volk nach den ›Pflichten des deutschen Soldaten‹ einzusetzen«. Zu diesen »Pflichten des deutschen Soldaten« – gültig vom ältesten General bis zum jüngsten Rekruten – wird ausgeführt:

> Die Ehre des Soldaten liegt im bedingungslosen Einsatz seiner Person für Volk und Vaterland bis zur Opferung seines Lebens!

57 Quelle für die folgenden Zitate, einschließlich der »Kommentare aus militärischen Handbüchern«: Bundeszentrale für Heimatdienst (Hg.): 20. Juli 1944, 1./2. Aufl. bearbeitet von Hans Royce, Neubearbeitung und ergänzt von Erich Zimmermann und Hans-Adolf Jacobsen, Bonn 1960, S. 288f.

Das politische Ende der Weimarer Republik war zugleich das Ende der politischen wie ethischen Legitimation einer Armee als Teil der ersten demokratischen Ordnung von Staat und Gesellschaft auf deutschem Boden. Der Tugend- und Pflichtenkatalog einer demokratischen Armee wurde damit aus der Rechtsordnung und der Bindung an die Weimarer Reichsverfassung herausgerissen und in den Dienst der Diktatur gestellt. Freiheitsrechte, die aus der Bindung an Recht und Gesetz gelöst werden, laufen ins Leere und werden zum Spielball politischer Macht. Jeder, der zu einer solchen Entwicklung durch aktives Tun oder Unterlassen beiträgt, wird mitschuldig und haftet für die Folgen der Diktatur. Unabhängig von der individuellen Verantwortung, von Widerspruch, Verweigerung und persönlichem Widerstand, kann der historischen Mithaftung nicht ausgewichen werden.

Jede Diktatur bricht mit der Vergangenheit. Sie zerstört erst die Ordnung der Freiheit und in der Folge jede Möglichkeit der Referenz auf Freiheitsrechte und freiheitliche Tugenden, die ihre Legitimität aus der Beachtung, Wahrnehmung und Verteidigung der Grund- und Freiheitsrechte erfahren und in diesen begründet sind. Der Bruch jeglicher Tradition ist essentieller Teil der Errichtung autoritärer, totalitärer Herrschaft, »Voraussetzungslosigkeit« das Kennzeichen der totalen Verfügbarkeit über den Menschen. Der Anspruch auf die Verfügbarkeit über Individuen und staatliche Ordnung ist der wichtigste und entscheidende Hebel, die eigentliche Waffe der Diktatur. Dessen Durchsetzung in Nazideutschland wurde zu einer politischen und kulturellen Katastrophe.

Daraus folgt: Es gibt keine Tradition, die nahtlos über diesen geistigen und politisch-faktischen Einbruch hinwegkommt und diesen übergehen oder verdrängen kann. So wie Geschichte die Erinnerung der Völker ist, so sind Gewissen und Verantwortung die dauerhaften Elemente einer menschenwürdigen Gestaltung persönlichen und politischen Handelns in der Kontinuität der Zeit. Insoweit kann es keinen »Schluss der Debatte« und keinen Abschluss einer Kapitels der Geschichte geben. Der Neuanfang nach dem Ende der Diktatur setzte die Bereitschaft voraus, sich der »historischen Haftung« zu stellen und geistige wie politische Konsequenzen aus den Erfahrungen und Ereignissen der totalitären Herrschaft zu ziehen.

Das stalinistische Gewaltregime und die konsequent vollzogene Einrichtung der nationalsozialistischen Diktatur waren beides Ausdruck einer organisatorisch, technikgestützt und propagandistisch begleiteten Aufspaltung der Herrschaftsausübung. In Deutschland war die Beseitigung der persönlichen Grund- und Abwehrrechte gegen staatliche Allmachtsansprüche – Kennzeichen einer freiheitlich-rechtsstaatlichen Verfassung – die erste Stufe; die Aufspaltung von Staat, Verwaltung, Gerichten, Armee, Polizei, sozialen Einrichtungen, Verbänden, Gewerkschaften, Wissenschaften und Kultur die zweite. Die Allmacht des Einparteienstaates, der Geheimpolizei und die Etablierung des Konzentrationslagers (in der Sowjetunion: des »Gulag«), Verfolgung, Unterdrückung und Vernichtung des politischen und weltanschaulichen Gegners, schließlich das konsequent umgesetzte Programm zur Unterdrückung »minderwertiger« fremder Völker und zur »Vernichtung der jüdischen Rasse« – darin zeigte sich der realisierte totale Staat und totalitäre Herrschaft als radikaler, elementarer Ausdruck alltäglicher Gewalt über den Menschen. Diese deutsche Spielart der politischen und sozialen Revolution war zugleich eine kulturelle Revolution und eine tiefgreifende Zerrüttung des durch Aufklärung und christlichen Glauben geschaffenen Erbes, seiner Werte, Tugenden und Traditionen. Bildhaft gesprochen, wurden damit die humane Ordnung und das Konzept der kulturellen, geistigen, auf Recht und Gesetz gründenden Freiheit, wie auch die dem Individuum und dem Staat übergeordnete metaphysische Verantwortung, Humanität und Glauben ans Kreuz geschlagen.

Die Schaffung paralleler Strukturen von Staat und Partei betraf in der modernen Diktatur alle Lebensbereiche. Die auf das Herrschaftszentrum der Diktatur ausgerichtete Verfügung über die Gewaltinstrumente zerstörte tradierte Rechtsbeziehungen, Kalkulierbarkeit, Vertrauen und Verantwortung. Die Haftung für das Handeln stand damit zur Disposition des Inhabers der politischen, gesellschaftlichen und militärischen Gewalt.

Dieser allumfassende Gewaltanspruch fand seinen Ausdruck im »Ausnahmezustand« und einer politisch festgelegten Definition der Politik als Freund-Feind-Frontstellung. Der auf die Diktatur ausgerichtete bedingungslose, durch »Befehl« erzwungene »Gehorsam bis zum letzten Schuss« bestimmte den höchsten Grad der in Anspruch genommenen Souveränität und Legitimation der Herrschaftsausübung. Der auf den Führer Adolf Hitler und seinen absoluten Willen ausgerichtete Eid war das scharfe Schwert der politischen wie militärischen Gewalt.

Die Gerichte setzten den Rechtsstaat außer Funktion. Verwaltung und Polizei verwandelten sich zu Helfershelfern der NSDAP, die die sich öffnenden rechtsfreien Räume strategisch nutzten und organisatorisch ausfüllten. Die paramilitärischen Organisationen der NSDAP waren Hebel zur Begrenzung und Eingrenzung der Reichswehr und später in SS und SD von Anfang an Konkurrenten um die militärische Macht: Wehrmacht versus Parteiarmee, Offiziere versus nationalsozialistische Kaderoffiziere und Führungsoffiziere in der Wehrmacht, Wehrmacht gegen Waffen-SS. Wehrmachtsgerichte und Sondergerichte, Ehrengerichtshof und der sogenannte Volksgerichtshof kennzeichnen eine Entwicklung, die in diesem Organisationsbereich staatlicher Macht das Ende der Wehrmacht im Falle des Sieges des nationalsozialistischen Regimes weitergeführt hätte.

Durch diese strukturellen Veränderungen der politischen und militärischen Ordnung wurde die Wehrmacht, Schritt für Schritt, nicht nur ein Teil des institutionellen Aufbaus der Diktatur. Sie war integraler Teil der Handlungen des Naziregimes, mit allen Folgen für die Mitverantwortung und Mitschuld für das gesamte Geschehen des Krieges, der Vernichtung und Verfolgung, des Holocaust. Die »Mithaftung« ist der bitterste Teil der historischen Wahrheit, einmal ganz abgesehen von der individuellen Verantwortung des einzelnen Menschen, Soldaten und Offiziers.

Die Kriegsziele und Kriegsführung Adolf Hitlers waren von Anfang an ausgerichtet auf Angriff und Expansion. Der Bruch von internationalen Verträgen, die Missachtung des Völkerrechts waren Ausgangspunkte eines Weges, der Deutschland und die internationale Völkergemeinschaft in einen Weltkrieg und damit in die Katastrophe führen musste und führte. Die Zerstörung des nationalen und internationalen Rechts entzog dem »soldatischen Eid« von Anbeginn die Rechtsgrundlage. Im Grunde genommen war schon damit der »Befehlsnotstand« gegeben, der einen Eidbruch legitimieren kann.

Die die rechtlichen Grundlagen zerstörende Diktatur verliert den Anspruch auf Rechtstreue und Gehorsam. Nach dem abendländischen Rechtsverständnis steht dem Individuum das »Notwehrrecht« gegen die Diktatur zu. Befehlsverweigerung, Aufkündigung der Gefolgschaft und im äußersten Fall der Widerstand und Staatsstreich gegen ein Gewaltregime sind Ausdruck der Inanspruchnahme des »Notwehrrechts«. Dessen sittliche und rechtliche Begründung ist jeder Ordnung vorausgesetzt, welche die Menschen- und Freiheitsrechte missachtet und verletzt. Dieses »Notwehrrecht« gehört zu den elementaren, unveräußerlichen Grundrechten, die noch nicht einmal der ausdrücklichen Kodifizierung bedürfen.[58]

In Westdeutschland schien die »Bewältigung der Vergangenheit« ebenso ausgeschlossen wie die Anerkennung eines »anderen Deutschland« als Fundament für einen Neuaufbau. Anders als in Frankreich und in Italien, wo die Résistance bzw. Resistenca als Gründungsmythos bei gleichzeitiger Leugnung der Kollaboration genutzt wurden, im Unterschied auch zu Ostdeutschland, wo aus dem Exil heimgekehrte deutsche Kommunisten und Sozialdemokraten unter politischem und militärischem Schutz der Siegermacht Sowjetunion nach der westlichen Staatsgründung einen dezidiert »antifaschistischen« ersten sozialistischen Staat auf deutschem Boden errichteten, blieb die westdeutsche Gesellschaft nicht nur weltanschaulich und politisch gespalten, sondern auch

58 Gutachten: Widerstandsrecht und Widerstandspflicht, in 20. Juli 1944 (wie Anm. 57), S. 256ff. – Theodor Blank: Die strafrechtliche Bedeutung des Art. 20 IV GG (Widerstandsrecht), Baden-Baden 1982, S. 13ff.

lange Zeit unfähig, das wahre Gesicht der NS-Diktatur zu sehen. Unsere Nachkriegsgesellschaft verstand nicht, dass ein wirklicher Neuanfang der Wahrheit nicht aus dem Wege gehen kann.[59]

Die tausend- und millionenfach feststellbare Traumatisierung (in all ihren individuellen Facetten) wurde später als Erklärung für die »Unfähigkeit zu Trauern« ebenso wie die Weigerung angeführt, aus eigener Kraft, Schuld und Sühne zu bekunden und auch Konsequenzen in allen privaten und öffentlichen Belangen für die Zukunft zu ziehen. Doch auch die von den Westalliierten betriebene »Entnazifizierung«, verbunden mit existentieller Bedrohung, Diskriminierung und Verleumdung, erwies sich schnell als ungeeigneter Ansatz zur Bereinigung der Vergangenheit. Auch dafür gibt es eine einfache Erklärung: Der sogleich nach dem Ende des Weltkrieges einsetzende Ost-West-Konflikt, die aufziehenden Vorzeichen des Kalten Krieges ließen es ratsam erscheinen, dem inneren Zusammenhalt in den drei Westzonen den politischen Vorrang vor einer konsequenten Aufarbeitung der Vergangenheit einzuräumen.

Die »Nürnberger Prozesse« wurden in der Breite der Bevölkerung als »Sieger-Tribunal« verstanden und verstärkten, meine ich, die Abwehrkräfte gegen eine »umfassende« Bereinigung des mitschuldig gewordenen Personals in den staatlichen Institutionen, Verwaltungen, Gerichten, Polizei und in Wissenschaft, Kultur und Medien. Die klärende, kritische Behandlung des »soldatischen Gehorsams« in der Diktatur und ihrer Kriegsführung war seinerzeit jedenfalls unmöglich. Dies führte auch dazu, dass der 20. Juli 1944 als »Aufstand des Gewissens« der Leugnung, Ablehnung und propagandistischen Diskriminierung ausgeliefert wurde.[60]

Dazu trug freilich zuerst und am wirkungsvollsten Adolf Hitler selbst bei. In seiner ersten Rundfunkansprache nach dem gescheiterten Attentat, am 21. Juli 1944 gegen ein Uhr nachts, hatte er bekanntlich behauptet:

> Eine ganz kleine Clique ehrgeiziger, gewissenloser und zugleich verbrecherischer, dummer Offiziere hat ein Komplott geschmiedet, um mich zu beseitigen und zugleich mit mir den Stab praktisch der deutschen Wehrmachtsführung

59 Vgl. hierzu Gerhard Ringshausen: Widerstand – Aufgaben und Probleme des transnationalen Vergleichs, in: Kirchliche Zeitgeschichte. Internationale Zeitschrift für Theologie und Geschichtswissenschaft, Heft 1/2009, S. 211ff., 216ff.

60 Hierzu detailliert: Stefan Geilen: Das Widerstandsbild der Bundeswehr, in: Joachim Scholtyseck (Hg.): Nachkriegsdeutschland (Schriftenreihe der Forschungsgemeinschaft 20. Juli 1944, Bd. 6), Münster 2005, S. 85ff. – Vgl. auch die ausführliche Fassung von Stefan Geilen: Das Widerstandsbild in der Bundeswehr, in: Militärgeschichte, NF 6 (1996), S. 63ff. – Vgl. auch detailliert Manuel Becker; Holger Löttel; Christoph Studt (Hg.): Der militärische Widerstand gegen Hitler im Lichte neuer Kontroversen. Protokoll der XXI. Königswinterer Tagung vom 22.–24.2.2008 (Schriftenreihe der Forschungsgemeinschaft 20. Juli 1944 e.V., Bd. 12), Berlin 2010.

auszurotten. [...] Der Kreis, den diese Usurpatoren darstellen, ist ein denkbar kleiner. Er hat mit der deutschen Wehrmacht und vor allem mit dem deutschen Heer nichts zu tun.[61]

Diese Ansprache erweist sich als überaus folgenreich. Landesverrat, Eigennutz, Feigheit im letzten Kampf, politische Unfähigkeit und technische Inkompetenz, zu spätes Handeln usw. – Versatzstücke von Hitlers Verleumdungsrede sind noch heute im Umlauf.

Auch beeinflussten die Aussagen der Generalfeldmarschälle Jodl, Keitel und von Rundstedt vor dem Nürnberger Gerichtshof zu den Ereignissen vom 20. Juli 1944 wie auch die Darstellungen des Staatsstreichsversuchs in den Memoiren hoher deutscher Militärs, so bei Generalfeldmarschalls von Manstein und Generaloberst Guderian, die ablehnende Einstellung einer großen Zahl ehemaliger Soldaten und Wehrmachtoffiziere wie auch der Öffentlichkeit.[62]

Eine solche Vorgeschichte bietet keine Grundlage, von einer mythischen Überhöhung, von einem »Gründungsmythos« des deutschen Widerstands vom 20. Juli zu sprechen; genau vom Gegenteil ist auszugehen. Das gilt bis heute, ganz zu schweigen von der Wahrnehmung der politischen Breite des Widerstandes der Sozialdemokratie, der Gewerkschaften, der übrigen politischen Lager, in den Wissenschaften und Kunst, der Dichter und Schriftsteller, der inneren und äußeren Emigration, die in der Nachkriegszeit in Westdeutschland als nichtexistent, unbeachtlich und wirkungslos gewertet wurden. Man konnte den Eindruck haben, Hitler und der Volksgerichtshof hätten Recht behalten.

Stefan Geilen wies zudem darauf hin[63], dass die ersten Publikationen zum Widerstand des 20. Juli 1944 im Ausland erschienen sind, weil Druckgenehmigungen von den Alliierten verweigert wurden. So konnte Fabian von Schlabrendorff, der engste Vertraute und Vetter Henning von Tresckows, seine erste Darstellung des militärischen Widerstandes »Offiziere gegen Hitler« 1946 bei der Europa-Verlag A.G. Zürich veröffentlichen. Die Erinnerungen des Abwehr-Mitarbeiters Hans-Bernd Gisevius, der am 20. Juli im Bendlerblock an-

61 Der vollständige Text in: Joachim C. Fest: Hitler. Eine Biographie, Frankfurt a.M./Berlin/Wien ^{2}1973, S. 968ff. (mit Quellenangaben).

62 Vgl. Geilen: Das Widerstandsbild der Bundeswehr (wie Anm. 60) S. 86. Vgl. auch die Schlussbetrachtung »Lohn der Vergeblichkeit« in: Joachim C. Fest: Staatsstreich. Der lange Weg zum 20. Juli, Berlin 1994, S. 325ff. – Zu Jodls ablehnender Einstellung zum Umsturzversuch (Rede vor seinem Stab am 24. Juli 1944 als dem »schwärzesten Tag für Deutschland« und sodann im Nürnberger Prozess) vgl. Carl Haensel: Das Gericht vertagt sich. Aus dem Tagebuch eines Nürnberger Verteidigers, Hamburg 1950, S. 256. – Zu Keitels Aussagen zum Attentat, die zeigen, dass er dem Widerstand grundsätzlich ablehnend gegenüber stand, vgl. ebd., S. 146ff. – Vgl. auch Heinz Guderian: So geht es nicht, Heidelberg 1951, S. 76ff. Diese Darstellung zeigt die Absicht, die Wehrmacht von jeder Schuld freizusprechen.

63 Geilen: Das Widerstandsbild der Bundeswehr (wie Anm. 60), S. 36.

wesend war, erschienen unter dem Titel »Bis zum bitteren Ende« 1946 im Verlag Tretz-Wasmuth in Zürich. Ulrich von Hassells Tagebuchnotizen der Jahre 1938–44 (»Vom anderen Deutschland«) brachte der Atlantis Verlag Zürich/Freiburg i.B. 1946 heraus.

Die grundlegende, erste Darstellung des Himmler-Reiches – das Buch »Der SS-Staat. Das System der Deutschen Konzentrationslager« von Eugen Kogon, herausgegeben vom Verlag der Frankfurter Hefte –, wurde vom Verlag des Druckhauses Tempelhof/Berlin 1946 zu einem Preis von 2 Mark (Taschenbuchausgabe in der »Buchreihe für Jedermann«) verlegt, so dass ab diesem Zeitpunkt die Wirklichkeit der SS-Diktatur nicht mehr geleugnet werden konnte, zumal das detaillierte Namensregister der Täter und Mitschuldigen viele Ansatzpunkte bot, die gesellschaftliche Mauer des Verschweigens und behaupteten Nichtwissens zu durchbrechen.[64]

Der Historiker Hans Rothfels hielt 1947 an der Universität Chicago seinen ersten Vortrag zum Gedenken an die Männer und Frauen vom 20. Juli. 1948 folgte sein kleines Buch »The German Opposition to Hitler« beim Verlag Henry Regnery, Hinsdale/Illinois und 1949 die deutsche Ausgabe im Scherpe-Verlag in Krefeld, die bis heute eine der eindrucksvollsten Würdigungen dieser konservativ-militärischen Widerstandskreise darstellt.[65]

Auch wenn die erste umfassende wissenschaftliche Darstellung zum gesamten Geschehen und Spektrum dieses besonderen Widerstandes von Peter Hoffmann mit seinem Werk »Widerstand – Staatsstreich – Attentat« mit 1003 Seiten[66] erst 1969 vorgelegt wurde, war schon 1946 die Existenz des »anderen Deutschland« der nationalen und internationalen Öffentlichkeit unbestreitbar bekannt gemacht worden.

Auch die Publikationsgeschichte zeigt, dass die schmerzhafte Suche nach einer neu bedachten und dann tragfähigen Tradition für Staat, Gesellschaft und einer zum Schutz von Freiheit und Frieden bewaffneten Bundeswehr in bedeutendem Maße vom Ausland angeregt wurde.

Der Widerstand gegen die Nazi-Diktatur, die Frage nach Eid und Gehorsam unter der nationalsozialistischen Kriegsführung und Vernichtung spaltete die den Krieg und Gefangenschaft überlebt habenden Soldaten und Offiziere der Wehrmacht in den 1950er Jahren in einem Ausmaß, das heute unverständlich ist und zugleich erschreckt.

64 Eugen Kogon: Der SS-Staat. Das System der Deutschen Konzentrationslager, hg. vom Verlag der Frankfurter Hefte, Berlin 1946/47, S. 378ff.

65 Hans Rothfels: Die deutsche Opposition gegen Hitler. Eine Würdigung, Neuausgabe Zürich 1994. – Zur Vorgeschichte dieser Darstellung: Vorwort zur erweiterten Ausgabe von 1969, S. 19ff.

66 Hoffmann: Widerstand – Staatsstreich – Attentat (wie Anm. 17).

Der psychologische Hintergrund der Auseinandersetzungen zwischen ehemaligen Wehrmachtsoffizieren und der Gruppe der eine neue Armee vorbereitenden »Reformer« in der westdeutschen Nachkriegsgesellschaft bestimmte auch das Klima der im Oktober 1950 veranstalteten Konferenz im Kloster Himmerod (Eifel), die sich mit der konzeptionellen und organisatorischen Planung eines neuen deutschen Wehrbeitrages im Kontext des Ost-West-Konfliktes beschäftigte. Die aus dieser Konferenz entstandene »Himmeroder Denkschrift« ist das entscheidende Dokument des konzeptionellen Neuanfangs, der ein modernes und traditionsbewusstes Selbstverständnis der Bundeswehr begründete.[67]

Im Ergebnis kam es zu einer politischen Distanzierung gegenüber Reichswehr und Wehrmacht. Eine Klärung des Streits um den Eid unter der Nazi-Diktatur und den soldatischen Gehorsam im Verlauf der Kriegsführung und die hieraus erwachsene Mitschuld für Verbrechen wurde vermieden, um die Kontroversen nicht weiter zu verschärfen und den Fundus für die Rekrutierungen von dringend benötigten Führungskadern (in allen Bereichen) nicht weiter schwinden zu lassen. Staatspolitische Erwägungen überlagerten insoweit entscheidende Reformnotwendigkeiten.

Das heißt, dass sowohl die Westalliierten wie auch die bundesdeutsche Politik vorrangig daran interessiert waren, ehemalige Soldaten, Unteroffiziere und Offizieren für die westdeutsche Demokratie und eine neue Bundeswehr zu gewinnen. Eine Auseinandersetzung mit der Vergangenheit der Wehrmacht fand in der Bundesrepublik darum nicht statt, ja der politische Wille begrenzte auch den Entscheidungsspielraum des »Personalgutachterausschusses«, der mit der Evaluierung des militärischen Führungspersonals beauftragt war. Zwar wirkten in diesem Ausschuss Repräsentanten und Mitbeteiligte des konservativ-militärischen Widerstandes wie Annedore Leber, Philipp Freiherr von Boeselager und Fabian von Schlabrendorff mit. Aber auch sie konnten die Klärung der beschriebenen Konfliktfragen nicht herbeiführen oder diese auflösen. Die persönliche Einstellung zum 20. Juli spielte bei den Personalbewertungen und bei zukünftiger Wiedereinstellung und Wiederverwendung zwar eine maßgebende Rolle, war unter dem vordringlichen Zwang des zügigen Aufbaus der Bundeswehr aber nachrangig.[68]

Ehemalige Wehrmachtsoffiziere sind offenbar zu Teilen durch die Bewertung der persönlichen Haltung zum NS-Staat, zur Wehrmacht, zur Kriegsführung und zum Widerstand davon abgeschreckt worden, sich um die Wiederverwendung zu bewerben. Es ist aber nicht zu übersehen, dass es auch ehemaligen

67 Vgl. Geilen: Das Widerstandsbild der Bundeswehr (wie Anm. 60), S. 86ff. – Hans-Jürgen Rauenberg; Norbert Wiggershaus: Die »Himmeroder Denkschrift« im Oktober 1950, in Militärgeschichtliche Mitteilung Nr. 21 (1977), S. 186ff.

68 Geilen: Das Widerstandsbild der Bundeswehr (wie Anm. 60), S. 89ff.

unmittelbar Beteiligten am militärischen Widerstand nicht gelang, wieder als Offiziere für höhere Kommandostellen eingestellt zu werden, wie dies Rudolf-Christoph Freiherr von Gersdorff in seinen Lebenserinnerungen beschrieb.[69] Die Konflikte zwischen wertneutraler Bewertung der Wehrmacht und wertgebundener Einstellung zur Diktatur und zum Widerstand hatten konkrete Auswirkungen zu Lasten der am Widerstand direkt beteiligten Offiziere, so dass längerfristig die »Traditionsfrage« der Bundeswehr bis in die 1960er Jahre offenblieb.

Es kann insoweit auch nicht erstaunen, dass dieses Vorgehen Auswirkungen auf die Generation der Nachkommen der am Widerstand Beteiligten zeitigte, deren Namen später nur in geringer Zahl in den Rängen der Berufssoldaten der Bundeswehr wiederzufinden sind.

Auf Grundlage der »Himmeroder Denkschrift« begann sodann in der »Dienststelle Blank«[70], dem Vorläufer des Bundesministeriums der Verteidigung, Major i.G. Wolf Graf von Baudissin[71] mit der Erarbeitung des Konzepts der »Inneren Führung« der neuen Bundeswehr. Dieser Offizier, Jahrgang 1907, hatte seine soldatische Laufbahn 1926 im Reichswehr-Infanterie-Regiment Nr. 9 in Potsdam begonnen; 1930 bis 1938 stand er in enger freundschaftlicher Beziehung zu Henning von Tresckow und anderen Offizieren, die später Akteure des militärischen Widerstandes waren.[72]

In der »Dienstelle Blank« wurde Baudissin unterstützt von ehemaligen Offizieren der Wehmacht, allen voran Johann Adolf Graf von Kielmansegg, Axel von dem Bussche, Achim Oster und Hans Speidel, die sich von der Wehrmacht distanzierten und zu einschneidenden Neuansätzen und Reformen bereit und entschlossen waren. Baudissin gilt als entscheidender »Kopf der inneren Führung«, dessen Überlegungen zu einem in die demokratische Ordnung eingepassten Traditionsverständnis der Bundeswehr weiterhin von Interesse und Bedeutung bleiben.[73]

69 Vgl. Rudolf-Christoph Freiherr von Gersdorff: Soldat im Untergang, Frankfurt a.M./Berlin/Wien 1977, S. 209ff.; mit schweren Vorwürfen gegen die Staatssekretäre Dr. Globke und Dr. Gumbel und ihre Einstellungen zum 20. Juli 1944, S. 212f.

70 Benannt nach dem Leiter der Dienststelle, Theodor Blank (später Bundesarbeitsminister unter Konrad Adenauer).

71 Zur Person vgl. den tabellarischen Lebenslauf in: Baudissin: Soldat für den Frieden (wie Anm. 35), S. 319f. – Vgl. auch zum Persönlichkeitsbild: Wolf Graf von Baudissin; Dagmar Gräfin zu Dohna: »als wären wir nie getrennt gewesen«, Briefe 1941–1947, hg. und mit einer Einführung von Elfriede Knoke, Bonn 2001.

72 Baudissin: Soldat für den Frieden (wie Anm. 35), S. 319, nennt ausdrücklich Henning von Tresckow, Hasso Boehmer, Alexis von Roenne, Hans-Alexander von Voss (Jahrgangskamerad).

73 Seine Entwürfe finden sich in einem Sammelband, die er 1969 veröffentlichte. Baudissin: Soldat für den Frieden (wie Anm. 35).

Die Neuartigkeit der Aufstellung und Ausrichtung der »westdeutschen« Streitkräfte machte eine offene und zugleich kritische Auseinandersetzung mit den militärischen Vorläufern der Bundeswehr erforderlich. Doch wegen der politischen Parameter, der hohen Dringlichkeit des Aufbaus der Streitkräfte und des verfügbaren Personal insbesondere erfahrener Soldaten und Offiziere ging es nicht ohne das »alte« Personal der Reichswehr und Wehrmacht. Die »unbelasteten« Offiziere um Baudissin erkannten, dass es nun allerdings wichtig wäre, deutlichen Abstand zur Institution Wehrmacht der Nazi-Zeit zu gewinnen. Baudissin selbst hat indes erst verhältnismäßig spät, im September 1956, öffentlich erklärt, dass sich die Wehrmacht als »Traditions-Spenderin« nicht eignet und deshalb neu überdachte Ansätze gefunden werden müssten.[74]

> Unter dem Banner der »Tradition« fliehen die einen vor den Pflichten der Gegenwart in die Vergangenheit; die anderen entweichen den Forderungen der Überlieferung durch die Flucht in das Aktuelle, in das Heute – wenn nicht gar in das unverbindliche Morgen.
> [...] Ein selbstvergessener Traditionalismus, der bewahrt, um des Bewahrens willen, führt ebenso zu Halbwahrheiten, wie geschichtsvergessene Traditionsfeindlichkeit, die erneuern will, um des Erneuerns willen.[75]
> Kein geschichtliches Leben ohne Tradition. »Lebendig« aber kann Tradition nur in der Wandlung bleiben. Erst wo sie erstarrt und abgestorben ist, tritt sie in Widerstreit mit lebendiger Entwicklung und entzieht sich damit der Zukunft.[76]

Den Gedanken des vielgelesenen spanischen Philosophen José Ortega y Gasset folgend, sprach er von einer orientierungslosen Nachkriegsgesellschaft:

> Unsere Zivilisation weiß, dass ihre Prinzipien bankrott sind – inhaltlos geworden –, und deswegen zweifelt sie an sich selbst.[77]

Baudissin ging noch einen Schritt weiter und hielt »Traditionalisten« und »Reformverweigern« entgegen:

> Eine der unheilvollsten Hinterlassenschaften des Dritten Reiches ist das weithin gestörte Verhältnis zur Wahrheit. [...] Blindheit gegenüber sich selbst aber ertötet alle sittliche und fachliche Fortentwicklung. Soldaten, die nach einer Niederlage nicht scharf ins Gericht mit sich gehen, werden unglaubwürdig.

74 Vgl. Soldatische Tradition und ihre Bedeutung in der Gegenwart (Sept. 1956), in: Baudissin: Soldat für den Frieden (wie Anm. 35), S. 79ff.
75 Ebd., S. 79.
76 Ebd., S. 81.
77 José Ortega y Gasset: Vergangenheit und Zukunft im heutigen Menschen, Stuttgart 1955.

> Sie fordern die gefürchtete Kritik von außen geradezu heraus. [...] Mit der Gesetzgebung unserer Bundesrepublik sind die Grundlagen der deutschen Tradition wieder freigelegt, nachdem das Dritte Reich die Kontinuität unserer bisherigen Geschichte unterbrochen und die Fundamente der abendländischen Tradition beiseite geschoben hatte [...] Es liegt nun an uns, in der Bundeswehr aus diesem Erbe [d.h. der abendländischen Tradition, R.v.V.] wieder eine Wirklichkeit werden zu lassen.[78]

Aus heutiger Sicht und vor dem Hintergrund des Wissens um die damalige Spaltung von Reformgegnern und Reformern ist diese Haltung und Absage an jene, die unbeirrt an der Wehrmacht als »Traditionsspender« festhalten wollten, ein geradezu mutiger und weitsichtiger Schritt. Baudissin brach mit Wehrmachtsverteidigern und dem Mythos einer »schuldlos« gestellten Wehrmachtsführung, von denen einzelne Repräsentanten expressis verbis immer noch stolz darauf waren, nicht zum Widerstand gehört zu haben und ihren »Eid« bis zuletzt gehalten zu haben.[79]

Bei der Darstellung dieser Auseinandersetzungen und Positionierungen in den frühen 1950er Jahren muss berücksichtigt werden, dass bereits ein grundlegendes Gutachten des Präsidenten des Bundesgerichtshofes, Hermann Weinkauff, zum gesamten Themenbereich Widerstandsrecht und Widerstandspflicht vorlag. In dessen Schlussbeurteilung wird ausgesagt, dass die am Widerstand und Attentat beteiligten Täter im übergesetzlichen Notstand und deswegen rechtmäßig gehandelt haben.[80]

Im Frühjahr 1952 stand der von Hitler außer der Reihe zum Oberst beförderte ehemalige Major Remer, der maßgeblich zum Scheitern des 20. Juli 1944 in Berlin beigetragen hatte, wegen strafrechtlich relevanter Verleumdung der Widerstandskämpfer als »vom Ausland bezahlter Landesverräter« vor dem Landgericht Braunschweig (»Remer-Prozess«).[81] Die von dem Gericht angeforderten Gutachten zu den moralischen Beweggründen der am 20. Juli beteiligten Widerstandskämpfer und zur damaligen militärischen Lage sprachen

78 Baudissin: Soldat für den Frieden (wie Anm. 35), S. 85.

79 Vgl. Geilen: Das Widerstandsbild der Bundeswehr (wie Anm. 60), S. 87f., der ausdrücklich nennt: General der Panzertruppen Hasso von Manteuffel, General der Infanterie Blumentritt, Generaloberst Guderian. – Vgl. auch Manfred Messerschmidt: Die Wehrmacht im NS-Staat. Zeit der Indoktrination, Hamburg 1969, S. 323.

80 Vgl. Royce: 20. Juli 1944 (wie Anm. 57), und Sondernummer »Das Parlament« vom 20.7.1952, 3. Aufl. Juli 1960, neubearbeitet und ergänzt von Erich Zimmermann und Hans-Adolf Jacobsen, hg. v. d. Bundeszentrale für Heimatdienst, Bonn 1960, Gutachten Hermann Weinkauff, S. 256ff., 267; eine heute noch fundamentale und gültige rechtliche Darstellung und Beurteilung.

81 Major Remer war 1952 2. Vorsitzender der rechtsradikalen SRP (Sozialistische Reichs-Partei).

sich alle eindeutig gegen jegliche Verleumdung und Diskreditierung und somit gegen Remer aus und haben sich in der Sache bis heute nicht überholt.[82]

Der verleumderische Obrist a.D. wurde verurteilt, hielt jedoch bis an sein Lebensende an rechtsradikalen Aktivitäten fest. Sein Prozess machte rechtliche und historische Positionen deutlich, die bei gesicherter politischer Mehrheit den Reformern der Bundeswehr eine Fortsetzung der Auseinandersetzungen erspart hätten. Insoweit ragte die erste Rede von Bundespräsident Heuss bei der Gedenkfeier der Bundesregierung und des Senats der Stadt Berlin am 19. Juli 1954 im Audimax der FU Berlin (West) als ausdrückliches politisches Bekenntnis zum Widerstand weit heraus.[83] Sie war im Wissen um die Angriffe gegen den Widerstand und anhaltende »Schmähreden«, also vor dem Hintergrund der beschriebenen Auseinandersetzungen gehalten worden. Doch auch diese bedeutende Rede brachte nicht den politischen Durchbruch für die Bestimmung des »Traditionsortes« der Bundeswehr, sondern es musste weiter um die neue Orientierung gerungen werden.

Wichtigste Identifikationsfigur des Widerstandes für die Bundeswehr war zunächst nicht der Attentäter Graf Stauffenberg, sondern der von Hitler zwangspensionierte Generaloberst Ludwig Beck, Kopf des Staatsstreichs und vorgesehener Nachfolger des Führers als Staatsoberhaupt. Nach Ansicht Baudissins verwies das Vorbild Beck auf »eine bestimmte Tradition«.[84] Zum 150. Jahrestag der »Nassauer Denkschrift«[85] des Freiherrn vom Stein hob er in der Schule der Bundeswehr für Innere Führung am 30. Oktober 1957 die Bedeutung der preußischen Reformer Stein, Gneisenau und Scharnhorst für seine konzeptionellen Vorstellungen von tragfähigen Referenzen für eine neue Traditionsgrundlage hervor.[86] Trotz Scheiterns der preußischen Reformer und des Sieges der Reaktion – ihr Eintreten für Freiheit, Recht und Menschenwürde, für ein politisches Handeln, das »Klugheit und Notwendigkeit« vorschreiben, seien vorbildhaft. Das Charakterbild der Reformer und deren sittliche Orientierung politischen Handelns stellte Baudissin als die entscheidenden Kriterien heraus.

82 Gutachten von Hans-Günther Seraphin, Prof. Rupert Angermair, Prof. D. Hans-Joachim Iwand, Prof. D. Ernst Wolf, Generalleutnant a.D. Helmut Friebe, vgl. hierzu Royce: 20. Juli 1944 (wie Anm. 57), S. 268–288.

83 Dank und Bekenntnis, Gedenkrede zum 20. Juli 1944 von Theodor Heuss, Tübingen 1954.

84 Baudissin: Soldat für den Frieden (wie Anm. 35), S. 85.

85 Die bedeutendste Denkschrift Steins. In: Max Lehmann: Freiherr vom Stein (Neue Ausgabe in einem Band), Leipzig 1921, S. 140ff., 148ff. – Ricarda Huch: Stein, der Erwecker des Reichsgedankens, Berlin ^{3}1932.

86 Die Bedeutung der Reformen aus der Zeit Deutscher Erhebung für die Gegenwart, in: Baudissin: Soldat für den Frieden (wie Anm. 35), S. 86ff.

Die historischen Bezüge auf die preußischen Generäle Clausewitz[87], Gneisenau[88] und Scharnhorst[89], auf die Befreiungskriege und die für Europa und Russland verheerende Kriegsführung Napoleons[90] dienten dazu, sich der Wahrheit der vernichtenden Kriegsführung zu stellen und Selbstachtung, Nonkonformismus und die Bereitschaft zu Verantwortung und gewissenhaftem Handeln gegen Missbrauch zu unterstreichen. Schon dies zeugte mitnichten von irgendwie reaktionären Einstellungen oder der Bejahung überholter Traditionen in der Bundeswehr. Zugegeben, Baudissin war nicht unumstritten. Er ist dafür auch persönlich angegriffen und diskreditiert worden, wie der Verfasser selbst mehrfach erleben musste.

Baudissin verdichtete seine Position zu einer grundsätzlichen Auffassung, die auf die geltende Verfassung des Grundgesetzes abgestimmt war:

> Freiheit, Recht und Menschenwürde sind die Maßstäbe zur Unterscheidung von Freund und Feind, von guter und schlechter Tradition.

Sie sollten demnach Grundlage, Ausgangspunkt und Ziel aller Menschenführung in der Truppe sein, alleiniger Grund, worauf sich mitdenkender Gehorsam, verlässliche Verantwortung und tragfähige Kameradschaft beziehen ließen.[91] Darin zeigte sich ein zukunftsfähiger Ansatz für eine rechtsstaatlich-demokratische Definition der Inhalte, die zur Tradition taugen.

Als Brigadekommandeur sprach Baudissin am 20. Juli 1960 in einer Feierstunde der Stadt Göttingen. Diese Rede machte seine Haltung zum Widerstand deutlich. Stauffenbergs Attentatsversuch wurde nunmehr zum Symbol für alles, was aus Gewissensgründen zwischen 1933 und 1945 an Widerstand gegen das NS-System geleistet wurde. Im Widerstand als Ganzem sah Baudissin die

87 Vgl. Peter Paret: Clauswitz und der Staat. Der Mensch, seine Theorien und seine Zeit, Bonn 1993. – Alexander Swetschin: Clausewitz. Die klassische Biographie aus Russland, Bonn 1997.

88 Vgl. Friedrich von Cochenhausen: Gneisenau. Seine Bedeutung in der Geschichte und für die Gegenwart, Berlin 1929. – Gerhard Heine: Gneisenau. Ein großes Leben, Oldenburg i.O./Berlin 1938. – Schriftenreihe Innere Führung, Beiheft 2/87 zur Information für die Truppe, Demokratische Profile: Gneisenau (Ausgewählte Briefe und Schriften), hg. v. Bundesministerium der Verteidigung 1987.

89 Klaus Hornung: Scharnhorst. Soldat, Reformer, Staatsmann. Die Biographie, München 1997. – Valerie Marcu: Das große Kommando Scharnhosts. Die Geburt einer Militärmacht in Europa, Berlin 1928. Eindrucksvoll beschrieben in dem zweibändigen Werk von Maximilian Graf Yorck von Wartenburg: Napoleon als Feldherr, 1. Theil, Berlin ^{2}1887, 2. Theil, Berlin ^{2}1888; sowie: Unter vier Augen mit Napoleon, Denkwürdigkeiten des Generals Armand de Caulaincourt, Stuttgart 1956. – Aus der Umgebung Bonapartes: Fleury De Chaboulon: Von Elba nach Waterloo, Berlin 1910. – Johannes Willms: Napoleon. Eine Biographie, München 2005, S. 229ff., 433ff.

90 Baudissin: Soldat für den Frieden (wie Anm. 35), S. 94.

91 Ebd., S. 95ff.

Stiftung einer »neuen Tradition« gemeinsamer Verpflichtung aller freiheitlichen Kräfte verkörpert, nie wieder eine Erniedrigung des Menschen zum willenlosen Werkzeug zuzulassen. Schon das allein erfordere ein Umdenken und Abschiednehmen von Vorurteilen. Es komme nun darauf an, nach Gemeinsamkeiten Ausschau zu halten, die alle freiheitlich gesonnenen Bürger unseres Staates gleichermaßen verbinden und verpflichten. Der nationale Konsens über die freiheitlichen Grundrechte und Staatsbürgerpflichten sei die existentielle Voraussetzung für Rechtsstaat und Demokratie.

Unrecht an Stelle von Recht habe den »Staatsnotstand« herbeigeführt, so Baudissin. Der »Gehorsam« wurde zum Helfershelfer einer totalen Niederlage, wobei diese Formulierung aus heutigem Wissen auf die ganze Wirklichkeit der NS-Diktatur und den Holocaust bezogen werden muss.

Dass diese Worte auf die sittlichen Einbrüche zielten, machten Zitate von und die Bezugnahme auf Menschen deutlich, die nach dem gescheiterten Attentat vor den Volksgerichtshof gezerrt und vielfach zum Tode verurteilt wurden. Wie auch der verräterische Satz, den der Vorsitzende Richter Roland Freisler dem Angeklagten Graf Moltke entgegenschleuderte (»Nur in einem sind das Christentum und wir gleich: Wir fordern den ganzen Menschen!«[92]), finden sich hier jene anklagenden Worte, die Graf York von Wartenburg den Nazirichtern entgegenhielt:

> Das Wesentliche ist, was alle diese Fragen verbindet, der Totalitätsanspruch des Staates gegenüber dem Staatsbürger unter Ausschaltung seiner religiösen und sittlichen Verpflichtung Gott gegenüber.[93]

Dazu Äußerungen[94] von Henning von Tresckow, der Brüder Claus und Berthold Grafen von Stauffenberg, des Paters Alfred Delp, von Julius Leber, Arvid Harnack. Ebenso Hinweise auf Goerdelers Denkschriften und die Aufrufe nach dem Attentat.[95] Damit umriss Baudissin die geistige und politische Substanz dieser Widerstandskreise und unterstrich deren Vorbildhaftigkeit. Der Redner bekannte sich zu diesen Persönlichkeiten als den wahren »Helden«[96] und benannte deren bleibende Leistung:

92 Vgl. Brakelmann: Moltke 1907–1945 (wie Anm. 29), S. 357. – Freya von Moltke; Michael Balfour; Julian Frisky: Helmuth James von Moltke 1907–1945, Anwalt der Zukunft, Stuttgart 1975, S. 311.

93 Vgl. zur Mühlen: Die Angeklagten des 20. Juli (wie Anm. 13), S. 85, linke Spalte. – Vgl. auch Berhard Jahntz; Volker Kähne: Der Volksgerichtshof. Darstellung der Ermittlungen der Staatsanwaltschaft beim Landgericht Berlin gegen ehemalige Richter und Staatsanwälte am Volksgerichtshof, Berlin ²1987.

94 Baudissin: Soldat für den Frieden (wie Anm. 35), S. 98ff.

95 Ebd., S. 99f.

96 Ebd., S. 96.

> In ihrem einmütigen Aufstand gegen die Gewalt haben die Frauen und Männer des Widerstandes erstmalig in unserer jüngsten Geschichte die gemeinsamen Grundlagen der freiheitlichen Überlieferungen wieder sichtbar gemacht und ihre Zusammengehörigkeit besiegelt. Damit stifteten sie eine neue Tradition der gemeinsamen Verpflichtung aller freiheitlichen Kräfte: ein Erbe, das wir nicht vertun dürfen, wenn wir nicht noch einmal – und diesmal wissend – schuldig werden wollen.[97]

Die Geschichte des Widerstands vom 20. Juli lehre, eines welch ungewöhnlichen Grades an geistiger Wachsamkeit und sittlicher Unbeirrbarkeit es bedurfte, das Totalitäre zu durchschauen, ihm zu widerstehen, und dass ein solcher »Aufstand des Gewissens« zwar weit in die Zukunft strahlt, doch nicht vermag, ein einmal zur Macht gelangtes Terrorregime von innen her zu stürzen.[98]

In seiner Gedenkrede am 20. Juli 1964 in der Beethoven-Halle in Bonn zog Baudissin eine Bilanz dessen, was er als tragfähige Grundlage für eine neue Bundeswehrtradition ansah, wie überhaupt zum Bestandteil der geistigen und politischen Basis der Bundesrepublik erkor.[99] Der Offizier erklärte öffentlich, dass er nach dem Zweiten Weltkrieg die Uniform nicht wieder angezogen hätte, »wenn nicht auch deutsche Soldaten gegen Unfreiheit und Unrecht aufgestanden wären«. Baudissin lobte die Gewissensentscheidung, die ihre Rechtfertigung allein aus dem Prinzip (Gesetz) sittlicher Verpflichtung bezog und damit zugleich ein »Vorbild bester soldatischer Überlieferung« vorgelebt habe, an das man wieder anknüpfen könne und solle:

> Über den Wert ihrer Bundeswehr als Verteidiger des freien Teils eines geteilten Vaterlandes entscheidet der freiheitliche Geist ihrer Soldaten; nur er gewährleistet die Staatstreue, die heute trägt.[100]

Daraus entwickelte der Redner seine Definition des soldatischen Gehorsams, die für die Bundeswehr noch heute verbindlich ist:

> Im Verständnis rechtsstaatlicher Ethik stehen dem strengen Anspruch des Befehlenden auf unverzüglichen und gewissenhaften Gehorsam das Recht und die Pflicht zur Gehorsamsverweigerung gegenüber, wo Höheres auf dem Spiel steht. Dadurch wird soldatische Existenz für sittlich gegründete Menschen erst möglich. Sollte es sich erweisen, dass Sittlichkeit und Rechtsstaatlichkeit mit

97 Ebd., S. 100f.
98 Ebd., S. 101
99 Ebd., S. 102ff.
100 Ebd., S. 105.

dem militärischen Sachzweck unvereinbar sind, dann stünden wir vor der erschreckenden Tatsache, dass der Soldat außerhalb der Ordnung steht.[101]

Baudissin, daran sei erneut erinnert, stellt seine Gedanken stets in den größeren, über den militärischen Teil hinausweisenden politische Zusammenhang des Widerstandes und in die Spannweite von Julius Leber, Wilhelm Leuschner bis Stauffenberg und Moltke. So wird, bezogen auf die Pflichten der Befehlsinhaber gerade der höchsten militärischen Ränge, die Erwähnung des Generalobersten Ludwig Beck verständlicher.

In weitsichtiger Einschätzung der Kriegsziele Hitlers und ihrer absehbaren verheerenden Folgen hatte Ludwig Beck in einer Vortragsnotiz vom 16. Juli 1938, sich an die militärische Führung als Gesamtheit wendend, formuliert:

> Es stehen hier letzte Entscheidungen über den Bestand der Nation auf dem Spiel. Die Geschichte wird diese Führer mit einer Blutschuld belasten, wenn sie nicht nach ihrem staatspolitischen Wissen und Gewissen handeln. Ihr soldatischer Gehorsam hat dort eine Grenze, wo ihr Gewissen und ihre Verantwortung die Ausführung eines Befehls verbietet![102]

Bekanntlich verweigerten die militärischen Spitzen der Wehrmacht – bis auf einige, später zur Aktion bereite Offiziere – diesem »Appell« Becks ihre Zustimmung, und das zu einem Zeitpunkt, wo ein »Generalstreik« Hitlers Sturz herbeigeführt hätte. Ludwig Beck wurde aus dem Amt des Chefs des Generalstabes entlassen und, nach dem fehlgeschlagenen Staatsstreich, am 20. Juli 1944 zum Freitod genötigt und erschossen. So ragt diese Persönlichkeit weit über die versagende, zugleich feige Militärelite hinaus; er bleibt einer der bedeutsamsten Protagonisten des Widerstandes sowie Blutzeuge des Freiheitswillens und der höchsten Verantwortung vor der Geschichte.[103]

Den 20. Juli verstand Baudissin als eine deutsche Revolution für »die Wiederherstellung des abendländischen Menschenbildes im Technischen Zeitalter, die den Zusammenhang von Politik und Ethik wieder ins Bewusstsein gehoben hat«.[104] Für den Fortbestand des freiheitlichen Rechtstaates entscheidend bliebe,

101 Ebd., S. 107.
102 Ebd.
103 Vgl. Klaus-Jürgen Müller: Armee, Politik und Gesellschaft in Deutschland 1933–1945, Paderborn ^{2}1979, insbes. zu Generaloberst Beck S. 51ff. – Hoffmann: Widerstand – Staatsstreich – Attentat (wie Anm. 17), S. 72, 86, 107–109. – Vgl. auch Wilhelm Ritter von Schramm (Hg.): Beck und Goerdeler. Gemeinschaftsdokumente für den Frieden 1941–1944, München 1965. – Wolfgang Foerster: Generaloberst Ludwig Beck. Sein Kampf gegen den Krieg (Aus nachgelassenen Papieren des Generalstabschefs), München 1953. – Foertsch: Schuld und Verhängnis (wie Anm. 56).
104 Vgl. hierzu: Rüdiger von Voss (Hg.): Ethik und Politik. Beiträge zur politischen Ethik in der Demokratie. Mit Beiträgen von Rüdiger Altmann, Christian Graf von Krockow, Lothar

dass und ob sich in allen Lebensbereichen und Institutionen von Staat, Gesellschaft und Wirtschaft Menschen finden, die klar erkennbaren Leitlinien folgen und sich beispielhaft mit bestimmten Verantwortungen identifizieren. Für solche Anforderungen und Verhaltensnotwendigkeiten halte, so Baudissin, die Geschichte des militärisch-konservativen Widerstandes vom 20. Juli in seinen einzelnen Erscheinungsformen und Menschen »leuchtende Vorbilder« bereit:

> Ich meine, wir Deutschen – Soldaten und Nicht-Soldaten – haben allen Grund, stolz auf dieses Ereignis unserer Geschichte zu sein und mit Dankbarkeit auf diese Menschen zu blicken, die im tödlichen Gegensatz zu Zeitgeist und Umwelt ein Fanal für die Freiheit aufrichteten. Im Stolz auf diesen Aufstand des Gewissens gewinnen wir auch das rechte Verhältnis zur jüngeren Vergangenheit.

Diese Einstellung vertrat er noch in seiner Abschiedsvorlesung vom 18. Juni 1986 an der Universität der Bundeswehr in Hamburg.[105]

An die Jugend gerichtet, summierte Wolf Graf von Baudissin im Norddeutschen Rundfunk am 23. Juli 1968 seine »Gedanken über die Tradition«.[106] In einer Zeit zugespitzter Debatten in der Bundesrepublik über die unaufgearbeitete deutsche Geschichte der Nazizeit erklärte er, dieses Land sei auf den Trümmern der »größten moralischen, politischen und militärischen Katastrophe der deutschen Geschichte« von Menschen aufgebaut worden, die aus dem Erleben der NS-Diktatur Schlussfolgerungen gezogen hätten. Dies gelte auch für die ehemaligen Wehrmachtsangehörigen. Anzumerken ist hierzu aus heutigem Wissen, dass diese Aussage sicher nur für diejenigen gelten konnte, die bereit waren, sich der Wahrheit zu stellen, aber nicht für die große Zahl jener, die sich beharrlich auf die Position der bloßen Pflichterfüllung und »wertfreier Diensterfüllung« zurückgezogen hatten.

Baudissin hatte wohl erkannt, dass kritische Fragen nicht mehr von der Tagesordnung zu nehmen waren, wenn er sagte:

> In den Streitkräften haben nur freiheitliche Traditionen Platz. Daraus folgt, dass die Tatsache früherer Bewährung kein ausreichendes Kriterium bei der Auswahl der Tradition ist. […] Tapferkeit um der Tapferkeit willen, Gehorsam um des Gehorsams willen, ja Dienen um des Dienens willen, haben nie ganz genügt.

Spät, Heinrich B. Streithofen, Rüdiger von Voss, Burkhard Wellmann, Köln 1980. – Ders. (Hg.): Von der Legitimation der Gewalt. Widerstand und Terrorismus. Mit Beiträgen von H.G. Adler, Eberhard Bethge, H.B. Streithofen, Christian Graf von Krockow, Stuttgart 1978. – Huberta Engel (von Voss-Wittig) (Hg.): Deutscher Widerstand – Demokratie heute. Kirche, Kreisauer Kreis, Ethik, Militär und Gewerkschaften, Bonn/Berlin 1992.

105 Vgl. Baudissin: Soldat für den Frieden (wie Anm. 35), S. 108; Baudissin/Dohna: Briefe 1941–1947 (wie Anm. 71), S. 258ff., 271ff.

106 Baudissin: Soldat für den Frieden (wie Anm. 35), S. 110ff.

Abzuraten wäre deshalb von einer Tradition, die dazu erzieht, Freiheit, Recht und die Achtung der Menschenwürde im Ernstfalle als Ballast und Schwächequellen über Bord zu werfen. Dagegen käme es stets darauf an, betonte der Vortragende, Vorbilder – auch aus der deutschen Geschichte – auszuwählen, die im Erfolg wie auch im Scheitern die innere Freiheit bewahrt und sich für die Rechtssicherheit und die unverletzlichen Menschenwürde entschieden hätten und dafür eingetreten seien.[107]

So war Wolf Graf von Baudissin um eine Traditionskonzeption bemüht, die sich unmissverständlich dem Versagen und der Mitverantwortung für die Vergangenheit stellte. Es ist sein bleibendes Verdienst, die Inanspruchnahme von Traditionswerten und Vorbildern an Maßstäbe gebunden zu haben, die für eine freie Ordnung unverzichtbar sind und Verantwortung einfordern. So gesehen ist er ein Reformer gewesen, der seiner Zeit mit ihren Auseinandersetzungen und Spannungen zwischen Reformern und Reformgegnern weit voraus war.

Bei aller Rücksicht auf die persönliche Betroffenheit der Soldaten und Offiziere der Wehrmacht nach dem Zweiten Weltkrieg, mit sich selbst und ihrer jeweiligen Rolle in dieser Zeit ins Reine zu kommen, war völlig klar, dass es keinen einfachen Übergang in eine neue Armee einer Demokratie gegen würde. Ebenso wie der »Eid« auf Adolf Hitler durch die Diktatur und die Kriegsführung entwertet war, konnte auch die bloße Berufung auf den »Gehorsam« und die Erfüllung »soldatischer Pflichten« nicht ausreichen, um sich tatsächlicher Mitschuld oder gar der »historischen Mithaftung« zu entziehen. Die politische Glaubwürdigkeit eines Neuanfanges setzt die Kraft zur Wahrheit ebenso voraus wie die Bereitschaft, mit Traditionen zu brechen, die missbraucht worden waren oder in einem unheilbaren Widerspruch zu den Werten einer auf Recht, Gesetz und Menschenwürde fußenden Ordnung standen.

Die unmittelbar nach dem Kriegsende einsetzende Rechtfertigungsliteratur und Heroisierung militärischer Leistungen war das Einfallstor für rechtsradikale Bestrebungen und diente den Unbelehrbaren. So wie nach dem Ersten Weltkrieg die »Dolchstoßlegende« zum Instrument der Reaktion gegen die Republik wurde, dienten die Vorwürfe des Landes- und Hochverrates dazu, den Widerstand der Jahre 1933–45 unter den Verdacht fehlenden Patriotismus zu stellen und zu diskriminieren. Dies bekam der »Widerstand im Innern« ebenso zu spüren wie diejenigen, die im Exil gegen die Nazi-Diktatur tätig gewesen waren.

In einer politisch wirksamen Dialektik wurde dem Bemühen um die Formulierung eines neuen Traditionserlasses durch Leugnung des Widerstandes als verpflichtendes Erbe ebenso der Boden entzogen wie den Neuordnungs-

107 Ebd., S. 113.

plänen der in der Emigration tätigen politischen Gruppierungen. Nicht zu verschweigen ist, dass der Antikommunismus hierbei eine Verbindung mit dem Antisemitismus einging, der gerade den Rechtsradikalismus charakterisiert. Die deutsche Linke wiederum konnte auf ihre eigene Widerstandstradition verweisen. Die Rede vom »Vermächtnis« des 20. Juli konnte auf dieser Seite des politischen Spektrums wenig überzeugen; bei der außerparlamentarischen Linken und einer zunehmend politisierten Studentenschaft stieß sie auf Ablehnung.

Weil dies so war, kann es auch nicht überraschen, dass die Verabschiedung des »Traditionserlasses« bis 1965 ausblieb.

Wie gestaltete sich das Bemühen um die Formulierung und Festlegung der Aussagen für das Traditionsverständnis in den späteren 1950er Jahren?

Ohne Rücksicht darauf, dass in den Führungskadern der Bundeswehr eine erhebliche Zahl von Offizieren der Weltkriegsgeneration in Distanz zum militärischen Widerstand verharrten, entschloss sich die politische und militärische Führung zur Festlegung auf ein bestimmtes Traditionsverständnis. Unabhängig von den politischen Erklärungen und Reden zum 20. Juli eines jeden Jahres und den Gedenkveranstaltungen in Bonn und Berlin, die den Charakter weitgehend »privater Veranstaltungen« trugen, setzte die Bundeswehr ein wohlbedachtes Signal.

Seit der unmittelbaren Nachkriegszeit wurden in Berlin durch Zusammenschlüsse von Angehörigen der Frauen und Männer des Widerstandes Gedenkveranstaltungen durchgeführt, die nicht zuletzt auch dem Zusammenhalt der überlebenden Widerständler und Familienangehörigen der ums Leben gekommenen Mütter, Väter und Familienmitglieder ermöglichen und pflegen sollten. Organisiert von der »Stiftung Hilfswerk 20. Juli 1944«, fanden Gottesdienste beider Konfessionen, Gedenkstunden im Bendlerblock und im ehemaligen Innenhof und Ort des ehemaligen Hinrichtungsschuppens des Gefängnisses Berlin-Plötzensee statt.[108]

Erstmals zum Gedenktreffen am 20. Juli 1958[109] entsandte das Bundesverteidigungsministerium nun Offiziere, die – aus Rücksicht auf den Status von Westberlin in Zivil gekleidet – im Innenhof des Bendlerblockes Kränze an der Stelle niederlegen, wo Claus Graf von Stauffenberg, General Olbricht, Oberst i. G. Merz von Quirnheim und Oberleutnant von Haeften nach der Nieder-

108 Zur Geschichte von Plötzensee vgl.: Die Predigten von Plötzensee (wie Anm. 11), S. 22ff.

109 Vgl. Geilen: Das Widerstandsbild der Bundeswehr (wie Anm. 60), S. 90. Die Bundeswehroffiziere traten – wegen des rechtlichen Status von Westberlin, aus Rücksicht auf alliierte Vorbehaltsrechte und Zuständigkeiten – bis zum 20.7.1991 grundsätzlich in Zivil auf. Erst nach der Wiedervereinigung und der Wiederherstellung der vollen Souveränität war das Tragen der Uniform erlaubt.

schlagung des Putsches auf Befehl von Generaloberst Fromm und ohne jede Rechtsgrundlage hingerichtet worden waren.

Ein Bekenntnis zum Widerstand war damit etabliert, das sich über die alltäglichen Gegensätze der vergangenen Jahre erhob und das ganze Offizierskorps und die Soldaten der Bundeswehr in die Pflicht nahm. Aus dem Zwielicht hervortretend, war mit diesem Akt der Ehrung des 20. Juli 1944 erkennbar geworden, wo die Bundeswehr stehen sollte, wenn es darauf ankam, sich zwischen Reformern und Reformgegnern und damit zwischen der Zukunft und der Vergangenheit zu entscheiden. Es war ein Zeichen gesetzt, das für die Bundeswehr nach innen ebenso galt wie für das Selbstverständnis der Bundeswehr und ihre Positionierung als Teil des westlichen Verteidigungsbündnisses.

Der Diskreditierung und Diffamierung des deutschen militärischen Widerstandes gegen Hitler war damit ein Riegel vorgeschoben. Die Entscheidung entwickelte die normative Kraft des Faktischen, was sodann im ersten Tagesbefehl des Generalinspekteurs Heusinger vom 20. Juli 1959 seinen Ausdruck fand:

> Die Tat des 20. Juli 1944 – eine Tat gegen das Unrecht und gegen die Unfreiheit – ist ein Lichtpunkt in der dunkelsten Zeit Deutschlands. Die tragische Wahrscheinlichkeit des Scheiterns vor Augen, entschlossen sich freiheitlich gesinnte Kräfte aus allen Lagern, in vorderster Front Männer aus den Reihen der Soldaten, zum Sturz des Tyrannen. Das christlich-humanistische Verantwortungsbewusstsein, das diesen Entschluss bestimmte, gab ihrem Märtyrertum die Weihe. Wir Soldaten der Bundeswehr stehen in Ehrfurcht vor dem Opfer dieser Männer, deren Gewissen durch ihr Wissen aufgerufen war. Sie sind die vornehmsten Zeugen gegen die Kollektivschuld des deutschen Volkes. Ihr Geist und Ihre Haltung sind uns Vorbild.[110]

Dieser Tagesbefehl erfuhr umgehend eine eindeutige Auslegung und Interpretation durch die Rede von Brigadegeneral Cord von Hobe, die er am selben Tag bei der Gedenkfeier und Kranzniederlegung am Ort der Niederschlagung des Staatsstreichs im Bendlerblock in Berlin (West) hielt. Ausdrücklich betonte Hobe zu Beginn, dass er »an diesem Tag im Auftrag des Bundesministers für Verteidigung die Soldaten der Bundeswehr vertreten« dürfe.[111]

Beachtlich ist das Bekenntnis des Generals, dass es für die Männer des Widerstandes in jenen Tagen besonders bitter gewesen sein muss, »dass sie von vielen, denen sie vertrauten, denen sie wirkliche Kameraden waren, die aus der gleichen Umwelt stammten, nicht verstanden wurden.« Damit gemeint

110 Vgl. Für Recht und Freiheit, Schriftenreihe Innere Führung, Sonderheft zum 20. Juli 1944, hg. V. Führungsstab der Bundeswehr, Bonn 1964.
111 Rede Brigadegeneral Cord von Hobe am 20. Juli 1959, Bundesarchiv/Militärarchiv Freiburg Signatur BW 1/101578.

war das Gros der obersten militärischen Führung, aber auch die Mehrzahl der Offiziere, die trotz der damals schon aussichtslosen militärischen Lage an allen Fronten an ihrer Gefolgschaftstreue festhielten und so mitschuldig wurden an der Steigerung von Gewalt und Verheerung des Vernichtungskrieges bis zum bitteren Ende 1945.

Gleich im Anschluss an diese Aussage setzte sich der Redner mutig von den »Revisionisten« der alten Wehrmacht ab:

> Fünfzehn Jahre liegen nun hinter uns und haben uns die Augen geöffnet. So bekennt sich die Bundeswehr in Ehrfurcht zu den Opfern jener Männer, das hier in diesem Hof in den Nachtstunden des 20. Juli seinen Anfang nahm.

In seinen weiteren Ausführungen betonte der Brigadegeneral, Lippenbekenntnisse genügten nicht; es wäre nicht die Tat allein, die Verstehen und Ehrfurcht fordere. Die Männer des 20. Juli »sagen und verlangen von uns mehr«, sie mahnten, so Hobe, über die Enge des täglichen Pflichtenkreises hinaus das Ganze zu sehen und dem Gemeinwohl des ganzen Volkes zu dienen. Entscheidend sei, dass sich das ganze Handeln an dem Gewissen orientiere, »das bestimmt wird durch das natürliche und göttliche Sittengesetz« und eine Bereitschaft zur Verantwortung für die Untergebenen, für seine Mitbürger und die Zukunft unseres Volkes. Die Bundeswehr, deren vornehmste Aufgabe in der Erhaltung des Friedens in Freiheit liege, müsse von allen freiheitlichen Kräften aus allen Schichten, Konfessionen und Parteien – von »unserem ganzen Volk« – getragen werden. Abschließend wies er darum auf die Verantwortung für all diejenigen hin, die in Unfreiheit lebten und meinte damit die DDR.

Als »Appell« zum 20. Juli 1961 hielt Generalinspekteur General Foertsch vor den Soldaten des Wachtbataillons eine Ansprache, die die Haltung der Bundeswehr noch klarer hervortreten ließ.[112]

In seinen einleitenden Worten wurde spürbar, dass nach wie vor die Vergangenheit der Nazi-Diktatur und der Wehrmacht und die Gegenwart aufeinanderstießen. Das »Sowohl-als-auch« von altem Denken und neuer Ausrichtung des Traditionsverständnisses war unüberhörbar. Wie Stefan Geilen zutreffend kommentiert, standen auch in dieser Rede dem Bekenntnis zum Widerstand – nahezu gleichwertig – Aussagen über militärische Leistungen im Krieg und den Wert soldatischer Tugenden gegenüber.[113]

Foertsch sprach vom 20. Juli 1944 als einer Schicksalsstunde in der Geschichte unseres Volkes, die man tragisch nennen müsse und die niemals auf

112 Vgl. Generalinspekteur General Foertsch, Appell am 20. Juli, in: Information für die Truppe, hg. v. Führungsstab der Bundeswehr, Nr. 8/1961, S. 491ff.
113 Vgl. Geilen: Das Widerstandsbild der Bundeswehr (wie Anm. 60), S. 90.

eine einfache Formel zu bringen, niemals mit der Vernunft ganz auszuschöpfen sein werde. Sowohl Unkenntnis der Tatsachen stünden dem Verständnis der damaligen Ereignissen im Wege als auch die Schwierigkeiten mancher Soldaten, den Sinn der damaligen Geschehnisse zu begreifen und die Mahnung zu hören, die sie an jeden einzelnen von uns richteten.

> Der deutsche Soldat hat Leistungen vollbracht und Opfer getragen, zu denen sich die Bundeswehr mit Stolz bekennt. Eine Tradition militärischer Tüchtigkeit hatte ihn dazu befähigt. Zu den Pfeilern dieser Tradition gehörten die Unantastbarkeit von Befehl und Gehorsam.[114]

Solche Aussagen zeugten von einer geschichtsverfälschenden Sicht auf die Ereignisse und – dies war noch gravierender – sie verwendeten einen Begriff von militärischer Leistung, eine Definition von Befehl und Gehorsam rein formalen, rechtspositivistischen, wertneutralen Inhalts, die auch zu dieser Zeit von den Wertbestimmungen des Grundgesetzes nicht gedeckt waren. Eine demokratische Bundeswehr war auf diese Weise nicht zu legitimieren.

Aussagen zum Fahneneid, zum Gehorsam und zur »schweigenden Pflichterfüllung bis in den Tod« als unverzichtbarer Teil deutscher militärischer Tradition legten ein gravierendes Verkennen der Voraussetzungen eines auf Recht und Gesetz fußenden Begriffes von Befehl und Gehorsam offen, das von einem Rechtsstaat unter keinen Bedingungen akzeptiert werden kann.

Gleiches galt für den Ansatz, die Wehrmacht von der Person Hitlers und »seinem politischen System« zu trennen, obwohl die oberste Führung der Wehrmacht bis zum letzten Tag in ihrer Mehrheit an dem Eid auf und Gehorsam gegenüber Hitler und seinem System festgehalten hatte. Hier war zu beobachten, dass sich die Führung der Bundeswehr um Eindeutigkeit gegenüber der Wehrmacht drückte.

Der auf dem Widerstand bezogene größte Teil der Rede bemühte sich zweifellos um ein Bekenntnis zum 20. Juli 1944 und auch zum zivilen Teil des Widerstands, wenn gesagt wurde: Sie waren keine Meuterer, handelten nicht aus Leichtsinn, sondern aus tiefster sittlicher Verantwortung. Nach den Worten des Generalinspekteurs der Bundeswehr wussten diese Mutigen um die Gefahr des Scheiterns und der Verleumdung. Ihren Fahneneid und soldatischen Gehorsam hätten sie gebrochen – »Mit dem Recht derer, die dem Bösen widerstehen.«

> Hitler hatte den Boden des Rechts verlassen; deshalb war der Eid auf ihn nicht mehr bindend. Der Eid ist in der Geschichte des Abendlandes immer eine zweiseitige Verpflichtung gewesen; er bindet den, der ihn entgegennimmt, nicht weniger als den der ihn leistet. Für beide ist der Wille zu rechtmäßigem Handeln

114 Rede General Foertsch (wie Anm. 112).

selbstverständliche Voraussetzung. Nur deshalb kann der Eid im Namen Gottes geschworen werden.

Eid, Gehorsam und Treue seien Verpflichtungen, die »nur auf dem Boden letzter sittlicher, ja religiöser Bindung« sinnvoll wären.

Die Schlussfolgerung von General Foertsch lautete 1961:

> Wir ziehen daraus die Lehre: nur der Staat darf von seinen Bürgern Gehorsam fordern, in dem Recht und Gerechtigkeit herrschen. Politische Tyrannei und im Gewissen gebundener soldatischer Gehorsam schließen einander aus. [...] Aber auch die andere Folgerung haben wir tief ernst zu nehmen: Der Rechtsstaat darf von seinen Bürgern Gehorsam gegenüber den Gesetzen fordern. Von seinen Soldaten muss er auch den Gehorsam fordern, der das Opfer des Lebens einschließt.

Er wandte sich gegen jeden Versuch einer Dolchstoßlegende oder der Umdeutung des Widerstandes in eine »Revolte« aus Verantwortungslosigkeit, vielmehr komme dem Widerstand der Offiziere des 20. Juli 1944 und dem Widerstand der zivilen Kräfte aller Schichten eine dauerhafte Bedeutung zu:

> Dieser Aufstand des Gewissens hat auch für uns heute und für die Zukunft unvermindert Bedeutung. Vor der Welt und der Geschichte wurde sichtbar, dass es Hitler und seinem System nicht gelungen war, Ehre und Gewissen im deutschen Volk zum Schweigen zu bringen.

Kurz vor Errichtung der Berliner Mauer, die zum Symbol der längst vollzogenen deutschen Teilung wurde und die Unterdrückung der Freiheit im Osten manifestierte, stellte Bundeswehrgeneral Foertsch einen direkten Bezug zum ostdeutschen Volksaufstand vom 17. Juni 1953 her, und mahnte an, diesen dem »Aufstand des Gewissens« gleichzusetzen. Beide Ereignisse sollten im Zusammenhang, weil aus gleicher Wurzel kommend begriffen werden.

Die zusammenfassende Bewertung des Widerstandes lautete nun:

> Unser staatlicher Neubau wäre weniger fest verankert ohne die Tat der Männer des 20. Juli, mit der sie, wie einer der Ihren es ausdrückte, »das Bild des Menschen wiederherstellen wollten im Herzen ihrer Mitbürger.« [...] Wir Soldaten der Bundeswehr sind besonders den Soldaten unter den Männern des Widerstandes zu Dank verpflichtet. Sie haben uns gelehrt, über die Fragen der Pflicht, des Eides und des Gehorsams tief nachzudenken. [...] Wir wissen jetzt klarer, wofür und wogegen wir zu stehen haben. Im Frieden und im Krieg ist der Soldat heute vor geistige und sittliche Entscheidungen gestellt. Deshalb nehmen wir die Männer des 20. Juli bewusst in die Traditionskette der deutschen Soldaten auf. Sie sind uns Vorbild – so wie uns andere Gestalten der

deutschen Geschichte in anderer Hinsicht Vorbild sind. Welche Vorbilder sich eine Generation wählt, kennzeichnet sie und ihre Epoche.

Die Rede sollte sodann 1962 für Truppen-Gedenkstunden »im schlichten Rahmen«[115] herangezogen werden.

Mit dieser Gedenkrede hatte der Generalinspekteur dem Minister der Verteidigung in seinem Schreiben vom 22. Juni 1961 auch angekündigt, dass die Würdigung des 20. Juli mit einem weiteren Namen eines Widerstandskämpfers für je eine Kaserne in jedem Wehrbereich fortgesetzt werden solle.[116] Foertsch erwähnte, dass bereits zwei Kasernen nach Persönlichkeiten des Widerstandes benannt waren: die Generaloberst-Beck-Kaserne in Sonthofen als erste Kaserne der Bundeswehr überhaupt und die General-Fellgiebel-Kaserne[117] in Maxhof bei Feldafing als Unterkunft der Fernmelde-Schule. Die von ihm vorgeschlagenen Namen waren: Graf von Stauffenberg, Carl Goerdeler, Julius Leber, Alfred Delp, Henning von Tresckow und Erwin Rommel. Verkünden durfte Foertsch am Schluss seiner Rede folgende Benennungen: »Julius-Leber-Kaserne« (Husum); »Henning-von-Tresckow-Kaserne« (Oldenburg); »Generalfeldmarschall-Rommel-Kaserne« (Augustdorf); »Graf-Stauffenberg-Kaserne« (Sigmaringen) und »Alfred-Delp-Kaserne« (Donauwoerth). Wie beigefügte Pressefotos in der Publikation dieser Rede zeigen, nahmen jeweils Angehörige an den Namensgebungen teil: Annedore Leber, Erika von Tresckow, Franz-Ludwig, Valerie Graf und Gräfin Stauffenberg und Frau Rommel.

Im Jahre 1963 schrieb Oberst Lemm in der ersten Ausgabe der »Informationen für die Truppe« einen Artikel unter dem Titel: »Das Offizierskorps der Bundeswehr«. Darin setzte er sich mit dem Stil und der inneren Ordnung der Bundeswehr auseinander.[118] In seinen Überlegungen zur »unbewältigten Vergangenheit« warnte er davor, mit geschlossenen Augen die NS-Zeit als lästig »zu überspringen« und auf fertige Rezepte der befohlenen Sprachregelung zur Vergangenheit zu warten. Auch dieser Text moderierte vorsichtig zwischen der Befindlichkeit vieler Kriegsteilnehmer und dem Bekenntnis zum Widerstand:

So ist die Tradition nie ein Sehnen nach der guten alten Zeit oder eine Idealisierung von Vorbildern, sondern es ist eine Stärkung für die Gegenwart und ein

115 Vgl. Information für die Truppe, Nr. 6/1962, S. 412.
116 Vgl. Brief des Generalinspekteurs an den Bundesminister vom 22. Juni 1961, Bundesarchiv/Militärarchiv Freiburg i. B., Signatur BW 1/101560.
117 Zu Erich Fellgiebel, General der Nachrichtentruppen, vgl. Hoffmann: Widerstand – Staatsstreich – Attentat (wie Anm. 17), Register S. 967.
118 Vgl. Lemm: Das Offizierskorps der Bundeswehr (Stil und innere Ordnung), in: Information für die Truppe Nr. 1/1963, S. 52ff.

> Richtungsmesser für die Zukunft. [...] So gehört auch der 20. Juli 1944 in diese Kette. Die Offiziere des 20. Juli haben unserer jungen Gemeinschaft eine der besten Traditionen deutschen Offizierstums gegeben: nämlich, dass dem Unrecht zu widerstehen ist und dass die Freiheit im Offizierskorps ihre unbestechlichsten Vorkämpfer finden muss. Dieser Geist, der schon im friderizianischen Heer lebte, als der Oberstleutnant von der Marwitz lieber seinen Abschied nahm, als dass er die vom König befohlene Plünderung eines Schlosses durchführte, hat in unseren Tagen in Männern wie Generaloberst Beck und Graf Stauffenberg eine erneute Verkörperung gefunden.[119]

Diese Darstellung spiegelt die andauernde kontroverse Debatte um die Vergangenheit und Akzeptanz-Probleme des gegen das Nazi-Regime aktiv betriebenen »Aufstand des Gewissens« eindringlich wieder. Das Traditionsverständnis der Bundeswehr blieb weiter umstritten.

Dass diese Unklarheiten politisches Gewicht hatten, zeigt die umfassende und detaillierte Rede zu den »Grundzügen der Inneren Führung«, die Verteidigungsminister Kai-Uwe von Hassel am 11. Juni 1963 vor Bundeswehrangehörigen in der Koblenzer Schule für Innere Führung hielt.[120] Unmittelbarer Anlass war die Neugründung des »Beirats für Fragen der Inneren Führung«. Weiterhin belastete die Auseinandersetzung zwischen »restaurativen« und »progressiven« Auffassungen das innere Gefüge der Bundeswehr. Darauf gemünzt war Hassels Hinweis, es gäbe noch eine Menge von Fragen zu klären:

> Vor allem scheint mir bedeutsam, dass die Truppe ein klares Verhältnis zum deutschen Widerstand gegen Hitler hat. Im Ganzen gesehen hat die Bundeswehrführung in ihren Verlautbarungen unmissverständlich dargetan, welche zentrale Bedeutung sie dem Geschehen, dem Geist und der Haltung der Männer und Frauen des deutschen Widerstandes beimisst.[121]

Um Missverständnisse auszuräumen, sei es jedoch erforderlich, »einige zusätzliche Hinweise« zu geben.

> Was an dem Geschehen des deutschen Widerstandes für die Bundeswehr verpflichtend und vorbildlich ist, das ist die Tat, die aus der bewundernswerten religiösen, geistigen und freiheitlichen Gesinnung dieser Menschen entstand, die meist gläubige Christen, geschichtsmächtige Staatsbürger und selbständig denkende Persönlichkeiten waren. Dieser Geist steht zu den Traditionen besten

119 Ebd., S. 54f.
120 Vgl. Kai-Uwe von Hassel: Rede v. 11. Juni 1963, Bundesarchiv/Militärarchiv, Signatur BWD 13/9.
121 Ebd., S. 21.

deutschen und europäischen Soldatentums nicht im Widerspruch. Das haben gerade die Soldaten, aber auch die zivilen Persönlichkeiten des Widerstandes wiederholt zum Ausdruck gebracht.

Diese Positionierung von Hassels ist unmissverständlich und enthält, im Unterschied zu vorausgehenden Reklamationen militärischer Leistungen in der NS-Zeit, keinerlei Konzessionen an die Vergangenheit.[122]

In einem Artikel zum 20. Juli 1963 nahm der Bundesminister erneut zum »Vermächtnis des 20. Juli« Stellung und befestigte das Traditionsverständnis noch deutlicher, ohne Vorbehalt und unter Hinweis darauf, dass dem Jahrestag der Erhebung gegen die Nazi-Diktatur in allen Kasernen der Bundeswehr gedacht werde.[123] Einmal mehr wurden das konservativ-militärische Aufbegehren gegen Hitler und der Volksaufstand gegen das SED-Regime vom 17. Juni 1953 in einem Atemzug genannt und als Ereignisse einer Tradition ausgegeben, »der wir uns stellen müssen, um ihrer würdig zu sein und zu bleiben«.[124]

Wichtig für das Bemühen um Durchsetzung dieser Traditionslinie war, dass auch General Johann-Adolf Graf von Kielmansegg, Oberbefehlshaber der Verbündeten Landstreitkräfte im NATO-Kommando Europa-Mitte, in einer Rede zum 20. Juli 1963 sich ausführlich zum Thema »Der Soldat und der 20. Juli 1944« äußerte. Diese Rede verdient nicht zuletzt deshalb Beachtung, weil er die Offiziere des Widerstandes zu großen Teilen noch persönlich gekannt hat, vom ersten Tag am Aufbau der Bundeswehr beteiligt und wie kein anderer dazu befähigt war, die inneren Probleme der Bundeswehr darzustellen.[125]

Bei aufmerksamer Lektüre dieser auch international beachteten Rede fällt auf, dass General von Kielmansegg höchst sensibel auf die schon beschriebenen Unsicherheiten und divergierenden Auffassungen innerhalb und außerhalb der Bundeswehr eingeht. Nur ein Repräsentant seiner Offiziersgeneration, der noch im Zweiten Weltkrieg gedient hatte, konnte authentisch und mit Autorität über die schwierigen Fragen von Befehl und Gehorsam, Widerstandsrecht und Widerstandspflicht und über die Voraussetzungen für ein neues Traditionsverständnis sprechen. Die schwerwiegenden Auseinandersetzungen um Eid und Gehorsam, die sittlichen und politischen Voraussetzungen um Widerstandsrecht und über-

122 Ebd., S. 21f.
123 Vgl. Kai-Uwe von Hassel: Das Vermächtnis des 20. Juli, Artikel für die »Kieler Nachrichten« zum Jahrestag des 20. Juli, Bundesarchiv/Militärarchiv, Signatur BW 1/21610.
124 Ebd., S. 3.
125 Quelle: Dokumente und Kommentare, Beilage zu: Information für die Truppe, Heft 6/1964, General Graf von Kielmansegg: Der Soldat und der 20. Juli 1944, S. 2ff. – Vgl. zur Persönlichkeit: Karl Feldmeyer; Georg Meyer: Johann Adolf Graf von Kielmansegg 1906–2006. Deutscher Patriot, Europäer, Atlantiker, Hamburg/Berlin/Bonn 2007.

geordneter Widerstandspflicht sind zutreffend erläutert als Teil des Ringens der dann zum Attentat und Staatsstreich entschlossenen Widerstandskämpfer.

Seine Ausführungen zur Gewissensentscheidung[126] beziehen sich auf die Verantwortung des einzelnen Soldaten. Sie waren aber kein Freispruch von Verantwortung gegenüber verbrecherischen Befehlen, zumal wenn aus rechtsstaatlichen Gründen eine »Kollektiv-Schuld« abgelehnt wird. Es ging um die Kompetenz von Verantwortung und Gewissenskraft.

In seiner Rede bezog General Kielmansegg Positionen von General Heusinger, von General Foertsch, Minister von Hassels und des Historikers Rothfels ein und erwähnte die Rede von Bundespräsident Heuss zum 20. Juli 1954. Er sprach ohne »Sowohl-als-auch« und nahm schon damit Kritikern der Bundeswehr den Wind aus den Segeln.[127] Der General zählte zu jenen Offizieren der ehemaligen Wehrmacht, die niemals auf den Gedanken verfallen wären, Offiziere und Soldaten zu entlasten oder freizusprechen, die sich in der Nazi-Zeit an Verbrechen und Verstößen gegen Recht und Gesetz beteiligt haben.

Seit dem Tagesbefehl von Generalinspekteur Heusinger 1959 war kein weiterer Befehl dieser Art zum Gedenken an den 20. Juli ergangen.[128] Am 17. Juli 1964 erließ Bundesverteidigungsminister Hassel einen neuen »Tagesbefehl«, der ausführlich und politisch verbindlich für die Bundeswehr Stellung zum »Aufstand des Gewissens« bezog[129]:

> Wir gedenken heute eines großen und erschütternden Ereignisses unserer jüngsten deutschen Geschichte. Am 20. Juli 1944, vor 20 Jahren, unternahmen Männer und Frauen unseres Volkes den Versuch, das nationalsozialistische Regime des Unrechts und der Unfreiheit zu beseitigen. Dieser Aufstand des Gewissens tat der Welt kund, dass das anständige Deutschland nichts gemein hatte mit den Verbrechen Hitlers.
>
> Die Männer und Frauen des 20. Juli wollten das Bild des Menschen wieder aufrichten im Herzen des deutschen Volkes. Ihr Ziel war es, zur Rettung des Vaterlandes eine auf Recht, Freiheit und Sitte gegründete Ordnung wiederherzustellen.
>
> Dem Widerstand gegen die Gewaltherrschaft blieb ein sichtbarer Erfolg versagt. Der Aufstand gegen die Tyrannei erstickte in Blut und Tränen. Doch der Geist und die Haltung jener Männer und Frauen, die Unbestechlichkeit ihres

126 Rede von von Kielmansegg (wie Anm. 125), S. 7ff.

127 Vgl. hierzu die Darstellung von Stefan Geilen: Das Widerstandsbild der Bundeswehr (wie Anm. 60), S. 90ff.

128 Vgl. Vermerk an den Minister FüB / FüBI6 – Az. 35-20-00-01, Bonn v. 8. Juli 1964, Generalinspekteur Trettner.

129 Vgl. Mitteilung an die Presse, Pressereferat der BMVg., Nr. I/58, Bundesarchiv/ Militärarchiv, Signatur BW1/21031.

> Gewissens, das sie antrieb, unter Einsatz ihres Lebens den Kampf gegen Unrecht und Terror aufzunehmen, macht sie uns zum Vorbild. Denn diese Pflicht, für Recht und Freiheit einzustehen, ist auch die Pflicht unserer Bundeswehr. Wir schützen heute den freiheitlich-sozialen Rechtsstaat, den die Widerstandskämpfer vom 20. Juli verwirklichen wollten. Der Sinn ihres Opfers wird erst erfüllt sein, wenn wir nicht nur in Dankbarkeit der Toten gedenken, sondern ihren Willen, für Recht und Freiheit einzustehen, zum Leitbild unseres Handelns machen.

Im selben Jahr gab der Führungsstab der Bundeswehr aus Anlass des zwanzigsten Gedenkens an den 20. Juli 1944 und den gesamten deutschen Widerstand in seiner militärischen wie politischen Breite eine detaillierte Darstellung heraus, die sich nicht nur an die Bundeswehr richtete, sondern sich ebenso der kritischen Öffentlichkeit und den Fachwissenschaften stellte.[130] Diese faktenreiche Darstellung der Abläufe, Hintergründe und Planungen des Attentats wollte ein »dokumentiertes Bekenntnis« ablegen. Die Dokumentation schloss den Tagesbefehl von Generalinspekteur Heusinger zum 20. Juli 1959 ein, nunmehr unter der Überschrift »Das Vermächtnis«.[131]

In einem Artikel für die »Rheinische Post« aus Düsseldorf (»Das Attentat muss gewagt werden...«) setzte sich Generalinspekteur Trettner mit der schwierigen Gewissensentscheidung auseinander, die im Sommer 1944 zu bewältigen war.[132] Anschließend an die bekannten Worte von Tresckows und Bezug nehmend auf die Generale Beck und von Stülpnagel sowie den Attentäter Graf Stauffenberg bekannte sich der Autor ausdrücklich zum Widerstand aus ethischer Überzeugung:

> Sie haben die Chancen abwägen müssen, die die zu bringenden Opfer rechtfertigen konnten und haben sicher die schreckliche Antinomie erlebt, die die politische Situation damals enthielt. Umso höher ist in all diesen Unberechen-

130 Vgl. »Für Recht und Freiheit«, Schriftenreihe Innere Führung – Sonderheft zum 20. Juli 1944, hg. v. Führungsstab der Bundeswehr, Bonn 1964.

131 Das Vermächtnis: »Die Tat des 20. Juli 1944 – eine Tat gegen das Unrecht und gegen die Unfreiheit – ist ein Lichtpunkt in der dunkelsten Zeit Deutschlands. / Die tragische Wahrscheinlichkeit des Scheiterns vor Augen, entschlossen sich freiheitlich gesinnte Kräfte aus allen Lagern, in vorderster Front Männer aus den Reihen der Soldaten, zum Sturz des Tyrannen. Das christlich-humanistische Verantwortungsbewusstsein, das diesen Entschluss bestimmte, gab ihrem Märtyrertum die Weihe. / Wir Soldaten der Bundeswehr stehen in Ehrfurcht vor dem Opfer dieser Männer, deren Gewissen durch ihr Wissen aufgerufen war. Sie sind die vornehmsten Zeugen gegen die Kollektivschuld des deutschen Volkes. Ihr Geist und Ihre Haltung sind uns Vorbild.« General Heusinger

132 Vgl. Spruchvordruck – BMVtdg - Pressereferat an Rheinische Post, Herrn Dr. Kremp mit Manuskript Trettner v. 17.7.1964, Bundesarchiv/Militärarchiv, Signatur BW 1/21685.

barkeiten und Zweifeln der Mut zu werten, mit dem sie zum Aufstand schritten und ihr Leben in schier auswegloser Lage an eine zwar hohe, aber auch unsichere Sache setzten. Hier zeigt sich Heldenhaftes in höchster Vollendung. Der Aufstand wurde gewagt, weil sich die Gewissen empört hatten. [...] Der Aufstand des Gewissens war vom Patriotismus getragen; er sollte ein Dienst für Deutschland sein. Die Front war in diesen Dienst eingeschlossen. Der Umsturz sollte dem Einsatz der Soldaten wieder Sinn geben.[133]

Diese Überlegungen Trettners, insbesondere der Gedanke, dass die Attentäter stellvertretend für Alle gehandelt hätten, die »Majestät der Rechts« wiederherstellen wollten und eine »europäische Erneuerung« anstrebten, bildeten eine Argumentationskette, die bis heute das Traditionsverständnis der Bundeswehr mitbestimmt.

Interessant ist dieser Artikel auch deshalb, weil Generalinspekteur Trettner das Denken dieser Widerständler über die deutsche und europäische Zukunft in die damals äußerst wichtigen Bemühungen um das Transatlantische Verteidigungsbündnis (NATO) und das europäische Einigungswerk (EWG) einfügte und so eine Verbindung herstellte, die als Einlösung des Vermächtnisses des Widerstandes zu verstehen sei, wie Golo Mann es verstand:

Die europäische Einigung 1940 zu wollen, [...] die Gleichberechtigung frei verbundener europäischer Völker zu fordern [...], das war eine Leistung; und ohne diese Leistung wäre das, was Deutschland seit 1949 angeboten hat, viel weniger glaubwürdig.[134]

Zu erwähnen ist, dass Generalleutnant Graf von Baudissin, wie schon dargestellt, in der »Feierstunde zum Jahrestag der deutschen Erhebung« in der Beethovenhalle in Bonn am 20. Juli 1964 sprach und damit die Position des Generalinspekteurs in einen darüber hinausweisenden Zusammenhang deutscher und europäischer Aufgaben stellte.

Berücksichtigt man nun diese Äußerungen der Führung und der obersten militärischen Repräsentanten der Bundeswehr und bewertet sie in fairer Weise, so kommt man notwendigerweise zu dem Schluss, dass der konservativ-militärische Widerstand des 20. Juli in seiner Breite gesehen und als unverzichtbares Fundament des Traditionsverständnisses der Bundeswehr gewertet wurde.[135] Zugegeben: Der kommunistische Widerstand und das Wirken des »Nationalkomitees Freies Deutschland«, des »Bundes Deutscher Offiziere« und der »Roten

133 Ebd., S. 2f.
134 Ebd., S. 4.
135 Vgl. Geilen: Das Widerstandsbild der Bundeswehr (wie Anm. 60), S. 91ff.

Kapelle« blieben im Westen Deutschland aus politisch-ideologischen Gründen unterbelichtet. In einer Zeit ausgeprägter Ost-West-Konfrontation wurden sie nicht in das Traditionsverständnis der Bundeswehr aufgenommen.[136]

Es sei daran erinnert, dass Interpreten des Widerstandes gerade in den 1960er und 1970er Jahren auf sehr unterschiedlichen und unvereinbaren historischen wie »moralischen« Podesten standen. Die eine Seite bemühte sich in Anerkenntnis einer belasteten Vergangenheit darum, ein zukunftweisendes Traditionsverständnis herauszubilden. Andere hielten an grundsätzlichen Vorbehalten gegenüber den aristokratischen, militärischen, konservativen Teilen des Widerstandes fest und verlangten kategorisch, jedwede Anknüpfung an die Geschichte der Wehrmacht und den 20. Juli aufzugeben, ohne allerdings ein tragfähiges Alternativkonzept anbieten zu können.[137]

Das waren gute Gründe, bei der Bestimmung und Ausformung der Traditionsgrundsätze der Bundeswehr »vorsichtige« Formulierungen zu wählen und jegliche Übertreibung bei der Reklamation von »Vorbildern« für die Traditionspflege zu vermieden. Eine solch taktisches Vorgehen demonstriert der 1. Juli 1965 verabschiedete Traditionserlass der Bundeswehr.[138]

Gewarnt wird vor »Selbstrechtfertigung«, mangelnden selbstkritischen Erkenntnissen, vor der Verdrängung von »Verhängnis und Schuld« sowie vor einer »Übersteigerung und Entartung des Nationalbewusstseins«. Soldaten und Offiziere werden aufgefordert, das eigene Denken in den Zusammenhang internationaler Bemühungen des »Schutzes von Frieden und Freiheit«, des Atlantischen Bündnisses und der Europäischen Einigung zu stellen. Der Erlass verweist ausdrücklich auf Gewissensentscheidungen und die Verpflichtung zur »Gewissenstreue«. Eingefordert wurden politisches Mitdenken, Mitverantwortung und wertorientierte Grundhaltungen – Ausfluss und Reflexion einer offenen Wahrnehmung der Vergangenheit sowie der Voraussetzungen von Rechtsstaat und Demokratie. Damit war eine Grenze zur ehemaligen Wehrmacht und der Nazi-Diktatur gezogen. Deutlich wurde das Bemühen, die menschlichen, persönlichen Kontakte zu Soldaten der ehemaligen Wehrmacht auf ein kontrolliertes und sachlich verantwortbares Fundament zu stellen, um eine Isolierung und Diffamierung ehemaliger Soldaten auszuschließen. Ein »reaktionärer« Impetus kann daraus keinesfalls gefolgert werden.

Mit Blick auf den Widerstand mag bedauert werden, dass die »Anknüpfung« an den 20. Juli in den Erläuterungen sachlich zurückhaltend ausfiel. Dies ge-

136 Vgl. ebd.

137 Vgl. Darstellung neuer Kontroversen, in: ebd., S. 93ff.

138 Erlass des Bundesminister der Verteidigung »Bundeswehr und Tradition« v. 1. Juli 1965, in: Information für die Truppe, Beilage zu Heft 9/1965, Bundesarchiv/Militärarchiv Amtsdrucksachen – BWD 7/104.

schah mit Rücksicht auf das innenpolitische Klima. Die in dem Traditionserlass zum Ausdruck kommende Werthaltung allerdings wäre ohne die Referenz zum Widerstand nicht zu erklären.

Weitere Schwerpunkte für eine Rekonstruktion des Traditionsverständnisses der Bundeswehr bilden die Reden des Staatssekretärs im Bundesministerium der Verteidigung, Karl-Günther von Hase, bei der Gedenkfeier am Ehrenmal in der Stauffenbergstraße in Berlin und von Generalinspekteur General Ulrich de Maizière in der Bonner Beethovenhalle aus Anlass des 25. Gedenkens an den Widerstand am 20. Juli 1969.[139]

Karl-Günther von Hase, ein Neffe des am 20. Juli 1944 beteiligten Generals Paul von Hase, räumte zunächst ein, dass der zeitliche Abstand zu den Ereignissen wie zur damaligen Notlage und Ausnahmesituation gerade jungen Menschen Verständnisschwierigkeiten bereite. Daher müsse mit neuer Intensität erklärt werden, mit welchen sittlichen Erwägungen die Entscheidung zum Widerstand gegen Hitler verbunden war. Hase verschwieg nicht, dass es nur Wenige waren, die die Kraft aufbrachten, sich gegen den Diktator zu erheben. Seine Ausführungen, dass sich die Bundeswehr bei der Ehrung der Männer des 20. Juli »in gleicher ehrender Weise zu der opfervollen Pflichterfüllung aller Soldaten der Wehrmacht« bekenne, »die gehorsam, treu und tapfer bis zuletzt ihr Bestes, so wie sie es nur verstehen konnten, gegeben haben«[140], hielten am Mythos der unbefleckten Wehrmacht fest. Um aber zu bekräftigen, wie wichtig, neben der Pflichterfüllung, die Gewissensentscheidung sei, führte Hase aus:

> Beck-, Stauffenberg- und Julius-Leber-Kasernen genügen nicht, wenn die Soldaten nicht bereit sind, ihren Standort in Staat und Gesellschaft im Geiste dieser Männer sichtbar zu machen. Unterbliebe dieser innere Einsatz, liefen wir Gefahr, den falschen Gebrauch von diesem Tage zu machen. [...] Dass wir dem Gewissen wieder einen Platz in der Rangordnung menschlicher Werte schaffen, auf dem es vor Missbrauch bewahrt ist, das ist der Auftrag des 20. Juli 1944.[141]

Generalinspekteur General Ulrich de Maizière leitete seine Rede am 20. Juli 1969 mit persönlichen Erinnerungen an seine Dienstzeit im Oberkommando des Heeres (OKH) in den Jahren 1942/43 ein und sprach von seinen Begegnungen mit Claus Graf von Stauffenberg, Albrecht Mertz von Quirnheim, Helmuth

139 Vgl. die Redetexte: Karl-Günther von Hase: Mitteilungen an die Presse, BMVG, Informations- und Pressezentrum v. 19. Juli 1969, Rede auf der Gedenkveranstaltung der Stiftung Hilfswerk 20. Juli 1944. – Ulrich de Maizière: Mitteilungen an die Presse, BMVG, Informations- und Pressezentrum v. 18. Juli 1969, Rede auf der Gedenkveranstaltung des Zentralverbandes demokratischer Widerstandskämpfer und Verfolgtenorganisationen.
140 Vgl. Rede Karl-Günther von Hase 1969 (wie Anm. 139), S. 2.
141 Ebd., S. 4f.

Stieff, Bernhard Klamroth und Robert Bernadis. Als junger Adjutant von General Paul von Hase war er mit den Männern des militärischen Widerstandes näher in Kontakt gekommen und durch diese geprägt worden.

Angesichts des immer größer werdenden zeitlichen Abstandes, von Wissens- und Verständnisdefiziten und der schwindenden Zahl von Zeitzeugen beschäftigte sich auch de Maizière mit der unterschiedlichen Ausgangslage der am Widerstand Beteiligten und der Frontsoldaten, den »Wissenden« und den »Unwissenden«, und der Gefahr der Spaltung zwischen Widerstand und soldatischer Pflichterfüllung. Ebenso wie von Hase nahm er Bezug auf den Entwurf der Regierungserklärung der Männer des Widerstandes, in der es 1944 hieß:

> Die einzige Scheidung, die zu vollziehen ist, liegt zwischen Verbrechen und Gewissenlosigkeit auf der einen und Anstand und Sauberkeit auf der anderen Seite.[142]

Die Widerständler wollten also verhindern, dass es aus dieser drohenden Spaltung heraus zu einer unerbittlichen Gegnerschaft der Frontsoldaten, zu einem Bürgerkrieg und ungerechten Bewertungen kommen könnte.

In beiden Reden wird, bei allem Wissen um die Taten der Nazi-Diktatur und auch verbrecherische Taten in der Kriegsführung, eine Notwendigkeit der Differenzierung und genauen Zuordnung von Schuld und Verbrechen betont, die nicht vernachlässigt werden dürfe, wenn Vergangenheit unter rechtsstaatlichen Bedingungen aufgearbeitet werden soll. Die sittliche und rechtliche Bindung als Voraussetzung von Befehl und Gehorsam bildeten den Schwerpunkt der Rede de Maizières; sie verliehen dieser dauerhafte Gültigkeit für die Interpretation des Selbstverständnisses der Bundeswehr und die Legitimation einer Berufung auf den 20. Juli 1944.[143]

Was rechtfertigte die Aufnahme dieses Widerstandes in das Traditionsverständnis der Bundeswehr? Der Redner führte dazu zusammenfassend aus:

> Sie haben die Unmoral, ja das Verbrecherische des nationalsozialistischen Regimes erkannt. Die diktatorische Regierungsform verwehrte es ihnen, ihre Erkenntnis der Öffentlichkeit deutlich zu machen. Sie stellten ihr Gewissen über einen missbrauchten Gehorsam. Und sie waren bereit, für ihre Entscheidungen mit dem Leben einzustehen.
>
> [...] Was haben wir für unser zukünftiges Verhalten aus dem 20. Juli gelernt? Hier gibt uns der schon vorhin erwähnte Entwurf einer Regierungserklärung

142 Vgl. den vollständigen Text des Entwurfes einer Regierungserklärung (Nr. 2, 3. Fassung), in: Royce: 20. Juli 1944 (wie Anm. 57), S. 167ff., Zitat unter Ziffer 2 (Für ein sittliches Familienleben), S. 168; wobei der gesamte Text unübersehbar vom Wissen um Verbrechen durchzogen ist.

143 Rede Ulrich de Maizière 1969 (wie Anm. 139), S. 4ff.

wichtige Hinweise: Wir wollen die Grundlagen der *Sittlichkeit* erhalten. Wir haben die Macht des *Rechtes* zu stärken. Wir haben uns für die Sicherung der *Freiheit* einzusetzen. Hierbei ist Freiheit nicht allein auf die eigene Person zu beziehen. Gute Demokraten, so sagte Fritz Erler vor drei Jahren von diesem Platz aus, treten nicht nur für die eigene Freiheit, sondern für die Freiheit aller ein. Und schließlich sollten wir alles tun, um zu *versöhnen*. Die Männer des 20. Juli sagten: »Verwundete Seelen heilen und Leid mildern.«
Lassen Sie mich zusammenfassen mit dem, was ich schon vor drei Jahren an das Ende meiner Ansprache gesetzt habe. Ich habe seitdem nichts Besseres gefunden. Der französische Rechts- und Staatsphilosoph Charles de Montesquieu hat es schon im 18. Jahrhundert im »L'ésprit des lois«, Buch 11, Kapitel 3, klassisch formuliert: »[…] Die politische Freiheit besteht nicht darin, zu machen, was man will. In einem Staat, d.h. in einer Gesellschaft, in der es Gesetze gibt, kann die Freiheit nur darin bestehen, dass man tun kann, was man wollen muss, und nicht gezwungen zu sein, zu tun, was man nicht wollen darf.«
In diesem Sinne hat die Tat des 20. Juli 1944 ein Zeichen dafür gesetzt, was eine Gruppe des Widerstandes das »andere Deutschland« genannt hat. Wenn wir dieses Zeichen recht verstehen und danach handeln, dann gehören die Männer, derer wir gedenken, heute nicht zu einem anderen, sondern zu unsrem Deutschland.[144]

Zur Interpretation dieser Rede und zur Bewertung der Einstellungen der Bundeswehrführung zur Wehrmacht müssen die Ausführungen Ulrich de Maizières in einem Artikel in der Zeitschrift »Die politische Meinung« vom April 1998 beigezogen werden, die dann 1999 in der umfassenden Darstellung der Wehrmacht des Militärgeschichtlichen Forschungsamtes (Potsdam) in erweiterter Fassung aufgenommen worden sind.[145]

Darin geht de Maizière detailliert ein auf die lebhafte und auch emotionsgeladene Diskussion der 1950er und 1960er Jahre über die Rolle der Wehrmacht im Nazi-Regime und die unleugbaren Verbrechen, in die auch die Wehrmacht verstrickt war. Sein Rat bleibt, sich vor Pauschalurteilen zu hüten und diese Tatsachen differenziert zu betrachten, zumal Ende der 1970er und 1980er Jahre die letzten Offiziere der Bundeswehr, die noch die Uniform der Wehrmacht getragen hätten, in den Ruhestand gegangen seien. Diese demographische Ent-

144 Ebd., S. 6ff.
145 Vgl. Ulrich de Maizière: Die Bundeswehr – Neuschöpfung oder Fortsetzung der Wehrmacht, in: Die politische Meinung, H. 341, April 1998, S. 11ff. – Erweiterte Fassung in: Die Wehrmacht – Mythos und Realität, im Auftrag des Militärgeschichtlichen Forschungsamtes hg. v. Rolf-Dieter Müller und Hans-Erich Volkmann, München 1999, S. 1171ff. – Vgl. auch die Rede Ulrich de Maizières vor der Führungsakademie der Bundeswehr am 17.11.1978 und die dort enthaltenen Ausführungen zum Widerstandsrecht.

wicklung ermöglichte eine sachlichere Diskussion. Die Lage nach 1945, insbesondere die politischen Spannungen der ehemaligen im Kriege verbündeten Alliierten, hätten gerade eine offene Klärung der Verantwortung und Schuld erschwert und verzögert.

Sein Traditionsverständnis fasst de Maizière in die Worte: »Tradition dagegen bewahrt innere Werte«.[146] Dies bedeute für ihn eine Rückbesinnung auf die preußischen Reformer, wobei der 200. Geburtstag von Scharnhorst bewusst zum Geburtstag der Bundeswehr ausgewählt worden sei. Als Werte und Tugenden des Soldatentums nannte er: Dienen, Treue, Gehorsam, Tapferkeit, Kameradschaft, Fürsorge für den Untergebenen, beispielhaftes Verhalten der Vorgesetzten.[147]

Nehme man diese Wertvorstellungen ernst, so könne die Wehrmacht als »Gesamtinstitution« nicht traditionsbildend sein, wohl jedoch die Soldaten der Wehrmacht wie auch die Offiziere, die eine aktive Rolle im Widerstand gegen Adolf Hitler gespielt hatten:

> Sie sind in die Tradition der Bundeswehr übernommen worden als leuchtendes Beispiel für die, die ihr Gewissen höher gestellt haben als den formalen Gehorsam gegenüber einem Eid, der von dem Eidnehmer Adolf Hitler längst selbst gebrochen war.[148]

Diese Aussagen sind deshalb von Bedeutung, weil sie zeigen, dass die »Gründer-Offiziere« der Bundeswehr beim Aufbau der neuen Truppe sehr wohl um Kriegsverbrechen wussten und im »Personalgutachterausschuss«, dessen Personalakten allerdings alle vernichtet wurden[149], eine präzise Auswahl neuer Verantwortungsträger trafen. Insoweit muss auch die Kritik von Hans-Adolf Jacobsen überdacht werden, es sei »bis heute kein offizielles Verdikt der Wehrmacht als Organ der NS-Herrschaft ausgesprochen«.[150]

Beachtung verdient auch der Hinweis de Maizières, dass in der Aufbauphase der Bundeswehr zehntausend Offiziere und noch mehr Unteroffiziere der Wehrmacht als neue Berufssoldaten benötigt wurden. Von den 1300 im Nachkriegsdeutschland lebenden ehemaligen Generalen der Wehrmacht seien tatsächlich lediglich vierzig bis fünfundvierzig Personen benötigt worden. Keiner dieser Generale wurde strafrechtlich verfolgt oder für mitschuldig erachtet.[151]

146 Vgl. Ulrich de Maizière, in: Die Wehrmacht (wie Anm. 145), S. 1178ff.
147 Vgl. ebd., S. 1179.
148 Vgl. ebd., S. 1180, zur Verstrickung der Wehrmacht S. 1179.
149 Vgl. ebd., S. 1181f.
150 Vgl. Hans-Adolf Jacobsen, in: Die Wehrmacht (wie Anm. 145), S. 1188; sowie Rolf-Dieter Müller, in: ebd., S. 3ff.
151 Vgl. Ulrich de Maizière, in: Die Wehrmacht (wie Anm. 145), S. 1180.

Die Personalverantwortung für große Zahlen von Menschen, gerade in sensiblen Organisationen, kann nur dann erfolgreich wahrgenommen werden, wenn man zur Verantwortung gegenüber der einzelnen Person und zur Wahrung des Gesamtinteresses befähigt ist. Dieses zentrale Erfordernis der »Menschenführung« wurde nicht bloß im Hinblick auf die Bundeswehr von so manchem Historiker oder Politikwissenschaftler in der geschichtspolitisch aufgeladenen Auseinandersetzung der Nachkriegszeit nicht ausreichend beachtet. Die Popularität von und eine Neigung zu Pauschalurteilen scheint mir charakteristisch zu sein für eine spezifisch deutsche Unfähigkeit zum politischen Diskurs.[152]

Im Auftrag des Bundesministers der Verteidigung sprach der Inspekteur des Heeres, Generalleutnant Ernst Ferber, bei der Gedenkfeier am 20. Juli 1972 in der Stauffenbergstraße, Berlin (West), als »Vertreter der Bundeswehr«.[153] Auch er knüpfte an die persönliche Kenntnis der Widerstandskämpfer an und schilderte die damalige Notlage des Krieges und die Schrecknisse der Gewaltherrschaft, die viele Soldaten in Unsicherheit und Ratlosigkeit getrieben haben, wie diese Not zu steuern sei.

Angesichts der zeitlichen Distanz zur Vergangenheit und einer, wie er fand, um sich greifenden Geschichtsunkenntnis, beschrieb Ferber »die Hybris«, die allzu viele dazu verführt habe, über die Verbrechen der Führung hinwegzusehen:

> Es waren Männer und Frauen aus allen Schichten und Berufen unseres Volkes, die sich zusammenfanden, heimlich und ohne ausreichenden organisatorischen Zusammenhalt, gejagt von der Sorge um ihr Volk und gehetzt von der Gefahr der Entdeckung. [...] Es geht um die Erkenntnis, dass hier Männer und Frauen nach schwerem Ringen ihrem Gewissen mehr folgten als einem von dem Diktator längst gebrochenen Eid. Sie wagten ihr Leben und waren bereit, den Tod in unwürdigster Form zu erleiden, um dem Verbrechen zu widerstehen, um den Krieg zu beenden, um den guten Namen des deutschen Volkes in der Welt und seine Freiheit wieder herzustellen.[154]

Wie viele seiner Vorredner in früheren Jahren, so versuchte auch dieser offizielle Vertreter der Bundesrepublik den Spagat, den Widerstand gegen Hitler zu würdigen, ohne die Wehrmacht als Ganzes zu beschädigen. Dazu meinte er sogar, die Ansichten der Widerständler etwas relativieren zu müssen:

152 Vgl. Rolf-Dieter Müller, Einleitung zu: Die Wehrmacht (wie Anm. 145), S. 3ff., 13.
153 Ernst Ferber: Mitteilungen an die Presse, Hg. BMVG – Informations- und Pressestab IX/107 v. 20. Juli 1972.
154 Ebd., S. 2.

> Wir wissen, dass viele diese Männer damals nicht verstanden, wer – wenn auch irregeleitet und getäuscht – in gutem und treuem Glauben in schwerem Kampfe stand, wer zu Hause die Schrecken des Luftkrieges ertrug und in harter Arbeit das erfüllte, was er für seine Pflicht hielt, ist des Dankes des Vaterlandes wert.[155]

Heute darf als unstrittig gelten, dass allzu viele Generale und Kommandeure dem Widerstand generell und dem Attentat vom 20. Juli 1944 grundsätzlich ablehnend gegenüberstanden, obgleich sie genauestens wussten, was geschah und dass der Krieg nicht mehr zu gewinnen war. Die Perfidie der Diktatur und der Gefolgschaftstreue hatte das Gewissen und den Mut zum Widerstand außer Kraft gesetzt.[156]

Es ist zwar zutreffend, wenn von Menschen gesprochen wird, die irregeleitet und getäuscht wurden. Nicht verschwiegen werden darf aber, dass die nationalsozialistische Gesinnung allzu viele Befehlshaber ergriffen und die »Korruption der Köpfe« die Kraft des Gewissens ruiniert hatte. Der gefährlichste Gegner der Diktatur sei die »Kultur des Gewissens«. Schließlich beschwor auch Ferber dieses hohe Gut:

> Wir wissen seit langem, dass nur die Erkenntnis des Einzelnen und die Folgerungen, die sein Gewissen daraus zog, Maßstab sind für das Handeln eines Deutschen in jener Zeit. Heute ist es an uns Überlebender und auch an der jungen Generation, diejenigen zu ehren und ihnen zu danken, die am 20. Juli 1944 gehandelt haben.[157]

Mit der sozialliberalen Koalition unter Bundeskanzler Brandt vollzog sich ab 1969 ein markanter Kurswechsel in der bundesdeutschen Politik. Nach dem Ende des Wirtschaftswunders war die Bundesrepublik in eine Phase mit wachsenden Verteilungskämpfen und politisierten Konflikten eingetreten, die innenpolitisch neue Konzepte verlangten (»Mehr Demokratie wagen!«); zugleich wurde in der Außenpolitik nach zwei Jahrzehnten Konfrontation nun – nicht zuletzt aus wirtschaftlichen Interessen – eine friedliche Koexistenz mit den sozialistischen Nachbarn angestrebt (»Neue Ostpolitik«). Doch weiterhin trennte die innerdeutsche Grenze zwei antagonistische Systeme; Ost- und Westdeutschland blieben Frontstaaten in den jeweiligen Militärbündnissen der beiden wettrüstenden Weltmächte USA (NATO) und Sowjetunion (Warschauer Pakt).

155 Ebd.
156 Vgl. hierzu in eindrucksvoller Klarheit u.a. Sönke Neitzel: Deutsche Generäle in britischer Kriegsgefangenschaft 1942–1945, Berlin ^{2}2006. Die Abhörprotokolle zeigen, dass die Generale mehr wussten, als sie nach dem Krieg zuzugeben bereit waren.
157 Ernst Ferber (wie Anm. 153), S. 2.

Unter diesen Rahmenbedingungen änderte sich nichts am politischen Auftrag und an der Einbindung der Bundeswehr in das westliche Verteidigungsbündnis. Allein das Traditionsverständnis unserer Armee wurde durch Sozialdemokraten an der Macht auf folgenschwere Weise neu justiert.

Im Jahr 1974 veröffentliche der Bundesminister der Verteidigung Georg Leber (SPD) in der Monatszeitschrift des Verbandes der Reservisten der Deutschen Bundeswehr seine Stellungsnahme »20. Juli 1944 – Offiziere gegen die Diktatur. Lehren für die Bundeswehr?«[158] Dieser Artikel stellt sich als eine in sich geschlossene Interpretation des Traditionsverständnisses der Bundeswehr dar, die an Klarheit nichts missen lässt und deshalb als ein wichtiges Dokument Teil dieser Darstellung sein muss:

> In diesem Monat sind dreißig Jahre vergangen, seit am 20. Juli 1944 mit einer verzweifelten Tat der Versuch gewagt wurde, die Tyrannei gewaltsam zu beseitigen, um zu retten, was noch zu retten war. Das Attentat schlug fehl. Die es gewagt hatten, die davon wussten, verloren ihr Leben. Allen voran die Offiziere, die den Widerstand organisiert hatten: Beck, von Witzleben, Hoeppner, Olbricht, von Tresckow, Stieff, von Stülpnagel und Graf von Stauffenberg, der den Anschlag unternommen hatte. Ihr Schicksal teilten demokratische Politiker, Gewerkschafter, Juristen und Schriftsteller und Theologen, die sich aus der Einsicht in das Verhängnis zum Widerstand entschieden hatten. Unmöglich, ihrer aller namentlich zu gedenken. Tausende wurden umgebracht, nur wenige entgingen dem Blutbad, das Hitler anrichten ließ.
>
> Die Bundeswehr ehrt die Toten der Verschwörung gegen die Tyrannei. Sie befanden sich in auswegloser Lage, mussten die militärische Niederlage Deutschlands ebenso fürchten wie die anhaltende Tyrannei. Schließlich ging es nur noch darum, ein Signal zu setzen gegen die Unmoral, die Rechtlosigkeit, das politische Verbrechertum. Die Verschwörung entsprang der tiefsten moralischen Empörung über die Taten des Diktators und seiner Helfershelfer. Sie wollten vor der Geschichte dokumentieren, dass Deutsche die moralische Kraft und den Mut besaßen, gegen das Unrecht und die Tyrannei aufzustehen.
>
> […]
>
> Die Soldaten der Bundeswehr bekennen sich zu dieser sittlichen Überzeugung, zu dieser menschlichen Größe, die die Männer des deutschen Widerstandes ausgezeichnet hat. Die Wut des Diktators verfolgte sie noch über den Tod hinaus. Ihre Gräber sind verschollen. Die Bundeswehr hält ihr Gedenken wach. Viele Kasernen tragen die Namen deutscher Widerstandskämpfer.

158 Georg Leber: Material für die Presse, Hg. BMVG-Informations- und Pressestab Nr. II/10 v. 10. Juli 1974.

Bis hierher folgte dieser Beitrag den Würdigungsformeln, die sich in offiziellen Stellungnahmen der Bundesrepublik seit zwanzig Jahren ausgebildet hatten. Die folgenden Passagen aber markierten einen Bruch:

> Die Tat des 20. Juli 1944 steht für sich. Es ist nicht möglich, aus dieser geschichtlich einmaligen Situation gültige Regeln abzuleiten für das Verhältnis von Militär und Politik. Der 20. Juli 1944 ist für uns ein Beispiel für moralische Größe und echten Patriotismus in einer Umwelt politischen Verbrechertums, aber er ist nicht Modellfall, nicht etwa Lehrbeispiel dafür, wie Offiziere und Soldaten der Bundeswehr ihre Rolle gegenüber der Politik zu begreifen hätten.
> Ein geschichtlicher Extremfall kann nicht Handlungsmaximen liefern für das Leben in der Normalität. Unsere Demokratie ist fest gegründet auf dem Boden des Rechts. Verfassung, Rechtsordnung und die Bindung an die Grundwerte der Gerechtigkeit, der Würde und Freiheit des Menschen bestimmen unsere staatliche und gesellschaftliche Wirklichkeit. Die Bundesrepublik Deutschland ist ein Rechtsstaat. Alles staatliche Handeln beruht auf dem Gebot der Rechtmäßigkeit.
> In dieser Rechtsordnung gilt für die Bundeswehr der Primat der Politik, wie er in der Wehrverfassung verankert ist. Die Streitkräfte sind auf Recht und Gesetz vereidigt. Es ist ihre Pflicht, treuer Diener des demokratischen Staates zu sein. Es ist Sache der Politik, über Krieg und Frieden zu entscheiden. Eine politisierende Bundeswehr wäre eine öffentliche Gefahr. Dafür wäre der deutsche Widerstand durchaus kein Beispiel: An der grundsätzlichen Überordnung der politischen Leitung über die militärische Führung haben auch die Männer des 20. Juli keinen Augenblick gezweifelt. Gerade dieses Wissen hat ihnen die Entscheidung zur Tat so schwer gemacht, wie wir aus ihren Selbstzeugnissen wissen, und das Handeln letztlich so lange hinausgezögert hat.
> Widerstand gegen Unrecht gehört zum Menschsein schlechthin. Das Recht dazu kann weder gegeben noch genommen werden. Artikel 20 unseres Grundgesetzes enthält ein Widerstandsrecht ausdrücklich. Das Recht zum Widerstand führt über die Grenzen dessen hinaus, was positives Recht setzen kann. Gewaltsamer Widerstand bis hin zum Tyrannenmord wäre in einer extremen Notsituation, in der nichts anderes mehr zu helfen vermöchte, als äußerstes Mittel erlaubt. Voraussetzung dafür ist ein Zustand unvollkommenen Rechts. Dafür kann es in der Normalität weder Regeln geben, noch ist unser Vorstellungsvermögen überhaupt in der Lage, eine solche Situation vorauszudenken und Anweisungen für richtiges Verhalten zu entwerfen.
> Historische Ausnahmesituationen gewinnen ihre Einmaligkeit aus zweierlei Gründen: Zum einen sind sie so, dass niemand sie vorauszukalkulieren vermag, zum anderen pflegen sie sich so, wie sie waren, nicht zu wiederholen. So ist es nach menschlichem Ermessen unwahrscheinlich, dass sich Offiziere der

Bundeswehr einmal vor die gleiche Entscheidung gestellt sehen könnten, wie sie ihre Kameraden vor dreißig Jahren getroffen haben.
Der 20. Juli 1944 liefert kein Rezept zur Heilung eines kranken Staates. Die letzte Instanz in einer solchen extremen Notlage bleibt allein das Gewissen des Handelnden. Unsere Aufgabe ist es – und das ist auch die Pflicht, die die Männer des 20. Juli uns aufgeben – alles zu tun, was in unseren Kräften ist, den Rechtsstaat zu wahren und ihn so zu sichern, dass nie mehr in der Zukunft das Gewissen gegen Unrecht und Unmoral aufstehen muss.

Bislang hatten Redner versucht, das Erbe des konservativ-militärischen Widerstands vom 20. Juli gegen die weitverbreitete offen ablehnende und indifferente Haltung zum Attentat auf Hitler in der bundesdeutschen Nachkriegsgesellschaft und besonders unter Kriegsteilnehmern hochzuhalten, ohne das Selbstverständnis großer Bevölkerungs- und maßgeblicher Wählergruppen zu verletzen. Im Beitrag des Verteidigungsministers Leber kündigte sich nun eine Relativierung dieser Vorbilder an: die Männer des 20. Juli wurden weiterhin geehrt, eine Vorbildhaftigkeit ihrer Tat für die Gegenwart aber zurückgewiesen: »Ein geschichtlicher Extremfall kann nicht Handlungsmaximen liefern für das Leben in der Normalität.« Freilich spiegelt sich hier auch die Sorge, Offiziere der Bundeswehr könnten – unter dem Einfluss des allgegenwärtigen linken Denkens – die Aufforderung zur Gewissensentscheidung falsch verstehen.

Diese Stellungsnahme von Georg Leber als Bundesminister der Verteidigung, als Sozialdemokrat und ehemaliger Gewerkschaftsführer, erfuhr sodann eine überaus interessante und auch heute noch lesenswerte Ergänzung durch die Rede, die der Parlamentarische Staatssekretär beim Bundesminister der Verteidigung, Karl-Wilhelm Berkhan (SPD), bei der Kranzniederlegung im Innenhof der Gedenkstätte Stauffenbergstraße am 20. Juli 1974 hielt.[159] Berkhan fasste die kritische Diskussion der vergangenen Jahre zusammen und lenkte den Blick auf die ganze Breite des Widerstandes. Die Überlegungen zum Handeln um General Oster, zum Widerstand der Linken, des Nationalkomitees Freies Deutschland (NKFD), zu Emigration, Sabotage, politischen Aktionen im Untergrund bis zur Desertion und Selbstmord, zum Versagen unter der Diktatur zeigten eine Offenheit, die der sich wandelnden Öffentlichkeit der Bundesrepublik entsprach. Wie sich zeigte, reflektierte die Bundeswehr in den 1970er Jahren nun auch die kritischen Beiträge der Wissenschaft und insbesondere der militärgeschichtlichen Forschung.[160]

159 Vgl. Karl-Wilhelm Berkhan: Mitteilung für die Presse, BMVG-Informations- und Pressestab II/11 v. 20. Juli 1974, Bundesarchiv/Militärarchiv Signatur BWD 13/13.
160 Vgl. Darstellung bei Geilen: Das Widerstandsbild der Bundeswehr (wie Anm. 60), S. 93.

Einen Einschnitt in der öffentlichen Wahrnehmung der Traditionsdebatte stellte ohne Zweifel die Rudel-Affäre dar. Dadurch kam es zu einer erneuten Infragestellung der politischen Zuverlässigkeit und Resistenz der Truppe gegenüber rechtskonservativen oder sogar rechtsradikalen Tendenzen.

Im Jahre 1975 lud das Luftwaffen-Aufklärungsgeschwader Nr. 51 »Immelmann« den letzten Kommodore des gleichnamigen Luftwaffen-Geschwaders der Wehrmacht, Oberst Hans-Ulrich Rudel, der sich nach dem Krieg als rechtsextremistischer Politiker betätigt hatte, zu einem sogenannten Traditionstreffen von Fliegern ein.[161] Dieser spektakuläre Vorfall wurde sofort zu einem grundsätzlichen Problem der Bundeswehr als Ganzes und ihrer Glaubwürdigkeit, unbeachtet aller bisher von der Bundeswehrführung bezogenen Positionen gegen jede Art von rechtskonservativen Auffassungen. Sachlich betrachtet – und das war allen Kennern der eigentümlichen Geschichte der deutschen Luftwaffe gerade in der Nazi-Zeit klar –, war dieser Vorgang Ausdruck einer elitären Selbstüberschätzung und nicht zuletzt der Instinktlosigkeit und politischen Dummheit einzelner verantwortlicher Offiziere.

Anstatt nach der berechtigten massiven öffentlichen Kritik Maß und Vernunft im Urteil zu wahren, forderten Kritiker vom linken Flügel der SPD nun aber, jetzt endgültig jede Anknüpfung an die Wehrmacht aufzugeben und zu verhindern. Hinzu kam erneut eine grundsätzliche Infragestellung der Traditionswürdigkeit auch der Offiziere des 20. Juli 1944, so als hätte es keine eindeutige Bemühungen um eine neue Traditionslinie für eine demokratisch legitimierte Bundeswehr gegeben.

Wie die Entwicklung zeigen sollte, hinterließ die Rudel-Affäre bleibende Zweifel am mentalen Zustand des politischen Bewusstseins in der Bundeswehr. Die militärische Führung allerdings wich nicht von dem bisherigen Bekenntnis zum Widerstand ab, wohl wissend, welche Schleusen sie andernfalls geöffnet hätte.

Nach den Generalen Graf von Kielmansegg, Graf Baudissin und de Maizière sprach Generalinspekteur General Harald Wust als vierter hochrangiger Offizier der Bundeswehr anlässlich der Feierstunde zum Tag des Widerstandes auf Einladung des Zentralverbandes Demokratischer Widerstandskämpfer- und Verfolgtenorganisationen und des Bundes der Verfolgten des Naziregimes am 20. Juli 1977 in der Stadthalle Bad Godesberg [162] Auch er gehört zu den Offizieren, die im Zweiten Weltkrieg bis zuletzt aktiv waren; auch er hatte Offiziere des Widerstandes persönlich gekannt. Seine Beschreibung der

161 Vgl. hierzu Geilen: Das Widerstandsbild der Bundeswehr (wie Anm. 60), S. 93ff.
162 Vgl. Harald Wust: Material für die Presse, BMVG-Informations- und Pressestab V/12 v. 20. Juli 1977, Bundesarchiv/Militärarchiv, Signatur BW 1/77951.

damaligen Offiziersgeneration legte offen, dass eine große Zahl der Offiziere (und Soldaten) dem Regime im allgemeinen »noch unkritisch« und insbesondere dem 20. Juli 1944 »mangels Einsicht distanziert, kritisch, vielleicht sogar verständnislos« gegenüberstanden.

Einmal mehr bemühte sich ein Redner, den Bruch des Treueeides zu rechtfertigen, ohne die Vielzahl derjenigen, welche diesen Schritt nicht gegangen waren, zu verleumden:

> Widerstand gegen den Staat, so schien es uns, war ein Verbrechen. Er war den Meisten daher auch unvorstellbar.[163]

General Wust beschrieb damit das Echo, das der 20. Juli 1944 insbesondere bei den an den Fronten stehenden Offizieren fand und erklärte, man müsse deshalb von »verlassenen Verschwörern«[164] sprechen. Festzuhalten sei aber auch, dass zu viele Menschen – trotz besseren Wissens – die Augen vor den grauenhaften Taten der Verfolgung und Vernichtung verschlossen haben. Diese »Mitschuld« wäre, argumentierte der Redner, im übrigen der tiefere Grund für Distanz und Ablehnung des Widerstandes damals und in der Zeit nach 1945. Nach diesem Blick in die kollektive Psyche der Deutschen fand der Generalinspekteur gute Gründe, den mutigen Aufstand gegen den Diktator als allgemeines Vorbild zu empfehlen:

> Wir dürfen auf der Suche nach eine Antwort sicherlich nicht nur beim Problem des Eides oder bei dem Versuch einer Erklärung des Widerstandes gegen die Tyrannei stehen bleiben. Im Kern geht es um das Recht zum Widerstand – um das Gebot zum Widerstand, wenn Menschenrechte nicht mehr geachtet werden und der Staat in Gefahr ist, in einen Unrechtsstaat zu entarten.[165]

Weiter erinnerte General Wust an den Aufruf »An die Wehrmacht« von Generaloberst Ludwig Beck und Generalfeldmarschall Erwin von Witzleben, der nach dem Attentat verkündet werden sollte. Beck sagte in diesem Aufruf im vollen Wissen um Verbrechen der Zeit von 1933 bis 1944 und das kommende Unglück ahnend:

> Eine Staatsführung, die die Politik nicht mehr als die Kunst des Möglichen ansieht und die Erreichung ihrer Ziele nicht mit sparsamsten Kräfteeinsatz anstrebt, sondern in phantastischen Plänen grenzenloser Eroberungen schwelgt, die überhaupt keine sittliche Bindungen weder dem eigenen noch einem anderen

163 Ebd., S. 2.
164 Beispielhaft und eindrucksvoll bleibt Klemens von Klemperer: Die verlassenen Verschwörer. Der deutsche Widerstand auf der Suche nach Verbündeten 1938–1945, Berlin 1994.
165 Wust (wie Anm. 162), S. 4.

Volk gegenüber anerkennt, kann niemals zu einem Frieden mit den übrigen Völkern gelangen.[166]

Dieses Zitat zeigt, so der Generalinspektor, dass es dem Widerstand um die Rettung Deutschlands und einen Staat ging, in dem Recht und Freiheit, Humanität und Moral gelten und dass ihre Tat Deutschland einen Wiedereintritt in die Europäische Völkerfamilie möglich machen sollte.

Zum Traditionsverständnis der Bundeswehr berief sich Wust, bezeichnenderweise, auf eine Rede General Heusingers, die dieser 1960 – also vor dem Kurswechsel sozialliberaler Vergangenheitspolitik – zum zehnjährigen Bestehen des Verbandes der Soldaten gehalten hatte. Die Rede war damit wieder vom Vermächtnis des 20. Juli bestimmt, welches nicht nur die Bundeswehr verpflichte, sondern zu den »unverzichtbaren Traditionen des Staates« gehöre.[167] Darum seien die Benennungen der Kasernen nach Persönlichkeiten dieser Widerstandskreise ausgerichtet worden. Auf die aktuellen politischen Auseinandersetzungen eingehend, betonte der Redner den über die Traditionspflege der Bundeswehr hinausgehenden Zusammenhang von Wissen, Gewissen und Verantwortung von Befehl und Gehorsam und die alle Bürger meinende Verantwortung für diesen Staat und seine freie Ordnung.[168]

Generalinspekteur General Jürgen Brandt setzte mit seiner Gedenkrede am 20. Juli 1982 in der Stadthalle Bad Godesberg die Reihe der »Generalsreden« fort, die General Graf von Kielmansegg in Bonn 1963 eröffnet hatte.[169] Anknüpfend an die Aussagen des ersten Generalinspekteurs Heusinger und unter Verweis auf das Kapitel zum Widerstand im »Handbuch Innere Führung« von 1956 sah er sich veranlasst, erneut zu betonen, dass die Haltung zum 20. Juli seitdem »Prüfstein und Sonde« für die Soldaten der neuen Streitkräfte geworden sei und »Kriterien für Wehrmotivation und Berufsverständnis« liefere. Heusingers erster Tagesbefehl vom 20. Juli 1959 und die Einlassungen der folgenden Generalinspekteure erklärten, warum gerade die Soldaten der Bundeswehr des 20. Juli 1944 in besonderer Weise gedenken.

Generalinspekteur Brandt bekannte, dass er 1944 als junger Offizier das Attentat in seiner Bedeutung nicht recht begriffen und nicht geglaubt hatte, dass die Tat tatsächlich geschehen sei, nun aber eine »gewisse Genugtuung« empfinde, dass damals Soldaten Widerstand geleistet hätten. Mit dem 20. Juli

166 Vgl. den Text des Aufrufs an die Wehrmacht, in: Royce: 20. Juli 1944 (wie Anm. 57), S. 174ff.

167 Wust (wie Anm. 162), S. 7.

168 Ebd., S. 8ff.

169 Jürgen Brandt: Soldat im Widerstand. Gedenkrede vom 20. Juli 1982, Stadthalle Bad Godesberg, Redenbestand Gedenkstätte Deutscher Widerstand (Berlin).

1944 habe sich erwiesen, dass – entgegen Hitlers Propaganda nach dem Attentat – eben nicht eine »kleine Clique ehrgeiziger Offiziere geputscht hatte«, sondern dass es auch in Deutschland eine breite Bewegung des Widerstandes gab, in der sich viele Frauen und Männer aus unterschiedlichen Gruppen und Berufen und mit unterschiedlichen Überzeugungen zusammengefunden hatten. Diese Bewegung habe die Einsicht geteilt, dass Hitler der Verderber Deutschlands sei und dass eine Ordnung entstehen müsse, die Freiheit und Recht garantiere.

Die Offiziere des 20. Juli seien mithin keine einzelgängerischen Putschisten gewesen, sondern einer breiten Bewegung zugehörig. Soldaten, die am Widerstand beteiligt waren, nahmen mit ihrer Haltung vorweg, was nun als »Staatsbürger in Uniform« propagiert werde. Jürgen Brandt schlug mit seinen Ausführungen eine Brücke zu den konzeptionellen Vorüberlegungen Baudissins: »Staatsbürger in Uniform« meine genau jene Haltung, die jene im Widerstand Aktiven ausgezeichnet habe: nicht nur Empfänger militärischer Befehle zu sein, sondern im Sinne des Ganzen zu handeln; nicht nur zu gehorchen, sondern gewissenhaft, d.h. dem Gewissen treu zu sein; nicht nur Kämpfer zu sein, sondern für die Erhaltung von Grundwerten zu kämpfen; nicht bloß tapfer zu sein, sondern tapfer einzustehen für Freiheit und Recht. Es käme also darauf an, als Soldat auch Bürger, Staatsbürger, Citoyen zu bleiben. Der »Staatsbürger in Uniform« habe seinen militärischen Auftrag aus einem politischen und moralischen Auftrag herzuleiten:[170]

> Der 20. Juli 1944 war und ist ein Fanal, dass menschliche Ordnung und soldatischer Dienst eines sittlichen Fundaments bedürfen. Dies ist die Lehre, die wir ziehen, wir Staatsbürger, wir Soldaten![171]

Diese Rede stellte den Widerstand in einen Gesamtzusammenhang der deutschen und europäischen Erfahrungen der Diktatur, wehrte sich aber auch gegen eine missbräuchliche Inanspruchnahme des Widerstandsrechts als Mittel innenpolitischer Auseinandersetzungen.

Politisch war dies jedoch nicht das letzte Wort. Kurz vor Ende der sozialliberalen Koalition kündigte Verteidigungsminister Hans Apel die bisherigen Grundlagen der Traditionsbildung auf. In den »Richtlinien zum Traditionsverständnis und zur Traditionspflege in der Bundeswehr«[172] vom 20. September 1982 heißt es:

170 Ebd., S. 2.
171 Ebd.
172 Richtlinien zum Traditionsverständnis und zur Traditionspflege in der Bundeswehr vom 20. September 1982, BMVG, Fü SI3- Az. 35.-08-07.

1.) Tradition ist die Überlieferung von Werten und Normen. Sie bildet sich in einem Prozess wertorientierter Auseinandersetzung mit der Vergangenheit. Tradition verbindet die Generationen, sichert Identität und schlägt eine Brücke zwischen Vergangenheit und Zukunft. Tradition ist eine wesentliche Grundlage menschlicher Kultur. Sie setzt Verständnis für historische, politische und gesellschaftliche Zusammenhänge voraus.

2.) Maßstab für Traditionsverständnis und Traditionspflege in der Bundeswehr sind das Grundgesetz und die der Bundeswehr übertragenen Aufgaben und Pflichten. Das Grundgesetz ist Antwort auf die deutsche Geschichte. Es gewährt große Freiräume, zieht aber auch eindeutige Grenzen. Die Darstellung der Wertgebundenheit der Streitkräfte und ihres demokratischen Selbstverständnisses ist die Grundlage der Traditionspflege der Bundeswehr.

3.) In der pluralistischen Gesellschaft haben historische Ereignisse und Gestalten nicht für alle Staatsbürger gleiche Bedeutung, geschichtliche Lehren und Erfahrungen nicht für alle den gleichen Grad an Verbindlichkeit. Tradition ist auch eine persönliche Entscheidung.

4.) Traditionsbewusstsein kann nicht verordnet werden. Es bildet sich auf den Grundlage weltanschaulicher Überzeugungen und persönlicher Wertentscheidungen. Dies gilt auch für die Bundeswehr mit ihrem Leitbild vom mündigen Soldaten, dem Staatsbürger in Uniform. Die Freiheit der Entscheidung in Traditionsangelegenheiten gilt innerhalb des Rahmens von Grundgesetz und Soldatengesetz.

5.) Politisch-historische Bildung trägt entscheidend zur Entwicklung eines verfassungskonformen Traditionsverständnisses und eines zeitgemäßen Traditionsverständnisses und einer zeitgemäßen Traditionspflege bei. Dies fordert, den Gesamtbestand der deutschen Geschichte in die Betrachtung einzubeziehen und nichts auszuklammern.

6.) Die Geschichte deutscher Streitkräfte hat sich nicht ohne tiefe Einbrüche entwickelt. In den Nationalsozialismus waren Streitkräfte teils schuldhaft verstrickt, teils wurden sie schuldlos missbraucht. Ein Unrechtsregime, wie das Dritte Reich, kann Tradition nicht begründen.

7.) Alles militärische Tun muss sich an den Normen des Rechtsstaats und des Völkerrechts orientieren. Die Pflichten des Soldaten – Treue, Tapferkeit, Gehorsam, Kameradschaft, Wahrhaftigkeit, Verschwiegenheit sowie beispielhaftes und fürsorgliches Verhalten der Vorgesetzten – erlangen in unserer Zeit sittlichen Rang durch die Bindung an das Grundgesetz.

8.) Die Bundeswehr dient dem Frieden. Der Auftrag der Streitkräfte, den Frieden in Freiheit zu sichern, fordert Bereitschaft und Fähigkeit, für die Bewahrung des Friedens treu zu dienen, um im Verteidigungsfall für seine Wiederherstellung tapfer zu kämpfen. Die Verpflichtung auf den Frieden verleiht dem Dienst des Soldaten eine neue politische und ethische Dimension.

9.) Für die Traditionsbildung in den Streitkräften ist von Bedeutung, dass die Bundeswehr: die erst Wehrpflichtarmee in einem demokratischen deutschen Staatswesen ist; ausschließlich der Verteidigung dient; in ein Bündnis von Staaten integriert ist, die sich zur Demokratie, der Freiheit der Person und der Herrschaft des Rechts bekennen. Diese politischen und rechtlichen Bindungen verlangen, dass die Bundeswehr ihre militärischen Tradition auf der Grundlage eines freiheitlichen demokratischen Selbstverständnisses entwickelt.

10.) Viele Formen, Sitten und Gepflogenheiten des Truppenalltags sind nicht Tradition, sondern militärisches Brauchtum. Es handelt sich um Gewohnheiten und Förmlichkeiten, wie sie in jeder großen gesellschaftlichen Einrichtung anzutreffen sind. Meist haben sie sich vor langer Zeit herausgebildet. Ihr ursprünglicher Sinn ist oft in Vergessenheit geraten, der Bedeutungszusammenhang zerfallen. Formen, Sitten und Gepflogenheiten tragen jedoch zur Verhaltenssicherheit im Umgang miteinander bei. Nicht jede Einzelheit militärischen Brauchtums, das sich aus früheren Zeiten herleitet, muss demokratisch legitimiert sein. Militärisches Brauchtum darf aber den vom Grundgesetz vorgegebenen Werten und Normen nicht entgegenstehen. Brauchtum muss, um lebendig zu bleiben, von den Soldaten angenommen werden.

Diese Richtlinien bedeuteten einen massiven Einschnitt nicht nur für das Traditionsverständnis im Hinblick auf den deutschen Widerstand, sondern auch für alle sonstigen historischen Bezugnahmen, eingeschlossen die preußischen Reformer. In Abkehr von dem bis dahin geltenden Traditionserlass von 1965 und den hierauf aufbauenden Interpretationen und Erläuterungen der politischen wie militärischen Führung der Bundeswehr geben die Richtlinien vom 20. September 1982 keine konkrete Auskunft mehr, woran sich das Selbstverständnis der Bundeswehr hinsichtlich der zurückliegenden Geschichte orientieren soll. Der hier vorgegebene Traditionsrahmen kappt jede vorgeschichtliche Orientierung einschließlich der Referenz auf »alte« soldatische wie politische Vorbilder und insbesondere zum deutschen Widerstand gleich welcher Ausprägung. In Ziffer 6 heißt es pauschal, ein Unrechtsregime wie das Dritte Reich könne Tradition nicht begründen. Ein Hinweis, der deshalb erstaunt, weil dies von der Bundeswehrführung und insbesondere den »Reformern« in dieser Weise niemals beabsichtigt war oder erstrebt wurde.

Nun aber sollte allein das Grundgesetz maßgeblich sein. Traditionsverständnis könne nicht verordnet werden. Welche »Sekundärtugenden« Soldaten und Offiziere der Bundeswehr künftig ausprägen, welche Kriterien für Befehl und Gehorsam von nun an Geltung haben sollten – dazu kein Wort. Selbst bei größter Behutsamkeit fragte sich der aufmerksame Leser, wie diese pauschal formulierte Akzeptanz divergierender Weltanschauungen und kontroverser persönlicher Wertentscheidungen denn zu verstehen sei. »Mündigkeit« und der »Staatsbürger in Uniform« sind keine selbstredenden Erklärungen. Dass das Grundgesetz, der in diesem enthaltene Katalog der Grundrechte und das Soldatengesetz verfassungsgemäße Vorgaben für jede Art Traditionsverständnis von Streitkräften in einer Demokratie sind, war niemals bestritten.

Die mangelnde Ausformulierung von konkreten Vorbildern durchzog die sich den Grundsätzen ausschließenden Zielsetzungen.[173] Die Abkehr von der »Wehrmacht«, ihrer Geschichte, ihrer Tradition, ihren Symbolen[174] erfolgte unmissverständlich und war, als Konsequenz aus der Ablehnung einer Traditionsanknüpfung an die »Gesamtinstitution Wehrmacht«, selbstverständlich.

Diese Richtlinien von 1982 sind bis heute gültig und trotz ihrer sachlichen Dürre offenbar Material zur allgemeinen Auslegung von Traditionsfragen und einem entsprechenden Verhalten. Ihre Nüchternheit machte es ganz offensichtlich notwendig, eine neue Initiative zu ergreifen, um den bisherigen Bestand des den Widerstand umschließenden Traditionsverständnisses erneut darzustellen.

Die durch die Richtlinien entstandene qualitative Distanz zum Widerstand erfuhr ihre Antwort zum einen durch einen weiteren Tagesbefehl, zum anderen durch die politisch gewollte Wanderausstellung »Aufstand des Gewissens«. Nach dem Ende der sozialliberalen Koalition schlug sich die angekündigte »geistig-moralische Wende« des neuen, wieder christdemokratischen Kanzlers Kohl umgehend im Traditionsverständnis der Bundeswehr nieder.

Der Tagesbefehl des Generalinspekteurs General Wolfgang Altenburg vom 20. Juli 1983 knüpfte an bekannte und bewährte Formeln an:

> Am 20. Juli 1944 wagten deutsche Männer und Frauen den Aufstand gegen Unrecht und Unfreiheit. Sie unternahmen den Versuch, Hitler zu töten und damit Europa von der Gewaltherrschaft des Nationalsozialismus zu befreien. Sie folgten ihrem Gewissen; viele bezahlten ihren Einsatz mit dem Leben.
> Am 20 Juli 1944 wurde aller Welt deutlich, dass auch Deutsche gegen Hitler Widerstand leisteten. Dies war der sichtbare Höhepunkt vieler Versuche und Bemühungen. Namen wie Generaloberst Beck, Carl Friedrich Goerdeler, Oberst Graf Schenk von Stauffenberg und Julius Leber stehen stellvertretend für viele Männer und Frauen aus allen Schichten des deutschen Volkes.
> Diese Menschen hatten damals nicht in allen Punkten die gleiche politische Auffassung. Was sie einte, war die in ihrem Gewissen verankerte Ordnung der Werte. Dafür waren sie zu höchstem Opfern bereit.

173 Ebd., S. 2f., II. Zielsetzungen.
174 Ebd., S. 4.

Wir in der Bundeswehr erinnern uns heute in Ehrfurcht und Dankbarkeit jener Männer und Frauen, deren Handeln Ausweis ihres Rechtsgefühls und ihres Freiheitswillens war. Ihre Taten und ihre Schicksale haben unser Traditionsverständnis wesentlich geprägt.

Ihr Vermächtnis, in Zeiten der Unfreiheit für Frieden, Recht und Freiheit Widerstand zu leisten und das Leben zu wagen, ist uns heute Verpflichtung und Richtschnur.[175]

Diese Thesen erfuhren sodann 1984 in einem größeren Rahmen eine inhaltliche Unterfütterung. Die Wanderausstellung »Aufstand des Gewissens – Militärischer Widerstand gegen Hitler und das NS-Regime 1933–1945« wurde am 25. Juni 1984 im Deutschen Bundestag eröffnet.[176] Diese im Auftrag des Bundesministers der Verteidigung, Manfred Wörner (CDU), vom Militärischen Forschungsamt erarbeitete Ausstellung war die damals umfassendste Darstellung des konservativ-militärischen Widerstandskomplexes und zugleich eine Zusammenfassung der von der Bundeswehr erarbeiteten Grundlagen ihres Traditionsverständnisses.

Im Grußwort des Ausstellungskatalogs wies der damalige Präsident des Bundestages, Rainer Barzel (CDU), ausdrücklich darauf hin, dass diese Ausstellung mehr sein sollte als eine militärgeschichtliche Dokumentation. Sie verfolge vielmehr »ein staatspolitisches Anliegen, das von den Mitgliedern des Deutschen Bundestages in besonderer Weise unterstützt« werde. Die Ausstellung wolle den Blick schärfen für die Grundwerte unserer Verfassung, die heute das Fundament unseres staatlichen Lebens sind.[177]

Das Grußwort des Verteidigungsministers Wörner schloss mit den Worten:

Im Widerstand haben sich die Soldaten als Patrioten und Staatsbürger erwiesen. Sie haben damit die heutige Integration der Soldaten in einen Staat und eine Gesellschaft, der ihr Dienst gilt, exemplarisch vorweggenommen. In dieser Haltung sind die Frauen und Männer des Widerstandes uns heutiges Vorbild.[178]

Der Amtschef des Militärgeschichtlichen Forschungsamtes, Oberst i.G. Othmar Hackl, stellte in seiner Einführung die konzeptionellen Überlegungen für diese Ausstellung dar und betonte ausdrücklich, dass die Bundeswehr von Anfang an, trotz aller Differenzen und Auseinandersetzungen mit ehemaligen Soldaten

175 Quelle: Archivbestand Gedenkstätte Deutscher Widerstand (Berlin).

176 Aufstand des Gewissens – Militärischer Widerstand gegen Hitler und des NS-Regime 1933–1945. Katalog zur Wanderausstellung des Militärischen Forschungsamtes, Herford/Bonn 1984; erweiterte Fassung ^{4}1994.

177 Ebd., S 5.

178 Ebd., S. 7f.

der Wehrmacht, das Erbe des militärischen Widerstandes »für sich als verpflichtend« angesehen habe, wohl wissend, dass in der historischen Forschung bis heute keine volle Einigkeit über dessen Bewertung bestehe.

Die differenzierte Erörterung und Darstellung aller strittigen Fragen, einschließlich klarer Aussagen zur Verstrickung von Angehörigen der Wehrmacht in Verbrechen der NS-Herrschaft[179], auch der Hinweis auf eine Vorbereitungstagung an der Westfälischen Wilhelms–Universität in Münster im September 1983 und den dort gehaltenen Vortrag General Kielmanseggs zeigten eine über alle Kritik erhabene Offenheit des kritischen Bewusstseins, die Vorbehalten früherer Jahre den Boden entzog. Von einer einseitigen Würdigung des militärischen Widerstandes konnte ebenso wenig die Rede sein wie von einer Vernachlässigung des zivilen. Der Ausstellungskatalog bildete das Spektrum des deutschen Widerstandes und den damaligen Forschungsstandes ab und griff auch strittige Themen wie den »Widerstand hinter Stacheldraht« (die Bewegung »Freies Deutschland« in der Sowjetunion) und Nachwirkung des militärischen Widerstandes in der Bundesrepublik Deutschland auf.[180] Dieser Katalog erreichte eine Gesamtauflage von 60 000 Exemplaren.

In diesem Zusammenhang verdient dessen erweiterte Neuausgabe von 1994 eine lobende Erwähnung.[181] Im Grußwort erscheinen Teile der 1984er Rede von Bundespräsident Weizsäcker zum 40. Jahrestag des 20. Juli 1944.[182] Die zitierten Ausschnitte demonstrierten die Bereitschaft, gerade den kritischen Nachfragen der jungen Generation offen zu begegnen: »Der Gedanke an die Männer und Frauen des 20. Juli 1944 ist dafür eine entscheidende menschliche Hilfe.«

In der neuen Einführung, weist der Amtschef des Militärgeschichtlichen Forschungsamtes, Brigadegeneral Dr. Günter Roth, darauf hin, dass es darauf ankam, den aktuellen Forschungsstand zu berücksichtigen, Historiker aus dem wiedervereinigten Deutschland (West wie Ost) zu Worte kommen zu lassen und bewusst die Grenzen einer gruppenbezogenen Widerstandsgeschichte zu verlassen, so wie dies in der Gedenkstätte Deutscher Widerstand (Berlin) praktiziert werde. Weder Vorurteile noch versteinerte Anschauungen und Bewertungen sollten gefördert werden. Die kritische Offenheit solle den Besuchern der Ausstellung ein eigenes, kritisches Urteil ermöglichen. Dazu erforderlich seien auch eine Debatte über Ordnungsvorstellungen der Gruppen des deutschen Widerstandes, desgleichen die kritische Auseinandersetzung mit dem »Nationalkomitee Freies Deutschland« und der »Roten Kapelle«. Das

179 Ebd., S. 12.
180 Ebd., Inhalt und Aufbau des Kataloges, S. 3f.
181 Vgl. Anm. 176.
182 Ebd., S. 5ff.

Inhaltsverzeichnis spiegelt eine große thematische Spannbreite wieder.[183] Neu aufgenommen wurden – jetzt für interessierte Leser im vereinten Deutschland – auch die Widerstandsrezeption in der Nationalen Volksarmee der untergegangenen DDR sowie die Rezeptionsgeschichte von 1945 bis 1994.

Im Geleitwort des damaligen Bundesministers der Verteidigung Volker Rühe (CDU) lautet die wesentliche Position:

> Dem deutschen Widerstand ist der Erfolg versagt geblieben, das Nazi-Regime zu stürzen. Aber: Diese Frauen und Männer haben ihr Leben gegeben, um Deutschland von der Schande zu befreien, die nationalsozialistische Verbrecher über unser Vaterland gebracht haben. Der deutsche Widerstand war eine wichtige moralische Voraussetzung für die Rückkehr des deutschen Volkes in die Gemeinschaft der zivilisierten Nationen.[184]

Da der militärische Widerstand für die deutschen Streitkräfte »Vermächtnis und Verpflichtung zugleich« sei, habe er, so Rühe, den Bendlerblock, seit langem Ort der Gedenkstätte Deutscher Widerstand, zum zweiten Dienstsitz des Bundesministers der Verteidigung gewählt.

Die beiden Begleitbücher der Wanderausstellung »Aufstand des Gewissens« belegen, dass die Bundeswehr als »lernende Organisation« keiner kritischen Debatte der jeweils zeitgebundenen Streitfragen und Kontroversen auswich. Die über die Jahre hinweg anhaltenden Vorwürfe einer einseitig auf den militärischen Widerstand fokussierten Traditionspflege erweisen sich als ebenso unbegründet wie der Vorwurf, gewisse Kreise versuchten, der ganzen Wirklichkeit des NS-Staates, der Nazi-Kriegsführung und den damit verbundenen Verstrickungen in Kriegsverbrechen auszuweichen. Der Verdacht liegt nahe, dass trotz aller Offenheit ein in sich verfestigtes Feld ideologisch begründeter Vorbehalte gegenüber einer Bundeswehr existiert und bestehen bleibt, die auf die sittlich begründete Referenz zum »Aufstand des Gewissens« nicht verzichten will. Diese Vorbehalte sind tief verankert und machen deutlich, dass der Verstrickung der Wehrmacht in die Nazi-Diktatur ein eigenständiges Gewicht zukommt.

Losgelöst von den konzeptionellen Bemühungen um das Traditionsverständnisses der Bundeswehr und den politischen Aussagen wie der Positionierungen der militärischen Führung stellte sich die am 5. März 1995 eröffnete Wanderausstellung »Vernichtungskrieg: Verbrechen der Wehrmacht 1941–1944«, organisiert von dem Hamburger Institut für Sozialforschung, als ein bedeutsamer politisch-propagandistischer Einschnitt in die Wahrnehmung und Be-

183 Ebd., S. 3ff.
184 Ebd., S. 7.

arbeitung des Handelns der Wehrmacht im Zweiten Weltkrieg dar.[185] Selten war eine Ausstellung zur Geschichte des Nazi-Regimes und zur Wirklichkeit des Zweiten Weltkrieges und der Rolle der Wehrmacht mit derart heftigen Auseinandersetzungen von Befürwortern und Kritikern dieser Art der Aufarbeitung der Vergangenheit verbunden.[186]

Angesichts der politischen und insbesondere wissenschaftlichen Kritik am Ausstellungskonzept und seinen Ergebnissen musste die Ausstellung zurückgezogen werden. Hauptgründe waren massive Einwände gegen die Konzeption und vor allem gravierende sachliche Einwände gegen die Darstellungen unter fast allen Gesichtspunkten. Insbesondere »gewaltsame Generalisierungen und Pauschalisierungen«[187] waren es, die die erste Ausstellung prägten und deshalb eine grundlegende Revision der Ausstellung nötig machten. Die zweite Ausgabe der sogenannten »Wehrmachtsausstellung« wurde 2002 als – nach wie vor kritisch begleitete – Ausstellung präsentiert. Die Resonanz von Öffentlichkeit und Medien war weitgehend positiv; die Hamburger Ausstellung wurde nun als »konzeptionell, handwerklich und historiographisch gelungener und ernst zu nehmender Beitrag zur Auseinandersetzung mit diesen schwierigen und schmerzlichen Thema« bewertet.[188]

Ohne auf alle Facetten der Debatte eingehen zu können, ist seit diesen Präsentationen von Kriegsverbrechen der Jahre 1941–44 klar, dass Soldaten und Teile der Wehrmacht an den Verbrechen im Zweiten Weltkrieg beteiligt waren. Konfrontiert mit dieser Wahrheit kann die Schlussfolgerung nur heißen, dass das Traditionsverständnis der Bundeswehr alle Anknüpfungen an die Vergangenheit vermeiden muss, die in Konflikt mit individueller Handlungsverantwortung vor Recht und Gewissen stehen. Das Bekenntnis zur Schuld und zum Versagen ist und bleibt die Voraussetzung für eine sittlich fundierte Legitimation von Vorbildern und Traditionen.

Die Reden der Bundesminister der Verteidigung von 1999 bis 2006 sind ein Beleg dafür, dass diese Orientierung bestimmend bleibt.

In der Kontinuität ihrer Amtsvorgänger stehend, bezeugen Rudolf Scharping (SPD) im Jahr 1977, Peter Struck (SPD) 2002 und im Folgejahr sowie Franz-Josef Jung (CDU) im Jahr 2006 durchgängig ihr Bekenntnis zum 20. Juli 1944 als »Inbegriff und Symbol« des ganzen deutschen Widerstandes. Ausgehend

185 Vgl. Institut für Sozialforschung (Hg.): Vernichtungskrieg. Verbrechen der Wehrmacht 1941–1944, Hamburg 1996.
186 Vgl. hierzu Christian Hartmann; Johannes Hürter; Ulrike Jureit (Hg.): Verbrechen der Wehrmacht. Bilanz einer Debatte, München 2005.
187 Vgl. Vorwort von Horst Möller, in: ebd., S. 9ff.
188 Ebd., S. 9.

vom »Konzept der Inneren Führung« Baudissins[189], anknüpfend auch an die preußischen Reformer des 19. Jahrhunderts sehen sie in den »Idealen des Widerstandes« das entscheidende und verpflichtende Fundament und den Kernbestand des Traditionsverständnisses der ersten demokratisch legitimierten Streitkräfte in Deutschland.

In seiner Rede am 20. Juli 2009 legte Karl-Theodor Freiherr von und zu Guttenberg (CSU), seinerzeit noch Bundesminister für Wirtschaft und Technologie, in der Gedenkstätte Berlin-Plötzensee im Namen der Bundesregierung ein sehr persönliches Bekenntnis zum Widerstand ab. Familiär verwandt mit dem Widerständler Karl-Ludwig Freiherr von und zu Guttenberg wie auch mit dem Hitler-Attentäter Claus Schenk Graf von Stauffenberg, nannte er den 20. Juli ein »zunächst unerhörtes Zeichen des Gewissens, der Kultur und der Humanität«.[190] Als Vertreter einer jüngeren Generation, die keine persönliche Erfahrung mit dem Zweiten Weltkrieg verbindet, wies Guttenberg aber jede Heroisierung der Männer und Frauen des Widerstandes zurück. Vielmehr käme es entscheidend darauf an, das Vermächtnis des Widerstandes an die geistigen Voraussetzungen von Freiheit, Rechtsstaat und Menschenwürde zu binden und diese als dauerhafte Verpflichtungen gesellschaftlichen und politischen Handelns zu verstehen.

Damit war ein Grundton angeschlagen, den Karl-Theodor zu Guttenberg, nunmehr als Bundesminister der Verteidigung, in seinen beiden Reden am 20. Juli 2010 in Berlin aufnahm.[191] In seiner Rede im Ehrenhof des Bendlerblocks betonte er, dass mit dem Staatsstreich als »befreiender Tat« Zeugnis für ein »anderes, ein besseres Deutschland« in der Zeit der Diktatur gegeben wurde. Ausdrücklich erinnerte er an die letzten Worte von General Olbricht, die als Rechtfertigung vor der Geschichte verstanden werden könnten:

> Ich weiß mit Sicherheit, dass wir alle [...] in einer schon verzweifelten Situation das Letzte gewagt haben, um Deutschland vor dem völligen Untergang zu bewahren. Ich bin überzeugt, dass unsere Nachwelt das einst erkennen und begreifen wird.

Waren die Widerstandskämpfer auch keine Übermenschen, sondern Menschen mit all ihren Stärken und Schwächen, fand Guttenberg, so bleibe auch für die Kritiker des Widerstandes die Frage gestellt, wie sie selbst in der damaligen Zeit

189 1994 wurde die »General-Schwartzkopff-Kaserne« in Hamburg-Osdorf in »Generalleutnant-Graf-von-Baudissin-Kaserne« umbenannt.

190 Online abrufbar unter www.20-juli-44.de/veranstaltungen.php (Gedenkstätte Deutsche Widerstand: Der 20. Juli 1944. Erinnerung an einen historischen Tag. Reden und Gedenkfeiern).

191 Pressemappe, Protokoll Inland der Bundesregierung vom 20. Juli 2010.

der Diktatur gehandelt hätten. Es sei dieses »feine Schweigen« (Fritz Stern), das weiterhin ein ernsthaftes Problem darstelle. Stelle man sich hingegen aufrichtig der ganzen Wahrheit der Diktatur und der damit verbundenen Bedrohung der moralischen Integrität des Menschen, so seien die Männer und Frauen des 20. Juli fraglos »Vorbilder für heute« und Zeugen für die »Vollmacht des Gewissens«. Dies zählt nach den Worten des jungen Ministers zu ihrem Erbe an die Gegenwart, sei ein Auftrag für uns hier und heute.

Mit Bezug auf den Historiker Hans Rothfels und den Publizisten Joachim Fest erklärte Guttenberg, der 20. Juli 1944 sei zuallererst eine »symbolische Tat«, die aber den »Lohn der Vergeblichkeit« in sich trage. Eine Tat, die, wie es Henning von Tresckow formuliert hatte, auch geschehen müsse, um Zeugnis für die Existenz eines anderen Deutschland vor der Geschichte abzulegen. Der Umsturzversuch sei ein entscheidender Teil der »zweiten Chance« (Fritz Stern) nach der politischen und moralischen Katastrophe der Nazi-Diktatur und des Zweiten Weltkrieges. Der Verteidigungsminister gab zu verstehen, Frieden, Freiheit, Demokratie und Rechtsstaatlichkeit seien keine Selbstverständlichkeiten, sondern müssten notfalls aktiv verteidigt werden.

Guttenbergs Rede anlässlich des Feierlichen Gelöbnisses am 20. Juli 2010 auf dem Platz der Republik vor dem Reichstagsgebäude setzte die Traditionslinie seiner Amtsvorgänger fort. Ein besonderes Gewicht erhielt sie durch die Anwesenheit und Ansprache des nunmehr letzten noch lebenden Beteiligten am aktiven Widerstand, Ewald-Heinrich von Kleist. Mit der Einbindung dieses Repräsentanten der Offiziere des Widerstandes wurde deutlicher als je zuvor ein politisches Bekenntnis zum Widerstand als ethischem Vorbild für Mut, Freiheitswillen, für Klarheit im Urteil über den wahren Charakter der Diktatur und persönliche Zivilcourage geleistet.

Anschließend an den Tagesbefehl General Heusingers vom 20. Juli 1959 bezog der Verteidigungsminister erneut Position:

> Die Bundeswehr bekennt sich zur Tradition des Widerstandes gegen Hitler. Er ist wesentlicher Teil unseres Selbstverständnisses als Streitkräfte in der Demokratie. In der Erziehung unserer Soldaten nehmen wir bewusst darauf Bezug. [...] Die Tradition dient der Selbstvergewisserung, sie ordnet unser Handeln in den größeren Zusammenhang der Geschichte ein. Sie gibt Orientierung gerade in unserer von den Einsätzen geprägten Gegenwart.

Unter Bezugnahme auf die Offiziere der Bundeswehr Johann Adolf Graf von Kielmansegg, Ulrich de Maizière, Hans Speidel und Adolf Heusinger und das Gründungskonzept der »Inneren Führung« und des »Staatsbürgers in Uniform« (Wolf Graf von Baudissin) machte Guttenberg deutlich, dass die Bundesregierung und die Führung der Bundeswehr das Vermächtnis des Widerstandes als integralen Bestandteil der Identität der Bundesrepublik Deutschlands verstehen. Mit der Betonung der Bindung des Dienstes in den Streitkräften an die Normen und Werte des Grundgesetzes, an die moralischen und rechtlichen Bindungen einer freiheitlichen Ordnung, damit zugleich an das persönliche Gewissen sei ein Maßstab formuliert, der den Worten von Generaloberst Ludwig Beck aus dem Jahre 1938 fortbestehende Aktualität verleihe: »Soldatischer Gehorsam hat dort eine Grenze wo ihr Wissen, ihr Gewissen und ihre Verantwortung die Ausführung eines Befehls verbietet.«

Für alle Reden der politischen Führung der Bundeswehr gilt: Das Traditionsverständnis war und ist nicht ausschließlich auf den militärischen Widerstand ausgerichtet. Gemeint ist das geistig-politische Spektrum des gesamten Widerstandes sofern er das Ziel hatte, die Gewaltherrschaft zu beenden, den Rechtsstaat und eine freiheitliche Ordnung wiederherzustellen. Die gedanklichen Ansätze dieser Reden knüpfen an die Reden von Ernst Reuter und Theodor Heuss ebenso an wie an die »Moabiter Sonette« von Albrecht Haushofer, die Aussagen zahlreicher Widerständler. Sie sind die »Gesichter« eines – über allen Streit – hinausreichenden Traditionsverständnisses, das sich auf die geistigen Ideale des Widerstandes konzentriert.

Diese Ideale stehen in enger Beziehung zu dem Werteverständnis des Grundgesetzes und dem verfassungsmäßig verankerten »Gelöbnis« der Soldaten der Bundeswehr, das, politisch gewollt, gerade im Hof des Verteidigungsministeriums an dem 31. Mai 1996 und seit 1999 immer am 20. Juli nunmehr vor dem Reichstag abgelegt wird. Die 1999 beschlossenen und am 15. November 2001 eingefügten Ehrentafeln zum Gedenken an die Offiziere des 20. Juli 1944 vor den Ministerzimmern des Bundesministeriums der Verteidigung in Berlin sind als eindrückliches Zeugnis und Bekenntnis zum Deutschen Widerstand zu verstehen.

Die Kasernen der Bundeswehr tragen 23 Namen von Widerstandskämpfern, 27 Kasernen tragen Namen der Preußischen Reformer, 15 Kasernen erinnern an Politiker, die von 1918 bis 1933 und nach 1945 wirkten. Weitere elf Kasernen tragen die Namen von Künstlern, Wissenschaftlern und Schriftstellern.[192] Auch diese Namensgebungen zeigen, dass die Bundeswehr ihr Traditionsverständnis auf ein breites Fundament zu stellen bemüht ist, das über ein enges Blickfeld hinausweist.

Der Bundeswehr ist damit eine Orientierung gegeben, die Fragen nach ihrem Traditionsverständnis unmissverständlich beantworten lässt.

192 Vgl. im Anhang: Namensgebungen der Kasernen der Bundeswehr.

Die »Stiftung 20. Juli 1944«

Was Menschen dazu befähigt hat, sich aus der Umklammerung der Nazi-Diktatur zu lösen und Widerstand zu wagen, sollte uns alle interessieren. Freya Gräfin von Moltke sagte hierzu:

> Man muss viel mehr ins Menschliche gehen, wenn man die Geschichte befragt.[193]

Nimmt man diesen Hinweis ernst, fällt auf, dass die Rolle der Frauen im militärisch-konservativen Widerstand lange übersehen wurde.

Die 1985 ausgestrahlte Dokumentation »Die Frauen des 20. Juli« von Irmgard von zur Mühlen gab einem kleinen Teil der Witwen der am Widerstand aktiv beteiligten Männer zum ersten Mal eine Stimme. Der Film mit einfühlsamen Interviews durchbrach eine jahrzehntelange Isolation und konnte einem breiteren Publikum deutlich machen, dass hinter den Attentätern Menschen, Frauen und Kinder gestanden und diese mitgetragen haben. »Einsame Zeugen« wurden sichtbar.[194] Ein weiterer Dokumentarfilm derselben Regisseurin über »Kinder des 20. Juli – Erbe und Vermächtnis« (1987) erweiterte das Bild.

Dorothee von Medings Buch »Mit dem Mut des Herzens. Die Frauen des 20. Juli«, erschienen 1992, stellt in elf Gesprächen individuelle Lebenswege vor, die stellvertretend für viele andere Frauen der deutschen Widerstandsbewegung stehen.[195] Sie zeigen nicht nur ein Leben *mit*, sondern *aus* dem deutschen Widerstand, wie es Klemens von Klemperer, angelehnt an Marion York von Wartenburg, formulierte.[196] In den vorgestellten Partnerschaften wurden Grundüberzeugungen und Werthaltungen geteilt, die früh in Opposition zum Naziregime und später in den aktiven Widerstand führten. Christliche Überzeugungen, Glaubensbereitschaft und -stärke bildeten ein Fundament, das zur Ablehnung

193 Vgl. Freya Gräfin von Moltke, in: Dorothee von Meding (Hg.): Mit dem Mut des Herzens. Die Frauen des 20. Juli, Berlin 1992, S. 139.
194 Vorwort von Klemens von Klemperer, in: ebd., S. 7.
195 Emmi Bonhoeffer, Freya Gräfin von Moltke, Rosemarie Reichwein, Margarethe Gräfin von Hardenberg, Brigitte Gerstenmaier, Elisabeth Freytag von Lorringhoven, Marion Gräfin Yorck von Wartenburg, Charlotte Gräfin von der Schulenburg, Clarita von Trott zu Solz, Barbara von Haeften, Nina Gräfin Schenk von Stauffenberg.
196 Klemens von Klemperer, in: Meding: Mit dem Mut des Herzens (wie Anm. 193), S. 8. – Vgl. auch Marion York von Wartenburg: Die Stärke der Stille. Erzählung eines Lebens aus dem deutschen Widerstand, Köln 1985.

von systematischer Gewalt, Verfolgung und Unterdrückung als Mittel der Politik beitrug und diese Frauen später befähigte, das erlebte Leid zu ertragen und ein neues Leben zu beginnen.

Hitler wurde früh als »Vollstrecker des Bösen« (Hans-Bernd von Haeften) und »Antichrist« (Helmuth James von Moltke) erkannt. Die Verfolgung der politischen Gegner, die Vernichtung der Juden, die Existenz von Konzentrationslagern und die Kriegsverbrechen wurden nicht übersehen. Diese Erfahrungen sind und bleiben die entscheidenden Motive, gemeinsam den Weg in den Widerstand zu gehen und die damit verbundenen Risiken für das eigene Leben bewusst zu akzeptieren. Die Kraft der gegenseitigen Liebe, des unbedingten Vertrauens, der gemeinsame Glauben gaben ihnen die Kraft zum aktiven Widerstand und stützten den Entschluss, alles zu versuchen, um den verhängnisvollen Lauf der Geschichte zu beenden, notfalls auch durch das persönliche Opfer – stellvertretend für Andere.[197]

Angesichts dieser unbestrittenen Beiträge zum offiziell gewürdigten Widerstand vom 20. Juli erstaunen die Worte Freya von Moltkes von 1992:

> Wenn man älter wird, die Summe des Lebens zieht und sozusagen die Ernte einfährt, möchte ich dann schon ganz gerne als »aktives« Mitglied des Widerstandes anerkannt werden, was mir eigentlich bisher nicht gelungen ist.[198]

Ein Wunsch, der bis heute nicht in Erfüllung ging – für keine dieser Frauen.

Die filmische Dokumentation des Volksgerichtshof-Prozesses und der Verhandlungen des »Blutrichters« Roland Freisler, die nach dem gescheiterten Attentat einsetzten und in den meisten Fällen zur Verhängung und Vollstreckung von Todesurteilen führten, lässt ahnen, wie tief diese Ereignisse in das Leben der überlebenden Frauen und Familien der Widerstandskämpfer eingegriffen haben. Die Familien, die unmittelbar nach dem 20. Juli 1944 entweder eingekerkert oder in »Sippenhaft« genommen wurden, manche bis zum Ende des Krieges, erlebten zusätzlich zum Tode der Ehemänner und Väter die Grausamkeit der Nazi-Diktatur. Auch die Familien, die diesem Schicksal oftmals nur durch Zufall entgingen, waren isoliert und der existentiellen Not preisgegeben. Sie fanden sich als »Verräter-Frauen« und »Verräter-Kinder«[199] an den Rand der Gesellschaft gedrängt. Die Spuren der getöteten Widerstandskämpfer wurden von der Nazi-Bürokratie gelöscht, ihre Asche auf den Rieselfeldern vor Berlin

197 Vgl. Clarita von Trott zu Solz, in: Meding: Mit dem Mut des Herzens (wie Anm. 193), S. 187.

198 vgl. Freya Gräfin von Moltke, in: ebd., S. 131.

199 Vgl. ebd., S. 64, 206. – Madelung, Eva; Scholtyseck, Joachim: Heldenkinder – Verräterkinder. Wenn die Eltern im Widerstand waren, München 2007.

verstreut oder die Leichen an anonymen Orten verscharrt, so als hätte es diese Menschen nie gegeben.

Felicitas von Aretin, familiär verbunden mit Hennig von Tresckow, veröffentlichte 2004 ihr Buch über Enkel des 20. Juli 1944, worin die seelische und wirtschaftliche Lage der Frauen und Kinder des deutschen Widerstandes in detaillierter und bedrängender Genauigkeit dargestellt und belegt ist.[200] Eva Madelung und der Historiker Joachim Scholtyseck legten 2007 eine Studie vor, die sich insbesondere mit der seelischen Situation der Kinder beschäftigt.[201] Wie beide Publikationen zeigen, fanden Isolation und Auswirkungen der Verfolgung in der unmittelbaren Nachkriegszeit ihre Fortsetzung – eine heute kaum verständliche Entwicklung, die beschämend bleibt. Die danach zu beobachtende Zurückhaltung der Witwen, ihre Scheu und beharrliche Zurückgezogenheit, hatte ihre tiefere Ursache in dem Erleben neuer seelischer Beschädigungen und Verletzungen nach 1945.

Nicht alle Frauen waren von Anbeginn an in die Aktivitäten ihrer Männer im Widerstand eingeweiht. Dies geschah aus dem selbstverständlichen Wunsch, sie und die Kinder nicht zu gefährden. Nur wenige von ihnen – so Freya Gräfin von Moltke, Clarita von Trott zu Solz, Marion Yorck von Wartenburg, Margarethe Gräfin von Hardenberg, Rosemarie Reichwein, Annedore Leber und Erika von Tresckow – spielten eine aktive, unterstützende und beratende Rolle. Ab 1943 und 1944 aber wussten nahezu alle Frauen, dass ihre Männer auf den Umsturzversuch hinarbeiteten und sich in Lebensgefahr begaben. Keine von ihnen hat sich dem lebensbedrohenden Geschehen in den Weg gestellt.

Die heute zur Verfügung stehenden Lebensberichte der Frauen des Widerstandes zeigen, dass die innere Übereinstimmung, die menschliche Bindung und Befähigung zu Liebe und Treue, die Loyalität und eine geradezu übermenschliche Opferbereitschaft einen Schutzwall geschaffen hatten, der die Vorbereitungen und Versuche zum Attentat erst ermöglichte.

Die Tapferkeit, das Schweigen während der Haft, in den Verhören und der sodann einsetzenden Isolierung, ihr Ertragen alltäglicher Not – dies alles zeugte von und bezeugt weiter die Kraft der Liebe und des Gewissens. Ehrt man heute die Akteure, sollte auch das Leben, Denken und Tun der Frauen in und aus dem Widerstand gewürdigt werden.

Der Selbstmord, der Tod der Ehemänner, Familienmitglieder und Freunde in den Hinrichtungsstätten und Konzentrationslagern, die Verfolgung und die soziale Isolierung und Not lösten psychische und mentale Belastungen aus, die die Frauen, Kinder und Familien insgesamt zutiefst getroffen haben.

200 Felicitas von Aretin: Die Enkel des 20. Juli 1944, Leipzig 2004, insbesondere S. 7ff., 19ff.
201 Madelung/Scholtyseck: Heldenkinder – Verräterkinder (wie Anm. 199).

Trotz aller Glaubensstärke und moralischer wie politischer Zustimmung, die sich vom Urteil der Nazijustiz nicht erschüttern ließ, warf der Tod der Geliebten seinen Schatten auf das ganze nachfolgende Leben der Familien. Als die Verfolgung einsetzte, waren die Frauen die ersten, die gezwungen waren, die Spuren ihrer Männer zu verwischen: Schriftstücke, Briefe, letzte Zeugnisse des gemeinsamen Lebens mussten vernichtet und damit das eigene Leben aus existentiellen Verankerungen gerissen werden, die Trost und Heilung ermöglicht hätten. Schmerzende Vorwürfe an die eigene Adresse, nicht genug geholfen oder in den letzten Stunden nicht präsent gewesen zu sein, beherrschten das Denken der Hinterbliebenen. Der endgültige Verlust des über alles geliebten Mannes, Vaters der Kinder, Bruders oder Sohnes, die einen qualvollen Tod erleiden mussten, verursachte Traumata. In den allermeisten Fällen gab es keine Grabstätte, keinen Ort für Trauer und Gedenken.

Frauen, die den Selbstmord ihrer Männer selbst erlebt hatten, mussten ihre Männer beerdigen. Andere, deren Männer aufgehängt und ermordet wurden, blieben mit dem Erlebnis zurück, dass man ihnen selbst den Toten noch genommen hat. Kinder erlebten den Selbstmord ihrer Väter am Ort des Geschehens, andere erfuhren durch Todesboten, durch Rundfunk- und Zeitungsnachrichten, durch Zusendung der Benachrichtigung der Henker und durch Kostenrechnungen von der Liquidierung.

Die jüngsten der Kinder erlebten das Verschwinden der Väter ohne jede Begründung oder wurden im Ungewissen gehalten. Es galt zu überleben, und so errichteten viele Mütter eine Mauer des Schweigens, die in den meisten Familien über Jahrzehnte nahezu undurchdringlich schien. Es waren Schutzschilder, die ihnen und den Kindern helfen sollten, in der zerstörten Familie weiterzuleben.

Spricht man vom »Mut des Herzens« der Frauen und Mütter des Widerstandes, so ist das Schweigen, das Verschweigen des Leides, der wohl größte Beweis von Liebe und Fürsorge, Zeugnis auch des Willens, den Kindern ein neues Leben möglich werden zu lassen. Und dennoch übertrug sich das unausgesprochene Leid, die Trauer und der Verlust in bedrängender Weise. Es waren die Bilder der Toten, die ihren Platz einnahmen und zu sprechen begannen, unerreichbar und doch gegenwärtig. Solche Bilder schufen eine »Gegenwart der Vergangenheit«.[202]

So unerreichbar der Vater als »Held« für viele von uns auch sein mochte, so lebensmächtig wurde die Frage nach dem tatsächlichen Wesen, der Persönlichkeit, dem Leben und Tun der Väter – um der eigenen Identität willen.

Die Bilder der Toten waren es, die zuerst unbewusst und mit zunehmendem Alter zu einer bewussten Übernahme des Leidens, der Lasten, der Einstellungen

202 Ebd., S. 10.

und Empfindungen der Frauen und Mütter des Widerstandes auf die nachfolgenden Generationen führten. Auf Umwegen traten damit bedeutsame seelische Vorgänge aus dem Verborgenen hervor, Schatten und Licht, seelische Konflikte, die jeder für sich bewältigen musste oder auch nicht zu bewältigen im Stande war.[203] Wer wie ich die »menschliche Geschichte« der Frauen und Kinder des deutschen Widerstandes über Jahrzehnte verfolgt hat und die Schicksale der Familien genauer kennt, weiß, dass die seelische »Übertragung« des Leidens und der Verluste, Konflikte auslöste, die sich unmittelbar auf das Leben und Werden der Kinder auswirkten. Die einen reiften an den gemeinsam geteilten Erfahrungen, die anderen scheiterten an dem Bemühen, aus dem Schatten des Todes der Väter herauszutreten und ihr Leben in die eigene Hand zu nehmen. Dies ist der andere Teil der Geschichte von Diktatur und Widerstand, für den es keine Wiedergutmachung gibt.

Das Wissen um diesen leidvollen Teil der Geschichte förderte den Zusammenhalt der Familien und Angehörigen. Über alle menschlichen, religiösen und politischen Unterschiede und Auffassungen hinweg verbindet uns ein Band der Solidarität und Verantwortlichkeit füreinander, das bis heute spürbar ist. Die Stiftung 20. Juli 1944 ist der formale Ausdruck des gemeinsamen Willens der Angehörigen und Nachkommen, von sich aus und aus eigener Kraft für das Andenken und Vermächtnis dieser Widerstandsgruppen einzutreten.

Die existentielle Lage dieser Familien, die die Verfolgung durch das nationalsozialistischen Regime und das Grauen des Krieges überlebt hatten, war zunächst dieselbe, wie für das Gros unserer Landsleute. Die Vernichtung der Lebensgrundlagen wie Heimat, gesellschaftliche Stellung und materielle Sicherung teilten sie mit Millionen Mitbürgern. Hinzu kam aber eine grundlegende Infragestellung ihrer Legitimation als Angehörige und Nachkommen des Widerstandes, als »Zeugen des anderen Deutschland«.

Der Vorwurf des Landes- und Hochverrates hielt sich, so als sei Hitlers unmittelbar nach dem Attentat ausgesprochene Verdammung insgeheim weiter die allgemeine Meinung. Andererseits trat in Westdeutschland eine heute erschreckende Gleichgültigkeit angesichts der existentiellen Not zu Tage, in die viele Familien unmittelbar nach dem Attentat geraten waren und in der sie bis in die späten 1950er Jahre verharrten. Auf der einen Seite waren fast alle Witwen gezwungen, die Rolle und tatsächliche Mitwirkung der Ehemänner im Widerstand nachzuweisen, Testate ihrer Gesinnung und Mittäterschaft beizubringen und die Ursachen und Umstände ihres Todes zu belegen. Widerstand bedurfte der eidesstattlichen und notariellen Bezeugung.

203 Vgl. ebd., S. 11.

Selbst vor »Entnazifizierungsverfahren« scheuten Behörden in Einzelfällen nicht zurück.[204]

Auf der anderen Seite bedurfte es erheblicher verfahrensrechtlicher Anstrengungen, um den soldatischen oder beamtenrechtlichen Status der im Widerstand Beteiligten zu sichern oder gar zu verteidigen. Insbesondere kriegsbedingte Beförderungen kamen auf den Prüfstand, wie der Nachweis verfolgungsbedingter gesundheitlicher Belastungen sowie wirtschaftlicher, versorgungsrelevanter Verluste und Nachteile. Die durch diese Lage verursachte existentielle Not war ein Hauptgrund, die »Stiftung Hilfswerk 20. Juli 1944« ins Leben zu rufen.

Der Gründerkreis bestand aus Persönlichkeiten, die alle aktiv am Widerstand beteiligt gewesen und deshalb auch bereit waren, für »Angehörige des Widerstandes« einzutreten und diesen zu helfen: Carl Hans Graf von Hardenberg und seine Frau Renate, Elisabeth Strünck, Walter Bauer, Eugen Gerstenmaier und Fabian von Schlabrendorff. Sie waren es, die sich umgehend, energisch und nachhaltig der rechtlichen Verfahren und unterschiedlichen Versorgungsprobleme annahmen.[205]

Eine umfassende Darstellung der Stiftung Hilfswerk liegt bislang nicht vor; auch sind in den zurückliegenden Jahrzehnten Akten und insbesondere Versorgungsunterlagen verlorengegangen. Ein paar Zahlen sollen darum angeführt werden, aus denen hervorgeht, welche Bedeutung es für die Betroffenen hatte, Hilfe und Unterstützung zu bekommen.

Schon 1946 standen dreihundertfünfzig Personen auf der Liste der Hilfsmaßnahmen, die im Wesentlichen von privater Hand finanziert wurden. Dank des persönlichen Einsatzes von Jakob Kaiser, Josef Wirmers und Eugen Gerstenmaiers konnten dann zunächst 150 000 RM aus Bundesmitteln schnell und unbürokratisch zur Verfügung gestellt werden.

In England gründeten der mit Dietrich Bonhoeffer und Gerhard Leibholz eng verbunden gewesene Bischof Bell von Chichester und das Ehepaar Christabel und Peter Bielenberg den sogenannten »20. Juli Memorial Fund«. In den USA wurde das »Committee to Aid the Survivors of the German Resistance« gegründet, das Hilfspakete mit Nahrungsmitteln und Kleidern versandte.

1946 startete der Schweizer Arzt Dr. Albert von Erlach eine Hilfsaktion von Schweizer Familien, die dazu führte, dass 130 Kinder zu dreimonatigen

204 Vgl. Meding: Mit dem Mut des Herzens (wie Anm. 193), S. 229f., 267.

205 Vgl. Aretin: Die Enkel des 20. Juli 1944 (wie Anm. 200), S. 49ff. – Vgl. auch Christiane Toyha-Seid: Gralshüter, Notgemeinschaft oder gesellschaftliche pressure group. Die Stiftung Hilfswerk 20. Juli 1944 im ersten Nachkriegsjahrzehnt, in: Gerd R. Überschär (Hg.): Der 20. Juli 1944. Bewertung und Rezeption des deutschen Widerstandes gegen das NS-Regime, Köln 1994, S. 157ff.

Aufenthalten in der Schweiz eingeladen wurden, um gerade den jüngsten Nachkommen zu helfen. Eine Hilfsaktion, die bis heute unvergessen ist.

In den ersten Nachkriegsjahren war die Arbeit des »Hilfswerks 20. Juli 1944« vor allem davon bestimmt, die allerdringlichsten Nöte abzumildern und anwaltliche Unterstützung bei der Hinterbliebenenversorgung in den laufenden Verfahren zur Witwen- und Waisenversorgung – die sich noch über Jahre hinziehen sollten – unter allen relevanten Gesichtspunkten zu organisieren und zu gewährleisten. Eine weitere zentrale Aufgabe bestand darin, die am Widerstand Beteiligten und deren Familien gegen Diffamierungen zu schützen.

Zur Geschichte der Stiftung »Hilfswerk 20. Juli 1944« in den ersten Nachkriegsjahrzehnten seien aus den noch vorhandenen Sitzungsprotokollen nachfolgende Entwicklungen hervorgehoben[206]:

In einer ersten Sitzung des »Hilfswerks 20. Juli 1944«, wie die ursprüngliche Bezeichnung lautete, wurde am 17./18. August 1947 in Nörten-Hardenberg ein »Kuratorium« aus Persönlichkeiten gebildet, die alle aktiv am Widerstand gegen das NS-Regime beteiligt waren: Annedore Leber und, als deren Stellvertreter, Dr. Otto Lenz; Elisabeth Strünck (Emil Henk); Pater Augustin Roesch (Dr. Walter Bauer); Dr. Eugen Gerstenmaier (Dr. Collmer); Prof. Graf Stauffenberg (Prof. Gerhard Ritter) sowie Carl-Hans Graf Hardenberg (Hermann Freiherr von Lüninck). Als Geschäftsführerin wurde Renate Gräfin Hardenberg berufen. Fabian von Schlabrendorff wurde gebeten, das Hilfswerk als »Justitiar« zu beraten und notwendige Verfahren zu betreiben.

Professor Ritter erklärte sich bereit, Material für die spätere Darstellung der Geschichte des deutschen Widerstandes zu sammeln. Hierbei war allen Mitgliedern bewusst, dass es in Zukunft darauf ankommen würde, das »ideelle Streben« aller Gruppen des konservativ-militärischen Widerstands über politische und taktische Differenzen zu stellen, dem Vorwurf einer »Kollektivschuld der Deutschen« zu begegnen und denjenigen zu widersprechen, die den Widerstand in seinem gemeinsamen Zielen als »unbeachtlichen Dilettantismus« diskreditieren wollten.[207]

In der Sitzung vom 17./18. April 1948 wurde sodann die Umwandlung des »Hilfswerks« in eine steuerbefreite Stiftung vorbereitet und insbesondere darüber verhandelt, welche Wege zur Verbesserung der sozialen Situation der Familien des Widerstandes eingeschlagen werden müssen. Fabian von Schlabrendorff und Elisabeth Strünck wurden gebeten, die Satzung einer Stiftung zur Abstimmung vorzubereiten und die Regierung des Landes Hessen

206 Sitzungsprotokolle von 1947–1969, Aktenbestände der Stiftung 20. Juli 1944, Geschäftsstelle in der Gedenkstätte Deutscher Widerstand (Berlin).
207 Vgl. Protokolle vom September 1947, S. 2.

um die Genehmigung einer »Stiftung Hilfswerk 20. Juli 1944« zu ersuchen. Darüber hinaus ging es darum, für den »Betreutenkreis« die Anerkennung als »Opfer des Faschismus« und die Zahlung von Renten zu erwirken.

Weitergehende Überlegungen beschäftigten sich mit Vorschlägen zur Gründung einer überparteilichen und überkonfessionellen »Arbeitsgemeinschaft für Gegenwartsfragen« (Prof. Lampe) und mit der eventuellen Zusammenarbeit einer »Forschungsgemeinschaft: Das andere Deutschland«. Der Haushalt für Hilfsmaßnahmen belief sich per 15. April 1948 auf 135 395,82 RM.[208]

An der Sitzung vom 7. Februar 1949 in Wiesbaden nahmen als Gäste des zu erweiternden Kuratoriums neben Fabian von Schlabrendorff auch Marion Gräfin Dönhoff, Christabel Bielenberg, Gustav Dahrendorf, Ludwig Kaiser und Frau Lenz teil.

Die problematische Versorgungslage – der monatliche Finanzbedarf des Hilfswerks belief sich, nach der Währungsreform, auf sechstausend Deutsche Mark – stand ebenso im Vordergrund der Beratungen wie die Beschaffung von »Todeserklärungen« der im Widerstand Umgekommenen für die besonderen Verfahrensprobleme bei Gerichten und Verwaltungen. Die Hilfswerke der evangelischen Kirche und der Caritas wurden um ergänzende Hilfe gebeten.

Von besonderem historischen Interesse ist die monatliche Unterstützung von 100,– DM für die Ehefrau der früheren Reichskriminaldirektors Arthur Nebe sowie der Bericht von Frau Bielenberg über die in England gegründete Hilfsaktion für 1300 Familien des deutschen Widerstandes, Hilfsangebote des Industriellen August Oetker (Bielefeld) sowie die Prüfung von Anfragen zur Anerkennung der »Zugehörigkeit« zum Betreuungskreis des Hilfswerkes.[209]

Am 18. März 1949 wurde vom hessischen Kabinett die Rechtsform der Stiftung genehmigt. In der Sitzung vom 19. Oktober 1949 – der ersten nach Gründung der Bundesrepublik – wurde offen darüber verhandelt, wie die Geschäftsführung in Zukunft besetzt werden sollte, um den Verdacht einer »Bevorzugung aristokratischer Kreise« (Schlabrendorff) auszuschließen. Eugen Gerstenmaier lehnte eine solche Überlegung ab. Eine Einigung über ein Gnadengesuch für Ernst von Weizsäcker, den in Nürnberg am 14. April im sogenannten Wilhelmstrassen-Prozess wegen eines Verbrechens gegen die Menschlichkeit zu fünf Jahren Haft verurteilten, früheren Staatssekretär, konnte nicht erzielt werden.[210]

Von entscheidender Bedeutung war in dieser Zeit eine koordinierte und bundesweite Rechtsberatung der Hinterbliebenen und Überlebenden, um in einem ersten Schritt für die Aufhebung aller »Urteile« und »Strafen« zu sorgen,

208 Protokoll vom 17./18.4.1948.
209 Protokoll vom 7.2.1949.
210 Protokoll vom 19.10.1949.

die im Zusammenhang mit einer Beteiligung am 20. Juli 1944 gefällt und ausgesprochen worden sind. Von gleicher Wichtigkeit war die Vorbereitung eines Bundesgesetzes zur Wiedergutmachung in Zusammenarbeit mit dem Bundesjustizministerium durch Fabian von Schlabrendorff, um dringend notwendige Unterhaltzahlungen und Hilfen auf eine zuverlässige Grundlage zu stellen. Einigkeit bestand darüber, dass diese Regelungen keine Sonderrechte schaffen sollten, sondern für alle sonstigen Betroffenen des Unrechts des Nazi-Regimes Geltung haben müssten. Das Kuratorium wurde 1950 um Gustav Dahrendorf und Marion Gräfin Dönhoff erweitert. Der Geschäftführende Vorstand setzte sich zusammen aus Dr. Walter Bauer, Emil Henk und Dr. Otto Lenz.[211]

Die erneute Diskussion eines »Gnadengesuches« für Ernst von Weizsäcker führte in der Sitzung des Kuratoriums vom 4. Februar 1950 dazu, dass Fabian von Schlabrendorff gebeten wurde, »namens der im Hilfswerk 20. Juli 1944 vereinigten Hinterbliebenen und Überlebenden der deutschen Widerstandsbewegung« beim Hohen Kommissar für die Bundesrepublik, John J. McCloy, zu Gunsten von Ernst von Weizsäcker vorstellig zu werden. Dieses Eintreten sollte aber nicht als Gnadengesuch wirken.[212]

In der Sitzung vom 26. März 1952 wurde deutlich, dass die aus Bundesmitteln zugewiesenen Mittel für Hilfsmaßnahmen von 159 000 DM keinesfalls ausreichen würden, zumal zu diesem Zeitpunkt keinerlei rechtliche Regelungen für die Hinterbliebenenversorgung vorlagen. Für das Etatjahr 1952/53 wurde der Bedarf vielmehr auf 400 000 DM veranschlagt, für den sich Dr. Lenz und Dr. Wirmer in ihren jeweiligen Funktionen einsetzen sollten. Diese Zahlen zeigen, wie dringlich es war, zuverlässige Regelungen für alle Opfer des Nazi-Regimes zu erreichen, zumal bereits Pensionen an Menschen gezahlt wurden, die während der Nazi-Zeit Beamte geworden waren und sich zum Nationalsozialismus bekannt hatten.

Die Größenordnungen der Hilfen beliefen sich auf Beträge von zweihundertfünfzig D-Mark Rente pro Monat für Mütter und alleinstehende Personen und einhundert bis einhundertfünfzig Mark für Schulkinder.[213]

Insbesondere die Sitzungsprotokolle des Jahres 1953 spiegeln drückende Notlagen der Mehrzahl der Familien wider, die in Verbindung zum Widerstand

211 Protokoll vom 4.2.1950.

212 Protokoll vom 4. 2. 1959, S. 4. – Zum Persönlichkeitsbild von John J. McCloy vgl. Marion Gräfin Dönhoff: Menschen, die wissen, worum es geht, Hamburg [3]1976, S. 37ff.: Das Gewissen Amerikas. John J. McCloy. – Am 16. Oktober 1950 wurde der vormalige Spitzenbeamte im Auswärtigen Amt im Zuge einer allgemeinen Amnestie vorzeitig aus der Haft entlassen.

213 Die Protokolle vom 30.1.1953 und 26.3.1953 enthalten interessante Hinweise auf Notlagen einzelner Persönlichkeiten für die die Stiftung offenbar die einzige Anlaufstelle für Hilfen war (und zum Teil blieb).

gestanden haben und ohne die Hilfen der Stiftung über keinerlei Einkommen verfügt hätten. Deren begrenzten Mittel jedoch zwangen dazu, den Kreis der zu Betreuenden streng auf diejenigen Personen und Familien zu begrenzen, deren vormalige Väter, Ernährer und Familienmitglieder unmittelbar am aktiven Widerstand beteiligt gewesen sind oder Widerstandskämpfern Aufenthalt geboten oder zur Flucht verholfen hatten.[214] Vorsichtshalber sollten auch von allen »Beihilfeempfängern« eidesstattliche Erklärungen über ihre gesamten Vermögensverhältnisse und die rechtmäßigen Einkünfte verlangt werden, um diese dann bei der Bemessung von Hilfen zu berücksichtigen oder anrechnen zu können. Jeder Hilfsempfänger musste zusätzlich einer gesonderten Prüfung seiner Zugehörigkeit zum Widerstand unterzogen werden.[215]

Aus dem Protokoll der Sitzung vom 28. November 1953 ergibt sich, dass dem Senat von Berlin (West) vorgeschlagen wurde, Bundespräsident Heuss zu bitten, er möge im Folgejahr die Gedenkrede zum zehnten Gedenktag des 20. Juli halten, was auch geschah. Ebenso wichtig waren den Beteiligten ein Gottesdienst für beide Konfessionen durch die Geistlichen Poelchau und Buchholz und ein Zusammentreffen mit Kindern des Widerstandes, um diese mit der Geschichte und den vormaligen politischen Zielen ihrer Eltern vertraut zu machen. Die Rettung von Berichten, Lebenszeugnissen und sonstigen Dokumenten des Widerstande durch das Bundesarchiv (Koblenz) und die Rückholung Akten aus den Archiven der US-Regierung, die das Attentat betrafen, war wiederholt ein wichtiges Anliegen.[216]

Dieser Bitte wurde 1955 von der US-Regierung entsprochen, so dass die nach dem damaligen Leiter des Reichssicherheitshauptamtes der SS benannten »Kaltenbrunner-Berichte« – Verhörprotokolle der Geheimen Staatspolizei (Gestapo) nach dem 20. Juli 1944 – dann Schritt für Schritt der Forschung und Veröffentlichung zugänglich gemacht werden konnten.[217]

Versorgungsfragen gehörten auch 1955 zum Alltag der Stiftung.[218] Hinzu kam die Notwendigkeit, sich mit Verleumdungen des Widerstandes, z.B. durch Angeklagte frühere RSHA-Mitarbeiter im Huppenkothen-Prozess (Verleumdungsklage Dr. Seidl) auseinanderzusetzen.[219] Am Ende dieses Jahres wurde in Anbetracht hoher Kosten für die Gedenkfeier zum 20. Juli von rund siebentausend D-Mark und wegen großer Schwierigkeiten, Beihilfen des Bundes in ausreichendem Maße zu erhalten, bereits überlegt, die jähr-

214 Vgl. Protokoll vom 30.1.1953, S. 1ff.
215 Vgl. hierzu alle Protokolle der Sitzungen des Kuratoriums (Beweise, Unterlagen usw.).
216 Protokoll vom Januar 1954 (Sitzung vom 28.11.1953).
217 Protokolle vom 8.2.1955, 18.5.1955, 19.11.1955 (betr. Kaltenbrunner-Berichte).
218 Protokoll vom 11.12.1955 betr. »Englandfonds«, d.h. Hilfen aus England für die Stiftungsarbeit von rund 9000,– DM.
219 Protokoll vom 19.11.1955, S. 4.

lichen Gedenkveranstaltungen aufzugeben und auf eine Kranzniederlegung zu reduzieren.[220]

Die Protokolle der Jahre 1956 und 1957 zeigen die Zunahme von Notfällen und andauernde Finanzierungsprobleme bei der laufenden Arbeit, der Finanzierung der Gedenkveranstaltungen, der »Jugendtreffen«[221] sowie das Erfordernis, verstärkt um private Spenden bemüht zu sein. Im Januar 1956 berichtet Fabian von Schlabrendorff dem Kuratorium über die steigende Abneigung gegen den Widerstand des 20. Juli 1944 in der westdeutschen Öffentlichkeit und bei Behörden. Seinem Vorschlag entsprechend sollten »Mitglieder« der Stiftung durch Rundschreiben gebeten werden, alle Fälle der Diskriminierung und Verächtlichmachung zu melden, um Rechtsschutz gewähren zu können.[222] Als ebenso beunruhigend wurde die Wiederbeschäftigung der prominenten Nationalsozialisten Huppenkothen und Best bei der Firma Stinnes empfunden. Das Kuratoriumsmitglied Dr. Bauer wurde beauftragt, den Bundespräsidenten zu bitten, in seiner Neujahrsansprache den Widerstand vom 20. Juli 1944 und seine Opfer zu würdigen.

Die Gedenkfeier 1957, so die Vorankündigung des Bundes, sollte nicht durch eine »Sonderbeihilfe« unterstützt werden, so dass die Stiftung aus eigenen, dringend benötigten Hilfsmitteln die Finanzierung gewährleisten sollte. Für die notwendigen Aufwendungen, insbesondere Reisekostenzuschüsse für Angehörige, konnten auf Veranlassung des zuständigen Ministerialdirektors Dr. Anders schließlich Beihilfemittel des Innenministeriums genutzt werden.[223] In der Sitzung vom 25. Januar 1958 standen wiederum bescheidene Hilfsmaßnahmen auf der Tagesordnung.

Von historischer Bedeutung allerdings bleiben die Überlegungen, wie es durch ein Bundesgesetz gelingen könnte, die durch den sogenannten Ehrenrat der Wehrmacht nach dem 20. Juli 1944 verfügten Beschlüsse zur Ausstoßung der am Widerstand beteiligten Offiziere aus der Wehrmacht für ungültig zu erklären. Anlass dazu bot die Nachricht, dass Henning von Tresckows Freund, der an der Vorbereitung des 20. Juli 1944 beteiligte Major Joachim Kuhn[224]

220 Protokoll vom 19.11.1955: Von den Kosten von 6993,88 DM wurden vom Bundestag 1000,– DM, von Minister Jakob Kaiser 3000,– DM und vom Bundesministerium des Inneren 2000,– DM bezahlt. Private Spenden von Dr. Sperl und Dr. Birrenbach (Thyssen AG) halfen, die Kosten zu überbrücken.

221 Protokolle vom 1.2.1956 und 23.3.1957.

222 Protokoll vom 1.12.1956, S. 3.

223 Ebd.

224 Vgl. hierzu die Darstellung von Peter Hoffmann: Stauffenbergs Freund. Die tragische Geschichte des Widerstandskämpfers Joachim Kuhn, München 2007. Dieses Buch ist eine späte Ehrenrettung eines Freundes von Stauffenberg, der in geistiger Umnachtung und völlig verarmt gestorben ist. Die beschämende Behandlung seiner Person durch die Behörden trug maßgeblich zu seinem traurigen Lebensende bei.

im Bestreben, die gegen ihn gerichtete Ausschlusserklärung als ungesetzlich zu betrachten, beim Verteidigungsministerium keinen Erfolg hatte. Dieses stellte sich auf den Standpunkt, »dass dieser Ausschluss auch heute noch gültig« sei. Die Herren Wirmer und Schlabrendorff sollten eine Revision dieser Stellungnahme erbitten, was nicht gelungen ist.[225]

Wie schwierig und konfliktgeladen das Klima und Umfeld noch Ende der 1950er Jahre war, zeigte sich auch daran, dass das Münchner Unternehmen »Copress«, Rechteinhaber des NS-Verlages Hoffmann, von Annedore Leber für in ihren Büchern verwendete zeithistorische Fotografien – es handelte sich um Bilder der toten Widerstandskämpfer – Abdruckhonorare einforderte, obwohl die Aufnahmen von der Gestapo stammten. Es wurden Klagen vor dem Landgericht München ins Auge gefasst, um notfalls den Rechtsstreit vor den Bundesgerichtshof tragen zu können.[226] Der Copress-Verlag verzichtete dann schließlich auf seine »Forderungen«.

Ende 1958 beschäftigten sich das Kuratorium erneut mit dem Verfahren um die Rehabilitierung des Majors Kuhn. Besprochen wurden, laut Protokoll, auch eine Einbeziehung Otto Johns in den Kreis der Angehörigen der Stiftung, desgleichen juristische Schritte gegen Diffamierungen von Widerstandskämpfern (Gerstenmaier), Sozialgerichtsverfahren (Fall Stieff). Ferner ging es um in den USA liegende Aktenbestände der Gestapo und einen angeblich beim Bayrischen Rundfunk vorhandenen Film über die Hinrichtungen in Plötzensee nach dem 20. Juli 1944.[227]

Mit Wirkung vom 17. Dezember 1960 wurde die Satzung der Stiftung um einen neuen Paragraphen 2 ergänzt, wonach es zukünftig zu den Aufgabenbereichen des Hilfswerks gehören solle, »die Geschichte der Widerstandsbewegung zu erforschen und die Öffentlichkeit darüber aufzuklären«. Desgleichen verankert werden konnten die »Jugendtreffen«, deren erklärtes Ziel auch die historische Unterrichtung Jugendlicher war. Auch gab es nun einen Vorstand mit einem Vorsitzenden und zwei Stellvertretern, der durch Mehrheitsbeschluss zu entscheiden hatte. Der Charakter einer gemeinnützigen Stiftung wurde klargestellt.[228]

Wie wichtig diese Neufassung des Stiftungsauftrags war, wurde auf der Sitzung vom 6. Juli 1962 deutlich. Hierbei wurde beschlossen, Dr. Peter Hoffmann damit zu beauftragen, eine wissenschaftlich zuverlässige Abhandlung der Geschichte des 20. Juli 1944 zu erarbeiten, und hierfür eine monatliche

225 Protokoll vom 25.1.1958, S. 2, Ziffer 2.
226 Ebd., Ziffer 3.
227 Protokoll vom 9.10.1958, insb. S. 4f.; Protokoll vom 20.7.1959. Diese Filmaufnahmen sind bis heute nicht gefunden worden.
228 Vgl. Protokoll der Sitzung vom 17.6.1961 (Fassung vom 30.9.1961), S. 1.

Gehaltszahlung für zwei Jahre in den Etat eingestellt.[229] Dieser Auftrag führte 1969 zur Veröffentlichung von »Widerstand, Staatsstreich, Attentat«, dem Standardwerk zur Geschichte des deutschen Widerstands.[230]

In zum Teil mühsamen Debatten wurde verhindert, die Aufgaben der Stiftung auf unterschiedliche Organisationen zu verteilen und damit die Stiftung allein auf die Erfüllung karitativer Aufgaben zu reduzieren. Dies gelang durch die Einbeziehung des »Arbeitskreises 20. Juli 1944« in die Arbeit der Stiftung beziehungsweise die Verhinderung eines Arbeitskreises »Ethos der Männer des 20. Juli 1944«. Es gab Befürchtungen, dieser könnte sich als Rückschritt in der Wahrnehmung des geistigen Vermächtnisses des Widerstandes in seiner Breite erweisen; letztlich aber waren es finanzielle und konzeptionelle Probleme, die dessen Gründung verhinderten.[231]

Die mit der jüngeren Generation der Nachkommen geführten Aussprachen über die zukünftige Struktur der Stiftung und der Gedenkveranstaltungen, die insbesondere in den Jahren 1966 bis 1968 geführt wurden, führten im Ergebnis zu einer Verhinderung einer Politisierung der Gedenkveranstaltungen, die das Mandat der Stiftung überfordert hätte.[232] Ein wesentliches Ergebnis dieser Debatten um das Wesen der Stiftung jedoch war eine schrittweise Verjüngung der Stiftungsgremien, die die Generationsfolge in den Ämtern ermöglichte.[233]

Die Protokolle von 1961 bis 1968 zeigen in aller Deutlichkeit, dass die Stiftung nach wie vor gefordert war, ihren sozial-karitativen Auftrag zu erfüllen und Regelungen des Gesetzgebers und insbesondere der Finanzverwaltungen des Bundes und der Länder zu erreichen, die den jeweiligen Notlagen entsprachen. Auch in diesem Jahrzehnt waren Fabian von Schlabrendorff, Eugen Gerstenmaier sowie die Mitglieder von Vorstand und Kuratorium maßgeblich daran beteiligt, dass Lücken der Gesetzgebung (vor allem des Lastenausgleichs- und Bundesentschädigungsgesetzes) nach und nach ausgefüllt und Hilfen geleistet werden konnten, für die es keine ausreichenden juristischen Regelungen gab. Private Spender halfen in besonderen Notfällen wie auch bei den enormen Rechtsberatungs- und Verfahrenskosten, die im Versorgungsstreit anfielen.

Ein ständiges Bemühen der Stiftung in den 1960er Jahren war es, die Gedenkveranstaltungen zum jeweiligen 19. und 20. Juli des Jahres in Berlin (West)

229 Vgl. Protokoll der Sitzung vom 6.7.1962 (Fassung vom 15.7.1962), S. 2.
230 Hoffmann: Widerstand – Staatsstreich – Attentat (wie Anm. 17). Siehe dort Vorwort S. 13 und darin die Erwähnung der Förderer, die nach der Stiftung halfen, die Arbeit erfolgreich zu Ende führen zu können.
231 Vgl. insbesondere die Protokolle vom 25.6.1964 und 3.2.1965.
232 Vgl. die Pläne von Michael Maaß und Roland Reichwein, Protokolle vom 18.12.1966, 9.12.1967, 1.3.1968, 25.4.1968 und 6.5.1968.
233 Protokolle vom 22.10.1968 und 2.11.1968.

zu planen und zu gewährleisten. Von Sitzung zu Sitzung mussten Anstrengungen unternommen werden, um den Rang der Gedenkveranstaltungen zu sichern und eine »Herabstufung« zu verhindern. Die vertrauensvolle Zusammenarbeit der Stiftung und des Westberliner Senats hat sich gerade in diesem Jahrzehnt bewährt. Ende der 1960er Jahre waren das Fundament der Stiftung 20. Juli 1944 und die konsequente Erfüllung der Satzungsaufgaben gesichert, die bis heute verfolgt werden.

Im Einzelnen handelt es sich dabei um folgende Anliegen:

1. Die Bewahrung und Vermittlung des Vermächtnisses des deutschen Widerstandes, insbesondere durch die Mitgestaltung, Planung und Durchführung der jährlichen Gedenkveranstaltungen.
2. Die Anregung und Förderung der Erforschung und Vermittlung der Geschichte des deutschen und europäischen Widerstandes durch Tagungen, Publikationen, Ausstellungen.
3. Neue Initiativen für die Information der jüngeren Generation an Schulen und Hochschulen und durch Veranstaltungen der politischen Bildung.
4. Die Vertiefung und Erweiterung der Zusammenarbeit mit gleiche Ziele verfolgenden Institutionen und Organisationen.

Die Beratungsprotokolle des Kuratoriums der Stiftung Hilfswerk stellen insgesamt ein wichtiges Dokument für die Rezeptionsgeschichte des 20. Juli dar. Aus ihrer Sicht war die Nachkriegszeit in der Bundesrepublik Deutschland für die Wahrnehmung des deutschen Widerstandes, dessen politische und rechtliche Anerkennung ein »düsteres Jahrzehnt«. Politik, Justiz und Verwaltungen mussten mit großen Anstrengungen überzeugt werden, diesem Teil der Gegner und Opfer des Nazi-Regimes Gerechtigkeit widerfahren zu lassen und Hilfe bei sozialen Notlagen zu ermöglichen. Ohne die Bereitschaft der am Widerstand Beteiligten und mit dem Widerstand und den Familien der Widerstandskämpfer verbundenen Persönlichkeiten im In- und Ausland, aus eigener Kraft und Verantwortung selbstverantwortlich tätig zu werden, wären die hier geschilderten Probleme und Notlagen nicht oder zu spät in Angriff genommen worden.

Ein Rückblick auf die mehr als sechzigjährige Geschichte der Stiftung 20. Juli 1944 macht sichtbar, dass sie notwendig war, um existentielle Anliegen und konkrete Interessen des deutschen Widerstandes zu vertreten. Sie war eine soziale Hilfsorganisation und von Anfang an eine Vereinigung zur Bewahrung und Verteidigung des geistigen wie politischen Vermächtnisses des Widerstandes, ohne dass sie dafür einen Alleinvertretungsanspruch erhoben hätte. So wie sich der deutsche Widerstand zwischen 1933 und 1945 aus politisch wie gesellschaftlich unterschiedlichen und auch divergierenden Parteiungen und Gruppen rekrutierte, so war es naturgegeben, dass sich die Stiftung 20. Juli 1944, der Zentralverband demokratischer Widerstandskämpfer und Verfolgtenorganisation (ZDWV) und andere Vereinigungen je nach ihrer politischen Schattierung gründeten und spezifische Interessen vertraten. In Anerkenntnis der unterschiedlichen Entstehungsursachen und differenzierten Zielsetzungen wurde in der Bundesrepublik auch kein Versuch einer organisatorischen Zusammenführung der »Widerstandsorganisationen« unternommen, zumal ein solcher Versuch sicher gescheitert wäre.

Der Stiftung Hilfswerk 20. Juli 1944 und dem ehrenamtlichen Engagement der im Kuratorium und Vorstand der Geschäftsführung tätigen Menschen gebührt das Verdienst, dass Schicksal und Vermächtnis der Frauen und Männer des Widerstandes nicht dem Schatten der Vergangenheit anheimgefallen sind.

Der Weg zur Forschungsgemeinschaft

Die Stiftung Hilfswerk 20. Juli 1944 veranstaltete 1956 das erste Treffen der »Kinder des 20. Juli« auf Burg Liebenzell. Der Veranstaltungsort wurde von einer »Gesellschaft zur Förderung überkonfessioneller, überparteilicher und internationaler Zusammenarbeit« zur Verfügung gestellt, die sich aus menschlicher Zuneigung engagierte.

Daran nahmen dreiundsiebzig Jugendliche und junge Erwachsene im Alter zwischen sechzehn und sechsundzwanzig Jahren teil. Das Treffen sollte zum Kennenlernen beitragen und die Nachkommen mit dem geistigen Vermächtnis und der Geschichte dieses deutschen Widerstandes vertraut machen.

Die Referenten dieser ersten mehrtägigen Zusammenkunft waren der General der Panzertruppen a. D. Gert Graf von Schwerin, welcher mit seinen Soldaten im April 1945 noch vor der allgemeinen Kapitulation in Norditalien kapituliert hatte; auch war er maßgeblich an der »Himmeroder Denkschrift« als erstem Versuch der Neuorientierung der Bundeswehr nach dem Zweiten Weltkrieg beteiligt gewesen. Weitere Vortragende: Eberhard Zeller, Autor der 1953 erschienenen Würdigung des Widerstandes »Geist der Freiheit – Der zwanzigste Juli«[234], und Hans Karl Fritsche, persönlicher Referent des Präsidenten des Deutschen Bundestages, Eugen Gerstenmaier. Fritsche war als ehemaliger Offizier und Zugehöriger zum Infanterie-Regiment Nr. 9 dem deutschen militärischen Widerstand zuzurechnen.[235]

Für alle damals beteiligten »Kinder des deutschen Widerstandes« sollte sich dieses Jugendtreffen als prägend erweisen. Zum ersten Mal trafen sich die Kinder aus den soziologisch und politisch sehr unterschiedlichen Familien und wurden damit aus der vorherrschenden familiären Isolierung herausgeführt. Freundschaften bildeten sich, die ein Leben lang halten sollten und auch in späterer Zeit zu Ehen führten.

Allerdings bildete der Teilnehmerkreis die Breite des Widerstandes nicht wirklich ab. Kinder aus adeligen und Offiziersfamilien waren in der Mehrzahl. Unterrepräsentiert blieben die Nachkommen aus dem sozialdemokratischen

234 Eberhard Zeller: Geist der Freiheit. Der zwanzigste Juli, München 1953 (zahlreiche Auflagen).

235 Hans Karl Fritsche: Ein Leben im Schatten des Verrates. Erinnerungen eines Überlebenden an den 20. Juli 1944, Vorwort von Eugen Gerstenmaier, Freiburg i.B. 1984.

und gewerkschaftlichen Teil des Widerstandes, die zu einem Teil vom Zentralverband der deutschen Widerstandskämpfer und Verfolgten (ZdWV) betreut wurden. Kinder aus anderen Verfolgtenverbänden waren nicht eingeladen, zumal es zur damaligen Zeit keine funktionierende Zusammenarbeit zwischen den auch politisch divergierenden Organisationen von Opposition und Widerstand gegen des Naziregime gab. Die sich nach 1949 deutlich herausbildenden politischen »Lager«, die Ost-West-Konfrontation und sich entwickelnde politische Auseinandersetzungen um die politische Zukunft des geteilten Deutschland machten sich bemerkbar und übertrugen sich auch auf die heranwachsende junge Generation.

Diejenigen, die das erste Liebenzeller Treffen miterlebten, werden den ersten Abend im großen Burgsaal nicht vergessen haben, bei dem das Handeln, Leiden und Sterben der »Helden« des 20. Juli 1944 in bedrückender Weise beschrieben wurden. Der Vergleich mit den japanischen Rittern, den »Samurais«, hat viele der Anwesenden verstört. Heldenväter sind nun einmal abstrakte Größen und eben keine Menschen von Fleisch und Blut, mit Licht- und Schattenseiten, die zu begreifen um der eigenen Identität willen notwendig ist. Dies galt insbesondere für Jugendliche, denen die Väter als Schutz oder Widerlager in einem Lebensabschnitt fehlten, in dem sich die eigene Persönlichkeit herauszubilden beginnt.

Für die Jüngsten, die ihre Väter kaum mehr erlebt hatten oder sogar erst nach dem Tode der Väter geboren worden waren, sollte sich die Beteiligung an solchen Treffen viele Jahre später als ein besonderes Problem der Verarbeitung des Vaterbildes erweisen. Die schon erwachsenen Nachkommen sahen sich ihrerseits außer Stande, an die Stelle der schweigenden oder verschwiegenen Mütter zu treten, um ihre jüngeren Geschwister nachträglich über die Väter zu informieren. Bei einer nicht geringen Zahl der Älteren war das Wissen um die Väter und die noch geretteten Empfindungen ein ganz persönliches Gut, das ebenso wenig weitergegeben werden konnte wie bei den zurückgebliebenen Witwen die persönlichen Briefe und Zeugnisse des Lebens der Männer, die niemals preisgegeben oder der Forschung über Jahrzehnte nicht zugänglich gemacht wurden.

Zweifellos gab es diesen uneinholbaren und schwer vermittelbaren Erfahrungsvorsprung gegenüber den Spätgeborenen, ansonsten aber auch den Unterschied zwischen Prominenten und Sonstigen, der Täter- und Oppositionskinder, der Bekannten und Unbekannten. Hieraus folgten Unterschiede der gegenseitigen Wahrnehmung und Akzeptanz, die in unmittelbarem Zusammenhang mit politischen Differenzen in der Vergangenheit des Widerstandes ebenso standen wie mit politischen Auffassungsunterschieden der Nachkriegszeit. Die Heterogenität des Widerstandes in der Nazizeit und die politischen Meinungsunterschiede über den zukünftigen politischen Weg des Bundesrepublik erreichten die Nachkommen in unterschiedlicher Intensität und Brisanz, so als müssten die Nachkommen den Widerstand und seine internen Debatten fortsetzen. Es erfolgte eine interne Politisierung von Vergangenheit und Gegenwart, die sich später, im Verlauf der Jahre, deutlicher ausprägen sollte. Ein wirklicher Erfahrungsaustausch war in einem solch großen und heterogenen Kreis nicht möglich.

Ein weiteres Jugendtreffen auf Burg Liebenzell folgte 1957. Diesmal standen Prof. Arnold Bergsträsser und der Präsident der Deutschen Bundesbank, Karl Blessing, als Referenten und Gesprächspartner zur Verfügung. Fabian von Schlabrendorff sprach authentisch über zentrale Fragen des Widerstandes und bezog zu dessen rechtlichen Legitimität Stellung. Mit ihm sprach einer der wenigen Zeitzeugen und unmittelbar aktiv Beteiligten zu den Jugendlichen. Damit war eine direkte Brücke zum Widerstand geschlagen. Erst in den späten 1970er Jahren war es möglich, den Nachkommen der ersten und zweiten Generation die Begegnung mit am Widerstand aktiv Beteiligten wie Axel von dem Bussche und insbesondere mit den Witwen des Widerstandes zu ermöglichen, die sich nun endlich im Stande sahen, über ihr eigenes Schicksal zu sprechen. Im Verlauf der Jahre sind durch anhaltende Scheu und Zurückgezogenheit vielfach Begegnungen mit Zeitzeugen dann auch nicht mehr zustande gekommen, deren Stimme und Hilfe bei der Aufarbeitung der gemeinsamen Vergangenheit wertvoll und hilfreich gewesen wären.

Aus heutiger Sicht und auf dem Hintergrund heutigen Wissens um die Folgen traumatischer Prägungen durch Tod und Verfolgung der Opfer einer Diktatur wäre die Begleitung solcher Tagungen durch Psychologen und Seelsorger sinnvoll und fachgerecht gewesen, um gerade denjenigen der Nachkommen zu helfen, die sich aus dem »Einschluss« in Trauer und Schweigen nicht aus eigener Kraft befreien konnten. Die Unfähigkeit zu trauern hatte eine allgemein gesellschaftliche und zugleich auch interfamiliäre Dimension, die Täter, Mitläufer und Opfer der Diktatur gleichermaßen betraf und belastete.

War es in den ersten Nachkriegsjahren zuerst für alle Verfolgten- und Vertriebenenverbände wie auch für die Organisationen des Widerstandes vordringlich, sich der Milderung existentieller sozialer Notlagen und entsprechender Hilfsmaßnahmen zuzuwenden und sich hierauf zu konzentrieren, so stellte sich gegen Ende der 1960er und insbesondere in den 1970er Jahren eine zunehmende Politisierung der Arbeit ein. Anders als in den von der nationalsozialistischen Diktatur besetzten Ländern wie beispielsweise Italien, Bulgarien, Rumänien, Griechenland, Frankreich, Dänemark und Schweden gab es in der Bundesrepublik als Teil der geteilten Nation keinen aus dem Widerstand geborenen, streitlos gestellten, sakrosankten »Gründungsmythos«, der in den anderen Ländern die Widerstandsorganisationen, trotz aller Kämpfe in der Zeit des

Widerstandes gegen die Besatzungsmacht, zusammenschweißte und zusammenhielt. Deutschland-West hatte für sich den konservativen, militärischen, bürgerlichen, sozialdemokratischen, gewerkschaftlichen Widerstand. Deutschland-Ost reklamierte für sich den kommunistischen, antifaschistischen Widerstand. Und dies jeweils in eigener komplexer Mischung und als Teil des Bemühens um eine neue »nationale Identität«; ein reiches Feld für politisch intendierte Interpretationen und den dauerhaften Streit der Historiker um die wahre Legitimation des Widerstandes.

Das Für und Wider bei der Beurteilung der den Widerstand tragenden Kräfte und Persönlichkeiten, Historikerstreitereien zwischen qualifizierten, renommierten und weniger renommierten Wissenschaftlern und Publizisten, Prozesse gegen die Diffamierungen des 20. Juli 1944 als Hoch- und Landesverrat, Beleidigungsklagen, brisante Publikationen zur Bewertung des Widerstandes beförderten Orientierungsprobleme, die Jahr um Jahr wiederkehrten. Die Organisationen des Widerstandes selbst standen im Zuge dieser Entwicklungen öffentlicher Auseinandersetzungen unter einem ständigen Druck der Selbstbewahrung und der Selbstverteidigung, zugleich aber auch vor der Frage, über welches Mandat sie verfügten, um sich politisch zu positionieren und für die von ihnen vertretenen Angehörigen oder Mitgliedschaften legitimiert sprechen und notfalls prozessual handeln zu können.

Doch bei der Verfolgung der sozialen Anliegen schien ein hohes Maß an politischer Zurückhaltung geboten, um bei der Verwendung und Verteilung öffentlicher Mittel nicht in den politischen Streit zu geraten.

Die Vertriebenen-, Verfolgten- und Widerstandsorganisationen, welche über persönliche Mitgliedschaften und demokratisch strukturierte »Vereins-Verfassungen« und dadurch legitimierte Gremien und Vorstände verfügten, waren weitgehend beschluss- und sprechfähig und zugleich legitimierter Faktor. Anders verhielt es sich von Anbeginn an mit der Stiftung Hilfswerk 20. Juli 1944. Diese setzte sich für Menschen ein, die sich durch persönliche Bindungen als Angehörige der Stiftung empfanden, aber nicht durch satzungsmäßig geordnete Mitgliedschaften an die Stiftung angebunden und damit wahl- und mitbestimmungsrelevant verbunden waren.

Kuratorium und Vorstand der Stiftung waren ein »aliud«, eine sich selbst wählende und kooptierende Organisation ohne Mitgliederunterbau und damit mit einem Mandat aus eigenem Recht ausgestattet. Da eine demokratische Wählbarkeit nicht gegeben war, blieb die »Stiftung« in ihrem politischen Mandat beschränkt und ganz auf ihr diplomatisches Geschick verwiesen und angewiesen, selbst in kritischen Fragen ein größtmögliches Maß an Zusammenhalt der von ihr betreuten »Angehörigen des deutschen Widerstandes« zu bewahren und notfalls durch Kompromisse zum Ausgleich und zur Befriedung interner Meinungsverschiedenheiten beizutragen. Dieses »begrenzte Mandat«

fand seine Rechtfertigung in dem intellektuellen Niveau der Arbeit der Stiftung und zugleich in der Erfahrung aus vorgegebener Zurückhaltung gegenüber dem alltäglichen Streit, Autorität im Interesse der Erfüllung des Satzungsauftrages und zu der Bewahrung des Vermächtnisses des deutschen Widerstandes behaupten zu können.

Den menschlichen, sozialen Auftrag hat die Stiftung insbesondere als Treuhänder der ihr zur Verfügung gestellten öffentlichen Mittel und der ihr verfügbaren privaten, vergleichsweise geringen Spenden zu jeder Zeit erfüllt. Dafür wurde ihr auch Anerkennung zuteil. Ohne ihre über Jahrzehnte hinweg betriebenen menschliche und soziale Betreuung und Versorgung der Angehörigen wäre es nicht gelungen, deren Not sowie den Schmerz über Unrecht und Unglück abzumildern. Dies wird eine spätere wissenschaftliche fundierte Untersuchung zur sozialen Arbeit der Stiftung belegen können, soweit Versorgungsunterlagen nicht schon längst verloren gegangen sind (nicht zuletzt zum persönlichen Schutz der Betroffenen).

Die von der Stiftung Hilfswerk 20. Juli 1944 betriebene Arbeit zur Bewahrung der Geschichte des deutschen Widerstandes und seines Vermächtnisses fand ihren wichtigsten Ausdruck in den seit Ende des Zweiten Weltkrieges organisierten und zuerst alleinverantwortlich betriebenen Gedenkveranstaltungen und Familientreffen am 19. und 20. Juli eines jeden Jahres.

Unmittelbar nach Ende des Krieges hatte sich auf Initiative des Schwiegersohnes von General Friedrich Olbricht, des Verlegers Friedrich Georgi, der selbst am 20. Juli 1944 beim Oberkommando des Ersatzheeres im Bendlerblock anwesend war, in Berlin die »Arbeitsgemeinschaft 20. Juli 1944« gebildet. Erste Gedenkveranstaltungen führten 1952 unter Mitwirkung des Regierenden Bürgermeisters von Berlin (West) Ernst Reuter und mit Hilfe des Arbeitskreises und der Stiftung Hilfswerk 20. Juli 1944, repräsentiert durch Graf Hardenberg, im Hof des Bendlerblocks zur Grundsteinlegung eines Ehrenmals für den deutschen Widerstand durch die Witwe Luise Olbricht. Die Einweihung des Ehrenhofes mit weiteren Gedenkreden von Dr. Friedrich Georgi, Otto Lenz und Emil Henk für das Kuratorium der Stiftung erfolgte am 20. Juli 1953.[236]

1955 erfolgte sodann die Umbenennung der Bendlerstraße in Stauffenbergstraße mit einer Rede von Dr. Walter Bauer im Namen der diese Initiative tragender Persönlichkeiten. Der Ehrenhof im Bendlerblock als jener Ort, an dem dem gescheiterten Staatsstreich der Attentäter Graf Stauffenberg und weitere herausragende Widerständler erschossen wurden, wurde somit zum zentralen Ort der jährlichen Gedenkveranstaltungen.

236 Vgl. Ihr tragt die Schande nicht – Ihr wehrtet Euch. Broschüre zur Einweihung des Denkmals, Hg. v. Senator für Sozialwesen und vom Presseamt des Senats von Berlin, Berlin 1953.

Waren die Gedenkveranstaltungen und Gottesdienste in den ersten Jahren darauf ausgerichtet, die in der Zeit der Nazi-Diktatur vorhandene und wirkende Existenz eines »anderen Deutschland« zu bezeugen und die Erinnerung daran wachzuhalten, so entwickelte sich sehr bald aus dem Inhalt der Reden ein Forum der Interpretation, Auslegung und Neuformierung des politisch-historischen Selbstverständnisses bundesdeutscher Politik und nationaler Identitätsfindung. Die Lebensbilder, Lebenszeugnisse und Dokumente des Widerstandes verhinderten eine vordergründige Mystifizierung und Heldenehrung, die schwerlich durchzuhalten gewesen wäre.

Das breite Spektrum des deutschen Widerstandes sorgte dafür ebenso wie die kritische Wachsamkeit der Angehörigen, denen jede pathetische Überhöhung widerstrebte. Die Krieger- und Heldenverehrung der Diktatur hatte zu einer Entwertung der Symbole und Rituale geführt, die insbesondere den von den Grauen und Schrecken der Diktatur Betroffenen, den Überlebenden des Krieges bewusst und gegenwärtig war. Vor allem die Frauen und Witwen des Widerstandes fürchteten, als Staffage oder Kulisse der Unaufrichtigkeit, Verdrängung oder Leugnung der Wirklichkeit der Diktatur, des Krieges, von Vernichtung und Unterdrückung der Wahrheit des Holocaust missbraucht werden zu können. Die öffentliche Bekundung und die Offenbarung von Verletzungen widersprach dem Selbstverständnis dieser tapferen Frauen und ihrer Familien ebenso wie die platte, unbescheidene Darstellung von Stolz und Bestätigung der Männer als nationale Helden und Märtyrer. Die Zurückhaltung und Bescheidenheit der Frauen war die kritische Grenze, die eben nicht überschritten werden durfte, ohne sogleich Widerspruch wachzurufen.

Den Männern und Frauen der ersten Generation des ethisch und politisch motivierten Widerstandes war es bewusst, sich so oder so schuldig gemacht zu haben und dem eigenen Gewissen auf Dauer gegenüberzustehen.[237] Eine der Wahrheit verpflichtete Gewissenskultur versperrt dem Pathos den Zutritt. Wer dies übersieht, ist der falsche Redner am falschen Ort. Die vor den Gedenkveranstaltungen jeweils morgendlich stattfindenden Gottesdienste trugen dazu bei, sich dem »politischen Teil« des Gedenkens mit Demut und Distanz zu nähern.

Die Empfindsamkeit der Witwen und Nachkommen des deutschen Widerstandes resultierte ganz wesentlich aus der schon beschriebenen Zwiespältigkeit der die 1950er Jahre beherrschenden Auseinandersetzungen um die nationalsozialistische Vergangenheit und um Widerstand und Exil als dem »Gegenbild« eines »anderen Deutschland«. Die Prozesse um die Verleumdungen der Widerstandskämpfer als Landesverräter durch den Bundestagsabgeordneten

237 Vgl. Madelung/Scholtyseck: Heldenkinder – Verräterkinder (wie Anm. 199), S. 17ff.

der Sozialistischen Reichspartei, Wolfgang Hedler, vor dem Landgericht Kiel im Jahre 1949[238], die Prozesse vor dem Landgericht München um die strafrechtlichen Folgen des Handelns der beiden Vorsitzenden des SS-Standgerichts Walter Huppenkothen und Otto Thorbeck 1950 und der Remer-Prozess im Jahre 1952 vor dem Landgericht Braunschweig[239], ausgelöst durch das mutige Eintreten des hessischen Generalstaatsanwalts Fritz Bauer für die Legitimation des deutschen Widerstandes und die aus heutiger Sicht zu Teilen groteske publizistische Begleitung, hatten neue Verletzungen zur Folge.

Die Frauen und Nachkommen des Widerstandes erlebten allzu häufig, als Frauen und Kinder von »Landesverrätern« beschimpft zu werden. Die »kontaminierte Vergangenheit« (Eva Madelung) war allgegenwärtig und führte mit Recht zu der Besorgnis, dass Mitverantwortliche und Mitläufer des nationalsozialistischen Regimes ihrer Mitschuld entkommen und die Hoheit über die Abrechnung mit der Geschichte von Nazi-Diktatur und Widerstand gewinnen werden. Die Gefolgschaften der Nazis in den Strafverfolgungsbehörden, in der Richterschaft, in den Behörden und Verwaltungen waren allerorten erkennbar bis hinein in die Spitzen der Regierungen von Bund, Ländern und Gemeinden. Die Verweigerung, sich aufrichtig der Vergangenheit zu stellen, ist ein Kennzeichen westdeutscher Wirklichkeit der 1950er und 1960er Jahre.

Die Psychologen wissen, dass verschwiegenes Leid, die Erfahrungen der Vorfahren, auch derjenigen Vorfahren, die man selbst nicht mehr gekannt hat, weitergegeben werden und die Zukunft der Nachkommen entscheidend prägen können.[240] Die Einen ziehen sich in eine Art innere Emigration zurück, die Anderen bleiben beherrscht von Skepsis und Resignation gegenüber einem Neubeginn, der von Unaufrichtigkeit bestimmt ist. Die Diktatur, Verfolgung, Vernichtung und Vertreibung lassen ein Gedächtnis entstehen, das bewusst und zugleich unbewusst bestehen bleibt. Die Liebe und Loyalität der Verfolgten untereinander führt dazu, dass »Altlasten« der Eltern und Großeltern ebenso übernommen und übertragen wurden wie seelische Konflikte und lebensbestimmende Haltungen, Wertorientierungen und auch politische Einstellungen.

Der Holocaust, die Erfahrungen des Gulag, die menschenverachtende Realität der Diktatur, das Empfinden von Schuld und Scham, Verweigerungen der Wahrheit und Schweigen, überspringen Generationen ebenso wie Zeitgrenzen und können jegliche »Vergangenheitsbewältigung« als eine von Lügen be-

238 Vgl. die detaillierte Schilderung bei Aretin: Die Enkel des 20. Juli 1944 (wie Anm. 200), S. 61ff.

239 Vgl. ebd., S. 62ff.

240 Vgl. Madelung/Scholtyseck: Heldenkinder – Verräterkinder (wie Anm. 199), S. 10ff. – Vgl. auch Kurt Grünberg; Jürgen Straum (Hg.): Unverlierbare Zeit. Psychosoziale Spätfolgen des Nationalsozialismus bei Nachkommen und Tätern, Tübingen 2001.

herrschten Versuch der Befreiung von Schuld und Mitschuld erscheinen lassen. Es gibt kein wahres Leben in der Unwahrheit. Gerechtigkeit und Freiheit sind ebenso unauflösbar miteinander verbunden wie Wahrheit und Gewissen. Die Unruhe und Instabilität der späten 1960er Jahre hat ihren Urgrund in dem gespaltenen Bewusstsein und in den langfristigen Folgen der deutschen Katastrophe der Jahre 1933 bis 1945.

Die junge Generation der 1960er Jahre reagierte auf diese Lage und stellte neue Fragen, die neue Antworten nötig machten. Die »vergessene Generation«[241], die weitgehend allein mit den seelischen Hinterlassenschaften und Nachfragen hatte fertig werden müssen, meldete sich in allen Bereichen der Gesellschaft, also auch im Umfeld der Stiftung Hilfswerk 20. Juli 1944, zu Wort und ergriff eigenständige Initiativen, um Antworten für bis dahin nicht beantwortete Fragen zu erarbeiten.

Wer die Arbeit der Stiftung in den 1950er und 1960er Jahren sachlich zutreffend bewerten will, muss wissen, dass die sozialen Aufgaben der Versorgung und Betreuung der hilfebedürftigen Angehörigen des Widerstandes sowie die organisatorischen Erfordernisse für die jährlichen Gedenkfeiern und Familientreffen sowie die Jugendtreffen, die ehrenamtlichen Gremien von Kuratorium und Vorstand sowie die Geschäftsführung bis an die Grenze der verfügbaren Kapazitäten und Mittel belasteten. Die Haushaltsmittel wurden im Wesentlichen durch die sozialen Aufgaben und Organisationskosten aufgezehrt. Von Anfang an ließen sie weder eine ausreichende personelle Infrastruktur zu noch war es möglich, die für eine fortlaufende wissenschaftlich zureichende »Vermächtnis- und Gedenkarbeit« notwendige Grundlage aufzubauen und vorzuhalten.

Für eine intensive Begleitung psychisch in Not geratener Menschen gab es im gesamten Bereich der Verfolgtenorganisationen weder ausreichende Erfahrungen noch Mittel der Betreuung.[242]

So war es alleine dem Einsatz hilfsbereiter Spender zu danken, dass z.B. Jugendtreffen und gemeinsame Reisen ins Ausland wie nach Frankreich und Israel veranstaltet werden konnten.[243] Angesichts zunehmender Finanzprobleme und begrenzter Handlungsspielräume kann es nicht erstaunen, dass Aktivitäten, die über die Kernaufgaben hinausgingen, nicht dauerhaft durchgehalten werden konnten. Für eine zielgerichtete Förderung der wissenschaftlichen Er-

241 Vgl. Sabine Bode: Die vergessene Generation. Die Kriegskinder brechen das Schweigen, Stuttgart ^{5}2004.
242 Vgl. ebd., insb. S. 98ff. (Zur Rolle der Psychoanalyse), S. 230ff. (Kriegsschreiben), S. 247ff. (Kollektive Geheimnisse).
243 Vgl. Bericht über die Jugendtreffen 1956–1964 v. 14.11.1964 in den Akten der Geschäftsstelle der Stiftung 20. Juli 1944 (Berlin).

forschung der Geschichte des deutschen (oder gar europäischen) Widerstandes reichten die eigenen finanziellen Mittel ebenso wenig wie für eine wirkungsvolle Öffentlichkeitsarbeit. Ganz zu schweigen von der Rettung und Archivierung von Dokumenten.

Vor diesem Hintergrund wurde aus Anlass des 25. Gedenkens an den 20. Juli 1944 im Jahre 1969 die »Aktionsgemeinschaft 20. Juli« von Prof. Dr. Helmuth Krausnick, dem Münchner Verleger Gotthold Müller, von Ferdinand Franz von der Leyen und dem Journalisten Christoph Graf von Schwerin gegründet, um der Stiftung an die Seite zu treten und Defizite der Öffentlichkeitsarbeit zu beseitigen.[244] Trotz der ambitionierten, großangelegten Aktivitäten in Zeitungen und Zeitschriften und großzügiger Hilfe durch private Spender, Unternehmer und auch durch Zuschüsse aus Bundesmitteln der politischen Bildungsarbeit mussten diese Bemühungen innerhalb relativ kurzer Zeit wieder eingestellt werden. Ehrenamtliche Aufgaben dieses Formats lassen sich ohne organisatorische Infrastruktur nicht bewältigen.

Es zeigte sich auch, dass »PR-Kampagnen« dieses Anspruchs eine inhaltlich vorbereitete Öffentlichkeit benötigten, um dann erforderliche Unterstützung in der Wissenschaft, in den Kultusbehörden der Länder, in Hochschulen und Schulen zu finden. Und genau dies war nicht der Fall.

In den 1960er Jahren fanden die »Liebenzeller Jugendtreffen« keine Fortsetzung mehr, als sich zeigte, dass weder ein weiterer Bedarf an persönlichen Begegnungen dieser Art bestand noch diese dem sich damals deutlich verändernden politischen Großklima entsprachen. Am 20. Juli 1967 löste das Auftreten von Pfarrer Heinrich Albertz als Redner bei der Gedenkveranstaltung in Berlin (West) Proteste von Nachkommen aus dem sozialdemokratischen Teil und dem Kreisauer Kreis aus, die – ob nun zu Recht oder zu Unrecht – eine einseitige Politisierung der Gedenkveranstaltungen befürchteten. Die allgemeinen Unruhen um den Schah-Besuch und die eskalierenden Studentenunruhen zeigten auch im Umfeld des 20. Juli Wirkung.[245]

Die weitere Entwicklung der Gedenkfeiern machte deutlich, dass die Frage der Politisierung des Gedenkens immer wieder zum Gegenstand interner Auseinandersetzungen werden sollte, wie dies bei Rednern wie den Politikern Hans Karl Filbinger (CDU), Heiner Geißler (CDU) und Herbert Wehner (SPD) passierte, wobei letzterer sogar seine Zusage, als Redner bei einer Gedenkveranstaltung aufzutreten, zurückzog. Die politischen Werdegänge in der Nazi-Zeit, die parteipolitischen Konfrontationen insbesondere mit Blick auf innenpolitische Konflikte und die Ost-West-Spannungen, um das Verhältnis beider deutscher

244 Siehe hierzu im Einzelnen der Zielsetzungen und Aktivitäten Aretin: Die Enkel des 20. Juli 1944 (wie Anm. 200), S. 93ff.

245 Vgl. die detaillierte Darstellung ebd., S 97ff.

Staaten zueinander und die Neue Ost-Politik der sozialliberalen Koalition bildeten sich im Umfeld der Stiftung ebenso ab wie die stets schwierig zu klärende Frage, für »wen« und für »was« die Stiftung zu sprechen legitimiert sei.

Es darf in diesem Kontext auch nicht verschwiegen werden, dass sich Spannungen zwischen den konservativ-bürgerlichen und den sozialdemokratisch-gewerkschaftlichen Flügeln, zwischen konservativen wie reformatorischen Teilen des Widerstandes in einer Weise neu einstellten, die sich als ein eigentümlicher »Generationenkonflikt« darstellten, obgleich diese Konfrontation zwischen Rechts und Links, zwischen Militär und Parteiungen in der Gesellschaft in der letzten Phase des Widerstandes der Jahre 1943/44 – soweit ich sehe – kaum noch eine Rolle gespielt hatte. Nicht auszuschließen sind Spannungen, die daraus resultierten, dass die Gremien der Stiftung überwiegend aus den militärischen, eher konservativ-bürgerlichen Teilen des Widerstandes besetzt waren und somit die Verankerung im linksorientierten Lager des Widerstandes als unzureichend und unterpräsentiert empfunden wurde.

Dass damit zugleich Mitgliedern der Gremien der Stiftung Unrecht getan wurde, spielte hierbei ebenso wenig eine Rolle wie die Tatsache, dass von Anfang an wesentliche Teile des deutschen Widerstandes aus dem eher »linksorientierten« Lager der Stiftung selbstkritisch und skeptisch, distanziert und auch abwehrend gegenübergestanden hatten. Wiederkehrende Vorwürfe, der Gedenktag des 20. Juli 1944 sei in Wahrheit nur ein Gedenken an den militärischen Widerstand und das Attentat der Offiziere, wurden mit der Aufforderung verbunden, die Stiftung möge sich aus den Gedenkveranstaltungen zurückzuziehen, da die geistigen und idealen Elemente des Widerstandes bei dem Gedenken dieser Art sowieso nicht zum Ausdruck und zur Darstellung kommen könnten. Persönliche Verletzungen innerhalb und außerhalb der Gremien, von Älteren und Jüngeren blieben nicht aus, was der öffentlichen Beobachtung auch nicht entging. Es war dann der emotionalen Disziplin in den Gremien und insbesondere der damaligen Geschäftsführerin Gertrud Lampe zu danken, dass die Stiftung nicht in Selbstzerstörung verfiel.[246]

Der Vorstand der Stiftung griff von sich aus die Gespräche mit den jüngeren Nachkommen auf und veranstaltete 1970 Gespräche in Berlin (West) mit dem Ziel, insbesondere nach Wegen zu suchen, aus eigener Kraft die NS-Vergangenheit schonungslos aufzuarbeiten und den Widerstand in seiner ganzen Breite darzustellen.[247] Eine weitere Tagung auf der Burg Liebenzell folgte 1971 unter dem Themenspektrum »Gefeiert, historisiert, politisiert«. Die Arbeitspapiere von Helmuth Graf von Moltke, Ulrich Graf von Schack, Roland Reichwein sowie die Abschlussprotokolle von Rudolf Georgi, Rainer Harnack, Michael

246 Vgl. ebd., S. 97ff.
247 Vgl. ebd., S. 99.

Maaß, Alfred von Hofacker und Roland Reichwein führten jedoch nicht zu Ergebnissen, die ein in sich geschlossenes Konzept des weiteren Vorgehens im politischen Raum ermöglicht hätten. Der Wille, aus eigener Kraft an der Arbeit der Stiftung und selbständig an der Erforschung und Vermittlung der Geschichte des deutschen Widerstandes mitzuwirken, war erkennbar, bedurfte aber eines neuartigen, inhaltlichen und organisatorischen Konzepts.[248]

Das Arbeitstreffen reflektierte die erreichte große Ausdifferenzierung der aktuellen Fragestellungen an den deutschen Widerstand. Diskutiert wurde auch über bislang unbeachtete Widerstandsformen wie Sabotage in der Kriegswirtschaft, folgerichtig also auch über »Fremdarbeiter«. Kontroverse Auseinandersetzungen über die vermeintliche neue Faschismusgefahr und Widerstandsformen angesichts solcher Bedrohungen, über Anti-NPD-Kampagnen, die Haltung der Stiftung zu den Parteien, schließlich Vorschläge zu Seminaren, politischer Aufklärungs-Projektarbeit, Schulbuch-Initiativen u.a.m. ließen deutlich werden, dass die Stiftung als politische Gruppe keine Zukunft haben konnte. Die Heterogenität des Widerstandes 1933–45 fand damit ihren Widerhall und löste sofort neue Kontroversen aus, die auf der Basis der dargestellten Vorschläge nicht zu befrieden waren.[249]

Auf Einladung der Stiftung fand Ende Oktober 1971 ein weiteres Seminar in Glashütten statt, das sich auf Fragen des politischen Engagements der Nachkommen des Widerstandes richtete. Der Autor dieser Zeilen referierte zu den politischen Schwerpunkten der CDU, Nikolaus Graf von Hendrikoff (damaliger Ehemann von Liselotte von Hofacker) erläuterte Positionen der SPD, Werner Steltzer (Sohn von Theodor Steltzer) reflektierte Sinn und Grenzen politischen Engagements. Die sich an die Referate anschließenden vielstündigen Diskussionen mündeten in inkommensurable politische und menschlich disparate Auseinandersetzungen, die vermeintliche Gemeinsamkeiten ebenso in Frage stellten wie die durch gemeinsame Schicksale eigentlich notwendige Zusammengehörigkeit. Das Gift eines ideologisch aufgeladenen politischen Großklimas von Rechts gegen Links, Reaktion vs. Fortschrittlichkeit, Vergangenheitspolitik und zukünftigem Aufbruch – um nur einige der seinerzeit allgegenwärtigen Schlagworte zu nennen – trübte die menschlichen Beziehungen ein und führte zu der Einsicht, dass auf solcher Basis keinesfalls weitergearbeitet werden konnte. Die Enttäuschungen des Treffens von Glashütten waren Anlass für das Bemühen, neue organisatorische Wege zu finden.[250]

Dazu trat die Erkenntnis, dass auch im weiten Kreis der Nachkommen die geschichtlichen Kenntnisse über den Widerstand unzulänglich waren. Darum

248 Vgl. ebd., S. 100f.
249 Vgl. ebd., S. 101f.
250 Vgl. ebd., S. 102.

veranstaltete die Stiftung nun zwei weitere »Arbeitsseminare« mit renommierten Historikern und Politologen. Die erste Tagung in Schmitten 1972 stand unter dem Thema »Der kommunistische Widerstand im Dritten Reich. Seine Motive, Ziele und Aktionen im Vergleich zum konservativen Widerstand«. Prof. Dr. Wolfgang Abendroth (Universität Marburg) referierte zum ersten Teil als Wissenschaftler und Zeitzeuge. Unvergesslich bleibt allen Teilnehmern die unter Tränen verdeutlichte Verzweiflung über die Uneinigkeit und die verheerenden Kämpfe des linken Lagers vor der Nazi-Diktatur, die ganz maßgeblich zur Machtergreifung beigetragen hatten. Die zweite Tagung 1973 stand unter der Überschrift »Die Entstehung des Faschismus und seine Herrschaftsformen«.

Summiert man die Jugendseminare und Arbeitstagungen der Stiftung, so ermöglichten sie zum einen Begegnungen der Kinder und Enkel. Zum anderen geriet die Stiftung mit diesen Tagungen auch an die Grenzen ihrer Leistungsfähigkeit und ihrer Autorität, eine auf Dauer tragfähige Brücke zwischen den Generationen bauen zu können. Eine Möglichkeit, die Stiftung in einen »quasipolitischen Verein des Widerstandes« umzuwandeln, gab es nicht. Damit wäre wohl die Existenz der Stiftung in Frage gestellt oder sogar – durch ein selbst reklamiertes politisches Mandat für den Widerstand – deren Auflösung herbeigeführt worden. Hierzu hätte es auch keine Mehrheit in den Gremien der Stiftung und keine Zustimmung der Bundesregierung gegeben, in deren Auftrag insbesondere die sozialen Aufgaben zu erfüllen waren.

Das Ausscheiden Fabian von Schlabrendorffs und Eugen Gerstenmaiers aus den Gremien der Stiftung, Verärgerungen im Kreise der Gründer und politisch maßgeblicher Überlebender aus dem Kreise der aktiven Widerstandskämpfer zeigten Grenzen auf, die zu berücksichtigen waren, wollte sie ihren Satzungsaufgaben und vor allem ihrem nach wie vor wichtigen sozialen Auftrag nachkommen. Der »heterogene« Widerstand forderte den Preis der politischen Neutralität ebenso ein wie politisches Geschick bei der Wahrnehmung einer Repräsentations- und Sprecherrolle im Interesse aller Angehörigen der Stiftung und gegenüber allen Parteien, dem Bundestag und der jeweiligen Bundesregierung und dem Bundesinnenministerium, über das der »Kernhaushalt« der Stiftung geleitet wurde. Im Parlament, bei Parteien und Bundesregierung verfügte die Stiftung weiterhin über hohes Ansehen. Dafür sorgte das Renommee der Persönlichkeiten in den Gremien.

Die Tagungen von Glashütten und Schmitten zeitigten – nach vielfachen internen Auseinandersetzungen, fruchtbaren Konzeptansätzen und Organisationsentwürfen – im Verlauf der Jahre 1971–73 dann ein positives Ergebnis, das ohne Konflikt mit der Stiftung erarbeitet werden konnte.[251] Diese Jugendtreffen und Seminare schufen im Verlauf weiterer Gespräche mit dem

251 Vgl. ebd., S. 103ff.

Vorstand der Stiftung ein Klima der Bereitschaft, nach tragfähigen Lösungen für neue Arbeitsweisen zwischen der Stiftung und dem Kreis von jüngeren Angehörigen zu suchen. Ziel war es hierbei, die Defizite des historischen Wissens zu schließen und neue Initiativen zur Erforschung der Geschichte des Widerstandes in Deutschland und in den von Hitlerdeutschland besetzten europäischen Ländern zu ermöglichen.

Gab es auch Widerstände gegen neue organisatorische Konzepte, insbesondere außerhalb der Gremien, so war die Mehrheit der Mitglieder der Gremien der Stiftung doch offen für Wege, die die Gemeinsamkeit gewährleisten und eine institutionelle Konkurrenz ausschließen können. Hilfreich erwies sich hierbei, dass die Stiftung bei ihren Berufungen in das Kuratorium schon Anfang der 1960er Jahre jüngere Angehörige berücksichtigt hatte, die zum Kreis der Teilnehmer der Jugendtreffen gehörten[252] – eine wichtige Voraussetzung für ein vertrauensvolles Vorgehen und notwendige Entscheidungen. Der Vertretungsanspruch der Stiftung für die Erfüllung ihrer satzungsmäßigen Aufgaben war von Anbeginn an nicht in Frage gestellt.

Die Gefahr eines dauerhaften Generationenkonflikts, der innovativer Vorgehensweisen bei der Erforschung und Vermittlung des Widerstandes behindern und die Stiftung selbst beschädigen würde, war Persönlichkeiten wie Dr. Rainer Goerdeler, Ludwig Freiherr von Hammerstein, Eberhard Bethge und der Geschäftsführerin Gertrud Lampe wie auch den Nachfolgern in den Gremien überaus gegenwärtig. Die jüngeren Mitglieder im Kuratorium wussten, dass es ohne die konstruktive Zusammenarbeit mit der Stiftung kaum möglich sein würde, eine stabile Legitimation für eine neue Organisation ausweisen zu können. Entgegen manchen anderslautenden Darstellungen ging es eben nicht um Konkurrenz, sondern um eine sinnvolle Ergänzung gemeinsam als sinnvoll erachteter Anstrengungen. Den Gesprächspartnern war klar, dass die Unterschiedlichkeiten der Lebensschicksale, die Spannbreite der Repräsentanten und Gruppen des Widerstandes, die Virulenz divergierender Empfindungen und politischer Auffassungen Lösungen notwendig machten, die eben keine politischen Auseinandersetzungen auslösen oder politisch einseitige Besetzungen des Widerstandes provozieren würden. Auf eine Zerreißprobe wollte es niemand ankommen lassen.

In der historischen Forschung der 1960er und 1970er Jahre zeichnete sich bereits eine grundlegende Erweiterung des Widerstandsbegriffs ab. Bis dahin waren weite Bereiche des Widerstandes aus politischen Gründen unterbewertet oder vernachlässigt worden. Deren Vertreter und Sachwalter wollten allein schon deshalb nicht in einem Atemzug mit dem militärischen oder bürgerlich-konservativen Widerstand genannt werden. Sie fanden sich mit den Gedenk-

252 Rüdiger von Voss, Alfred von Hofacker.

feiern nicht ausreichend gewürdigt. So wie die Zusammenschlüsse im Gedenken an die Münchner Studenten der »Weißen Rose« von Anfang an ein Eigenleben führten, so standen auch die Gefolgschaften des Kreisauer Kreises, das Umfeld des Freiburger Kreises und nicht zuletzt das Umfeld des sozialdemokratischen, gewerkschaftlichen Widerstandes, ganz zu schweigen vom »antifaschistischen« kommunistischen Widerstand, in Distanz und partiell verfestigter Ablehnung den Gedenkveranstaltungen und den damit verbundenen politischen Interpretationen des Widerstandes als Teil der geistigen und gesamtstaatlichen Identität der Bundesrepublik Deutschland gegenüber.

Es gab Spannungen und Differenzen, die bis heute virulent sind.

Was war zu tun? Die Stiftung stand neuen Konzepten nicht im Wege, sondern gab zu erkennen, dass sie im Geist der Kooperation, bei begrenzten Kräften und Mitteln, mithelfen würde, den Anliegen der jüngeren Nachkommen ihres Angehörigenkreises zu entsprechen. In voneinander unterscheidbaren Strukturen sollte der Versuch gemeinsamer Aktivitäten unternommen werden.

Losgelöst von dem Stimmungsumfeld der Stiftung und dem kleinen Kreis von älteren und jüngeren Angehörigen, die von persönlichen Animositäten gegen die sich abzeichnenden Aktivitäten gelenkt waren[253], wurde sodann von einer Gruppe miteinander seit Jahren befreundeter und verwandtschaftlich verbundener Nachkommen des Widerstandes[254] am 20. Juli 1973, anlässlich der Gedenkveranstaltungen in Berlin (West) die Gründung der »Forschungsgemeinschaft 20. Juli 1944« öffentlich verkündet und mit der entsprechenden PR-Arbeit erläutert.[255]

Nach einfühlsamer Beratung durch Rechtsanwalt Ulrich Biel[256] wurde sodann am 26. August eine Satzung beschlossen. Die Forschungsgemeinschaft definierte sich als gemeinnütziger Verein mit Sitz in Berlin (West) als Gast des Paul Parey Verlages, dessen Leiter, Dr. Rudolf Georgi, als Schriftführer fungierte. Neben ihm gehörten dem Präsidium an: Rüdiger von Voss, Bonn, als Vorsitzender; Alfred von Hofacker, München, als Stellvertreter; als Programmgestalter Michael Maaß, Berlin (West) sowie Dr. Peter Kaiser, Münster, als Schatzmeister.

Die inhaltliche, vereinsrechtliche demokratische Struktur der Forschungsgemeinschaft ergab sich aus den Regelungen der Paragraphen 1–9 der Satzung.

253 Aretin: Die Enkel des 20. Juli 1944 (wie Anm. 200), S. 98f., 103ff.

254 Rüdiger und Monica von Voss, Alfred und Marion von Hofacker, Peter und Ulrike Kaiser, Michael Maaß, Rudolf Georgi.

255 Vgl. die knappe Darstellung bei Aretin: Die Enkel des 20. Juli 1944 (wie Anm. 200), S. 103ff.

256 Ulrich Biel, jüdischer Herkunft, 1934 nach Amerika emigriert, nach Kriegsende politischer Berater des amerikanischen Kommandanten in Berlin, Lebensgefährte von Marion Gräfin von Wartenburg. Vgl. Meding: Mit dem Mut des Herzens (wie Anm. 193), S. 193.

Danach existierte mit der Forschungsgemeinschaft nunmehr zusätzlich zur Stiftung Hilfswerk eine zweite Institution zur Bewahrung des Erbes des 20. Juli, deren Ziele mit jenen der Stiftung übereinstimmten. Die Satzung regelte die Zusammenarbeit mit dieser. Die Forschungsgemeinschaft sollte von einer Mitgliedschaft getragen werden, die über den Kreis der Nachkommenschaft der Frauen und Männer des deutschen Widerstandes hinausreichen würde. Die wichtigsten Regelungen für ihre Arbeit sind:

> § 2 Vereinszweck
> Die Forschungsgemeinschaft setzt sich zur Aufgabe, nach dem Grundsatz der Freiwilligkeit und unter Ausschluss von parteipolitischen, konfessionellen, beruflichen und rassischen Gesichtspunkten folgende Zwecke und Ziele zu verfolgen:
> 1. Erforschung der Geschichte der Widerstandsbewegung gegen das Nazi-Regime in Deutschland und in den ehemals von dem Nazi-Regime besetzten Ländern, um ihre Bedeutung in der Öffentlichkeit wach zu halten.
> 2. Die Vergabe von Forschungsaufträgen und Herausgabe von Forschungsergebnissen und sonstiger mit dem Vereinszweck in Zusammenhang stehender Publikationen.
> 3. Die Durchführung von Vorträgen, Seminaren, Kolloquien und ähnliche Veranstaltungen.
> 4. Die Forschungsgemeinschaft macht es sich zur besonderen Aufgabe, die Arbeit der Stiftung »Hilfswerk 20. Juli 1944«, Frankfurt am Main, während der Zeit ihres Bestehens zu unterstützen, soweit diese Aufgaben gemäß den Ziffern 1 bis 3 den Vereinszweck erfüllen.
> 5. Die Forschungsgemeinschaft verfolgt diese Ziele ausschließlich und Sinne der Gemeinnützigkeitsverordnung vom 24. Dezember 1953. Etwaige Gewinne dürfen nur für die satzungsmäßigen Zwecke verwendet werden.

Zu dieser Aufgabenstellung, die insbesondere in den Paragraphen 2 und 4 der Satzung definiert worden ist, waren unter Berücksichtigung der über Jahre andauernden Debatte über das Selbstverständnis der Stiftung, ihrer Arbeit und die divergierenden Auffassungen der Angehörigen der Stiftung und der Teilnehmer der Jugendtreffen und Seminare weitere Erläuterungen notwendig. So wurde festgelegt, dass die Forschungsgemeinschaft ihre Anliegen nach dem Grundsatz der Freiwilligkeit und unter Ausschluss von parteipolitischen, konfessionellen, beruflichen und rassischen Gesichtspunkten die Zwecke und Ziele des Vereins verfolgen wolle (Vorspann zu Paragraph 2). Mit aller Klarheit wurden mit dieser Inhaltsbestimmung Konsequenzen aus den heftigen Meinungsunterschieden der Vorläuferdebatten gezogen. Die Arbeit des Vereins sollte davor bewahrt werden, einseitig von einzelnen Gruppierungen in Anspruch genommen oder sogar besetzt zu werden. Dies galt vor allem sowohl für parteipolitisch einseitige Interessen als auch, so würde man dies heute formulieren, für »fundamentalistische« ideologische und auch konfessionelle Überzeugungen. Hinter der Wortwahl »rassische Gesichtspunkte« stand zugleich das Ziel, »antijüdischen« Affekten begegnen zu können und sich für den Dialog mit den Vertretungsorganisationen der jüdischen Mitbürger produktiv zu öffnen, zumal die Verfolgung und Vernichtung der Juden gerade der Akzeptanz und Wahrnehmung des Widerstandes im Wege stand und steht.

Das zur Voraussetzung für eine Mitgliedschaft erhobene Eintreten für »eine freiheitliche, demokratische und antifaschistische Grundordnung« (Paragraph 4, 1. Absatz) spiegelte die Erfahrung wider, dass in Zukunft Brücken zu den Teilen des Widerstandes geschlagen werden müssten, die sich dem »antifaschistischen Widerstand« verbunden und verpflichtet sahen. Die Bereitschaft zur Einbindung schloss jede Konzessionsbereitschaft gegenüber politischen Bestrebungen aus, die die Ordnung des Grundgesetzes aus historisch-ideologischen Gründen ablehnten. Die handfesten Probleme bei der Bewertung des »Bundes Deutscher Offiziere« und des »Nationalkomitees Freies Deutschland« waren den Satzungsgebern ebenso bewusst wie die streitige Auseinandersetzung um den kommunistischen Widerstand in beiden Teilen der geteilten Nation.

Zum Verständnis dieser Satzungserläuterungen (Ziffern 1 und 2) und der hierin zum Ausdruck kommenden Haltungen muss – wenigstens andeutungsweise – auf die Spannbreite der biographischen Hintergründe und politischen Erfahrungen des Gründerkreises der Forschungsgemeinschaft eingegangen werden: Rüdiger von Voss[257], Alfred von Hofacker[258], Rudolf Georgi als Enkel von General Friedrich Olbricht[259] – wir kamen aus Offiziersfamilien; Peter Kaiser entstammte dem gegen den Nationalsozialismus gerichteten Bürgertum[260], Michael Maaß[261] dem sozialdemokratischen, gewerkschaftlichen Widerstand. Die politischen Werdegänge unserer Vorfahren reichten vom konservativen, nationalkonservativen bis zum liberalen, sozialdemokratischen, gewerkschaftlichen Spektrum, das zu Teilen auch Haltungen politische Einstellungen und Fehleinschätzungen des ausgehenden Kaiserreichs, der Weimarer Republik und der Jahre 1933–45 beinhaltete und widerspiegelte.

257 Vgl. zu den biographischen Hintergründen: Gerhard Ringshausen: Hans-Alexander von Voß. Generalstabsoffizier im Widerstand. 1907–1944, Berlin 2008.

258 Vgl. Alfred von Hofacker: Cäsar von Hofacker. Ein Wegbereiter für und ein Widerstandskämpfer gegen Hitler, ein Widerspruch?, Göttingen 2010. – Vgl. auch Gerhard Ringshausen: Widerstand und christlicher Glaube angesichts des Nationalsozialismus, Berlin 2007, S. 391ff., Kap. XI: Cäsar von Hofacker.

259 Hoffmann: Widerstand – Staatsstreich – Attentat (wie Anm. 17), Stichwort Olbricht.

260 Ebd., Stichworte Hermann Kaiser, Ludwig Kaiser.

261 Ebd., Stichwort Hermann Maaß. – Sigrid Grabner; Hendrik Röder (Hg.): Im Geist bleibe ich bei Euch. Texte und Dokumente zu Hermann Maaß, Potsdam 1997, Berlin ^{2}2003.

Die jahrelangen internen Gespräche und Auseinandersetzungen und die Vorbereitung gemeinsamer Aktivitäten hatten unser Bewusstsein um Schuld und Mitschuld, um versäumte Wachsamkeit und Verantwortung, um fortdauernde Vorbehalte und Mängel in der kritischen Behandlung der Vergangenheit geschärft. Angesichts der andauernden öffentlichen Debatten in der Bundesrepublik um die Nazi-Vergangenheit nach der langjährigen Tabuisierung von Wahrheiten wie auch der Misserfolge und Erfolge des deutschen Widerstandes war den Mitstreitern der Forschungsgemeinschaft klar, dass die in Aussicht genommenen Aufgaben nur mit einem hohen Maß an Kritikbewusstsein und Offenheit, also auf dem Boden eines kritischen Dialogs und der Toleranz gegenüber widerstreitenden Meinungen zu lösen sein würden. Eine vordergründige »Heldenverehrung« war auszuschließen, da dies eine Neugewinnung von Erkenntnissen über die faktischen Wahrheiten ebenso unmöglich gemacht wie die Glaubwürdigkeit des Bemühens geschwächt hätte, in sachlich-tragfähiger Weise an der Erforschung und Vermittlung der Geschichte des deutschen Widerstandes und seines geistigen wie politischen Vermächtnisses mitwirken zu wollen.

Die Satzung der Forschungsgemeinschaft machte einen Anspruch sichtbar, der sicher auch aus »jugendlichem« Eifer resultierte. Die Vorerfahrungen der Tagungen über mögliche Aktivitäten waren ebenso aufgenommen wie das reklamierte Bedürfnis, eigenständige Initiativen zu tragfähigen Forschungsergebnissen und Publikationen zu führen, die allerdings von Anfang an unter den Gesetzmäßigkeiten knapper Mittel stehen würden. Dies zeigte sich auch sofort bei den Bemühungen um die Hereinholung von Spenden. Aktivitäten wie die Finanzierung durch »Gedenkmünzen zum Deutschen Widerstand« gelangen ebenso wenig wie die Finanzierung einer größer angelegten Aktion zur Sammlung und Archivierung von Zeugnissen und Dokumenten zur Geschichte des Widerstandes.[262] Motivation und Realität stießen aufeinander und lösten dann eine sehr realistische Bescheidenheit bei der Projektion und Durchführung von Vorhaben aus.

Für die Zusammenarbeit mit der Stiftung Hilfswerk 20. Juli sprach die Einsicht, dass der gemeinsame menschliche und sachliche Hintergrund ihre Ausprägung in der organisatorischen Verbindung beider Organisationen finden musste. Das Ergebnis dieser Verbindung war eine von Anbeginn an gesicherte persönliche und finanzielle Unterstützung von Projekten, Publikationen und Tagungen, die von Seiten des Bundes stetig gefördert wurde. Diese Zusammenarbeit hatte zugleich die Folge, dass die Bundeszentrale für politische Bildung Aktivitäten wie Tagungen und Seminare sowie Publikationen finanziell mittrug. Private Spenden sowie zum Teil erhebliche Zuwendungen oder mittelbare

262 Zu Recht kritisch dargestellt bei Aretin: Die Enkel des 20. Juli 1944 (wie Anm. 200), S. 103ff.

Hilfen von Stiftungen wie der Bosch-, der Siemens-, der Krupp-Stiftung und auch der politischen Stiftungen halfen bei der Arbeit.

Diese »Strategie der Gemeinsamkeit« hat sich bewährt. Ohne Konkurrenz und Eifersüchteleien erfolgt die Forschungsarbeit dadurch auf einem soliden Fundament, gebildet durch die Unterstützung öffentlicher und privater Partner und das Engagement von Stiftungsangehörigen und Mitgliedern der Forschungsgemeinschaft, die ein gemeinsames Bewusstsein verbindet. Ich möchte sagen, dies entspricht dem menschlichen und geistigen Vermächtnis des gesamten deutschen Widerstandes, so dass die »dritte Generation« in beiden Organisationen deren Zukunft sichern kann und wird.

Eine durchgängige, wissenschaftliche fundierte Geschichte der »Stiftung Hilfswerk 20. Juli 1944« (heute: »Stiftung 20. Juli 1944«) und der »Forschungsgemeinschaft 20. Juli 1944« liegt bislang nicht vor. Die Sorge ist begründet, dass insbesondere das weite Aufgabenfeld der rechtlichen Anerkennung, der Durchsetzung der Hinterbliebenenversorgung und damit die anspruchsvolle und zu würdigende soziale Aufgabenerfüllung kaum noch darstellbar sein wird. Es bleibt zu hoffen, dass dieser wichtige Teil der Nachkriegsgeschichte des deutschen Widerstandes gerade mit Blick auf die schwierige Wahrnehmung und Akzeptanz des »anderen Deutschland« zum Gegenstand wissenschaftlicher Darstellung werden wird. Da es auch um das Schicksal von Menschen geht, ist ein Themenfeld zu erschließen, das ein hohes Maß an Sensibilität erfordert. Die Darstellung der Geschichte der Stiftung insbesondere von 1947 bis in die 1980er Jahre wird zeigen, dass die Rezeption des Widerstandes ein schwieriger Teil der Identitätsfindung der lange Zeit getrennten Deutschen ist und bleibt. Die traumatischen Belastungen aus der Zeit der nationalsozialistischen Diktatur von 1933 bis 1945, der Zeit des Zweiten Weltkrieges und auch der zweiten deutschen Diktatur in SBZ und DDR sind nach wie vor wirksam und keineswegs bewältigt.[263]

Die traumatische Prägung gilt nicht nur für jene, die ihre prägenden Erfahrungen in Diktatur und Krieg machten. Sie hat diese Generation übersprungen und lebt bewusst und unbewusst fort. Die »Generationenhaftung« ist und bleibt Gegenstand des Bewusstseins, der Erneuerung und sie ist eine »Kodierung« der generationenübergreifenden Verantwortung. Dies positiv zu begreifen, halte ich für eine weiterhin aktuelle Verpflichtung.

Es gibt keinen Abschluss der Geschichte, jedoch die Pflicht, aus Diktatur, Verfolgung und Vernichtung zum Nutzen einer freien und sozial gerechten

263 Vgl. die einfühlsamen und nachdenklich stimmenden Darstellungen bei Bode: Die vergessene Generation, 14. Kapitel: Ein Plädoyer für Vernunft und Trauer, S. 261ff., sowie Nachwort von Luise Reddemann, S. 283ff.

Ordnung zu lernen! Bei weitem nicht alle, die sich in der Zeit der Diktatur gegenüber Opposition und Widerstand schuldig gemacht haben, konnten dafür zur Verantwortung gezogen werden. Dies betrifft Mittäter aus den Organisationen der Diktatur wie SS und Gestapo, die Henker und Schergen, die Richter der Sondergerichte und des Volksgerichtshofs, die Staatsanwälte, Teile der Verwaltungen, der für die Verfolgung zuständigen Polizei, die Propagandisten der Gewalt in Medien und Rundfunk und viele Schreibtischtäter. Das Verschweigen der Schuld und das Ausbleiben einer dem Rechtsstaat auferlegten Klärung von Verantwortung und Schuld lastet als Hypothek auf der deutschen und insbesondere westdeutschen Nachkriegsgeschichte.

Dies festzuhalten, ist deshalb nötig, weil das Rechtsgefühl dauerhafter Teil der Erinnerung bleibt. Jeder der ein Gewaltregime nachträglich verharmlost oder sogar zu rechtfertigen sucht, trägt zur Erschütterung freiheitlicher und gerechter Ordnung bei. Die Aufarbeitung der zweiten deutschen Diktatur steht erst am Anfang. Eine verschönte Vergangenheit ist und bleibt der Beginn einer Verharmlosung des Bösen und ermuntert zur Lüge und zum politischen Opportunismus. Die Verfolgten haben ein dauerhaftes Gedächtnis.

Anhang

Verzeichnis der Reden und Ansprachen zum 20. Juli 1944

Reden und Ansprachen zum 20. Juli 1944 in Berlin von 1952 bis 2010
Veranstalter: Stiftung 20. Juli 1944, Senat von Berlin, Zentralverband demokratischer Widerstandskämpfer und Verfolgtenorganisationen (ZDWV)[264]

1952	Ernst Reuter	Bendlerblock	Berlin
1953	Emil Henk	Bendlerblock	Berlin
	Ernst Reuter	Bendlerblock	Berlin
	Friedrich Georgi	Bendlerblock	Berlin
	Otto Lenz	Bendlerblock	Berlin
	Hans Luckascheck	Bendlerblock	Berlin
1954	Theodor Heuss	Freie Universität	Berlin
	Hans Reif	Hochschule für Politik	Berlin
	Günther Harder	Plötzensee	Berlin
	Paul Yorck von Wartenburg	Universität	Heidelberg
1955	Emil Henk	Plötzensee	Berlin
	Willy Brandt	Plötzensee	Berlin
	Walter Bauer	Bendlerblock	Berlin
1956	Joachim Lipschitz	Plötzensee	Berlin
	Walter Bauer	Plötzensee	Berlin
	Eugen Gerstenmaier	Bendlerblock	Berlin
1957	Franz Amrehn	Plötzensee	Berlin
	Albrecht Goes	Plötzensee	Berlin
	Max Kukil	Plötzensee	Berlin
	Fabian von Schlabrendorff	Bendlerblock	Berlin

264 Archiv der Gedenkstätte Deutscher Widerstand (Berlin). – Vgl. auch: Informationszentrum Berlin (Hg.): Der 20. Juli 1944, Reden an einem Tag der deutschen Geschichte, Bonn 1984.

1958	Joachim Lipschitz	Plötzensee	Berlin
	Emil Henk	Plötzensee	Berlin
	Willy Brandt	Haus der Kaufleute	Berlin
	Ernst Wirmer	Bendlerblock	Berlin
	Gerhard Schröder	Bendlerblock	Berlin
	Carlo Schmid	Bendlerblock	Berlin
1959	Reinhard Goerdeler	Plötzensee	Berlin
	Willy Brandt	Plötzensee	Berlin
	Cord von Hobe	Bendlerblock	Berlin
	Josef Müller	Bendlerblock	Berlin
1960	Hanns Lilje	Plötzensee	Berlin
	Franz Amrehn	Bendlerblock	Berlin
	Theodor Steltzer	Bendlerblock	Berlin
	Joh. Adolf Grf. von Kielmansegg	Bendlerblock	Berlin
1961	Emil Henk	Plötzensee	Berlin
	Rüdiger von Voss	Plötzensee	Berlin
	Peter von der Groeben	Bendlerblock	Berlin
	Paul Yorck von Wartenburg	Bendlerblock	Berlin
1962	Heinrich Albertz	Plötzensee	Berlin
	Fritz Erler	Plötzensee	Berlin
	Ernst Wirmer	Plötzensee	Berlin
	Cord von Hobe	Bendlerblock	Berlin
	Hans Rothfels	Bendlerblock	Berlin
1963	Fritz Sänger	Plötzensee	Berlin
	Hans-Manfred Rathgens	Plötzensee	Berlin
	Cord von Hobe	Bendlerblock	Berlin
	Arnold Bergsträsser	Bendlerblock	Berlin
1964	Ernst Wirmer	Plötzensee	Berlin
	Eugen Gerstenmaier	Bendlerblock	Berlin
	Joan Gerard	Bendlerblock	Berlin
	Heinrich Albertz	Freie Universität	Berlin
	Heinrich Lübke	Freie Universität	Berlin
1965	Willy Brandt	Plötzensee	Berlin
	Karl Brandt	Bendlerblock	Berlin
	Cord von Hobe	Bendlerblock	Berlin
1966	Henning Wilcke	Bendlerblock	Berlin
	Hans Speidel	Bendlerblock	Berlin
1967	Fabian von Schlabrendorff	Bendlerblock	Berlin
	Cord von Hobe	Bendlerblock	Berlin
	Ernst Steinbach	Bendlerblock	Berlin
1968	Ernst Schäder	Bendlerblock	Berlin

1969	Gustav Heinemann	Plötzensee	Berlin
	Karl-Günther von Hase	Bendlerblock	Berlin
	Carl Zuckmayer	Bendlerblock	Berlin
	Albert Guerisse	Bendlerblock	Berlin
1971	Achim Oster	Bendlerblock	Berlin
1972	Eberhard Bethge	Bendlerblock	Berlin
	Ernst Ferber	Bendlerblock	Berlin
1973	Ludwig Frhr. von Hammerstein	Bendlerblock	Berlin
	Hans Hinrichs	Bendlerblock	Berlin
1974	Carl Friedrich von Weizsäcker	Bendlerblock	Berlin
	Karl Wilhelm Berkhan	Bendlerblock	Berlin
1975	Reinhard Goerdeler	Bendlerblock	Berlin
	Werner Goldberg	Stadthalle Godesberg	Bonn
	Albert Rückerl	Stadthalle Godesberg	Bonn
	Hans Stercken	Stadthalle Godesberg	Bonn
1976	Kurt Neubauer	Plötzensee	Berlin
	Rüdiger von Voss	Bendlerblock	Berlin
1977	Axel Frhr. von dem Bussche	Bendlerblock	Berlin
1978	Dietrich Stobbe	Bendlerblock	Berlin
	Helmut Schmidt		Bonn
1979	Dieter Haack	Plötzensee	Berlin
	Wolfgang Lüder	Plötzensee	Berlin
	Werner Knopp	Bendlerblock	Berlin
1980	Richard von Weizsäcker	Bendlerblock	Berlin
1981	Bruno Kreisky	Plötzensee	Berlin
	Dieter Thomas	Bendlerblock	Berlin
	Emmi Bonhoeffer	Bendlerblock	Berlin
1982	Hans Buchheim	Bendlerblock	Berlin
	Dieter Thomas	Bendlerblock	Berlin
1983	Manfred Rommel	Plötzensee	Berlin
1984	Helmut Kohl	Bendlerblock	Berlin
	Klaus von Donanyi	Bendlerblock	Berlin
	Eberhard Diepgen	Bendlerblock	Berlin
	Richard von Weizsäcker	Schloss Bellevue	Berlin
1985	Heiner Geißler	Plötzensee	Berlin
1986	Heinz Westphal	Bendlerblock	Berlin
1987	Hanna-Renata Laurien	Plötzensee	Berlin
	Lothar Späth	Plötzensee	Berlin
1988	Marianne Meyer-Kramer, geb. Goerdeler	Bendlerblock	Berlin
	Hanna-Renata Laurien	Bendlerblock	Berlin

1989	Walter Momper	Plötzensee	Berlin
	Hans Koschnik	Plötzensee	Berlin
	Klemens von Klemperer	Staatsbibliothek	Berlin
1990	Walter Momper	Bendlerblock	Berlin
	Roman Herzog	Bendlerblock	Berlin
1991	Manfred Stolpe	Plötzensee	Berlin
1992	Christine Bergmann	Bendlerblock	Berlin
	Wolfgang Schäuble	Bendlerblock	Berlin
1993	Christine Bergmann	Plötzensee	Berlin
	Richard Schröder	Plötzensee	Berlin
1994	Annemarie Renger	Plötzensee	Berlin
	Helmut Kohl	Bendlerblock	Berlin
	Eberhard Diepgen	Bendlerblock	Berlin
	Ludwig Frhr. von Hammerstein	Bendlerblock	Berlin
1995	Jutta Limbach	Plötzensee	Berlin
	Christine Bergmann	Plötzensee	Berlin
1996	Bernhard Vogel	Bendlerblock	Berlin
	Klaus Töpfer	Bendelerblock	Berlin
1997	Edzard Schmidt-Jorzig	Plötzensee	Berlin
	Rupert Scholz	Plötzensee	Berlin
	Lore Maria Peschel-Gutzeit	Plötzensee	Berlin
1998	Eduard Oswald	Bendlerblock	Berlin
	Rita Süssmuth	Bendlerblock	Berlin
	Christine Bergmann	Bendlerblock	Berlin
1999	Eberhard Diepgen	Plötzensee	Berlin
	Rudolf Scharping	Plötzensee	Berlin
2000	Wolfgang Thierse	Bendlerblock	Berlin
2001	Klaus Wowereit	Plötzensee	Berlin
	Herta Däubler-Gmelin	Plötzensee	Berlin
	Klemens von Klemperer	St. Matthäus Kirche	Berlin
2002	Klaus Wowereit	Bendlerblock	Berlin
	Lord Ralf Darendorf	Bendlerblock	Berlin
	Peter Struck	Bendlerblock	Berlin
2003	Peter Struck	Plötzensee	Berlin
	Harald Wolf	Bendlerblock	Berlin
	Freya Gräfin von Moltke	St. Matthäus Kirche	Berlin
2004	Annemarie Renger	Plötzensee	Berlin
	Gerhard Schröder	Bendlerblock	Berlin
	Klaus Wowereit	Bendlerblock	Berlin
	Horst Köhler	Schloss Charlottenburg	Berlin
2005	Klaus Wowereit	Plötzensee	Berlin

	Brigitte Zypries	Plötzensee	Berlin
	Hans-Jürgen Papier	Plötzensee	Berlin
2006	Franz-Josef Jung	Bendlerblock	Berlin
	Klaus Wowereit	Bendlerblock	Berlin
	Christian Wulff	Bendlerblock	Berlin
2007	Klaus Wowereit	Plötzensee	Berlin
	Thomas de Maizière	Plötzensee	Berlin
2008	Heidemarie Wieczorek-Zeul	Bendlerblock	Berlin
	Harald Wolf	Bendlerblock	Berlin
	Wilhelm Grf. von Schwerin	Bendlerblock	Berlin
2009	Harald Wolf	Plötzensee	Berlin
	Karl-Theodor zu Guttenberg	Plötzensee	Berlin
	Dieter Thomas	Bendlerblock	Berlin
2010	Karl-Theodor zu Guttenberg	Bendlerblock	Berlin
	Fritz Stern	Bendlerblock	Berlin

Reden und Ansprachen zum 20. Juli 1944 in Bonn von 1958 bis 1983
Veranstalter: Zentralverband demokratischer Widerstandskämpfer und Verfolgtenorganisationen e.V. (ZDWV)[265]

1954	Konrad Adenauer	Stadttheater Godesberg	Bonn
	Eugen Gerstenmaier	Stadttheater Godesberg	Bonn
	Josef Rommerskirchen	Stadttheater Godesberg	Bonn
1960	Konrad Adenauer		Bonn
	Walter Hallstein		Bonn
	Comte Lodovico Benvenuti		Bonn
1962	Ernst Lemmer		Bonn
	Edmont Michelet		Bonn
	Hanns Joachim Unger		Bonn
1963	Franz Thedick		Bonn
	Johann Adolf Graf von Kielmansegg		Bonn
1964	Peter Paul Nahm		Bonn
	Ernst Lemmer		Bonn
	Wolf Graf von Baudissin		Bonn

265 Vgl. die Sammlung: Informationszentrum Berlin (Hg.): Der 20. Juli 1944. Reden zu einem Tag der deutschen Geschichte, Bd. 2, Gedenkstätte Deutscher Widerstand, Berlin 1986.

	Ludwig Rosenberg	Bonn
	Féaux de la Croix	Bonn
1965	Karl Gumbel	Bonn
	Waldemar Reuter	Bonn
	Fabian von Schlabrendorff	Bonn
	Heinrich Frhr. von Lersner	Bonn
1966	Johann Baptist Gradl	Bonn
	Fritz Erler	Bonn
	Ulrich de Maizière	Bonn
	Georg Neemann	Bonn
1967	Asher Ben Natan	Bonn
	Johann Adolf Graf von Kielmansegg	Bonn
	Gerhard Jahn	Bonn
	Josef Mick	Bonn
1968	Candido Rosati	Bonn
	Eduard Adorno	Bonn
	Klaus von Dohnanyi	Bonn
1969	Ulrich de Maizière	Bonn
1970	Karl Ibach	Bonn
	Fritz Rudolf Schultz	Bonn
	Gerhard Jahn	Bonn
	Pierre Grégoire	Bonn
1971	Karl Ibach	Bonn
	Egon Franke	Bonn
	Heinz Oskar Vetter	Bonn
	Walther Hofer	Bonn
1972	Karl Ibach	Bonn
	Horst Ehmke	Bonn
	Franz Ludwig Graf von Stauffenberg	Bonn
	Charles Bloch	Bonn
1973	Hans-Jochen Vogel	München
	Philipp Held	München
	Georg Kronawitter	München
	Eugen Kogon	München
	Otto Betzold	München
1975	Werner Goldberg	Godesberg
	Adalbert Rückerl	Godesberg
	Hans Stercken	Godesberg
1976	Annemarie Renger	Godesberg
	Hans Matthöfer	Godesberg
	Kurt H. Biedenkopf	Godesberg

1977	Karl Ibach	Godesberg
	Hans-Jochen Vogel	Godesberg
	Gerhard Stoltenberg	Godesberg
	Harald Wust	Godesberg
1978	Karl Ibach	Godesberg
	Klaus von Dohnanyi	Godesberg
	Walther Leisler Kiep	Godesberg
	Karl Weishäupl	Godesberg
1979	Karl Ibach	Godesberg
	Werner Goldberg	Godesberg
	Antje Huber	Godesberg
1980	Georg Bach	Godesberg
	Andreas von Schoeler	Godesberg
	Matthias Wissmann	Godesberg
1981	Karl Ibach	Godesberg
	Karl Carstens	Godesberg
	Annemarie Renger	Godesberg
1982	Gerhart Rudolf Baum	Godesberg
	Jürgen Brandt	Godesberg
1983	Heinrich Windelen	Godesberg
	Hermann Scheer	Godesberg
	Karl-Dietrich Bracher	Godesberg

Namensgebung der Kasernen der Bundeswehr

Widerstandskämpfer und Gegner des Naziregimes[266]

1.	Generaloberst-v.-Fritsch-Kaserne	Pfullendorf	1959
2.	Freiherr-v.-Fritsch-Kaserne	Breitenburg	1959
3.	General-Fellgiebel-Kaserne	Poecking	1960
4.	Generaloberst-Beck-Kaserne	Sonthofen	1960
5.	Alfred-Delp-Kaserne	Donauwörth	1961
6.	Graf-Stauffenberg-Kaserne	Sigmaringen	1961
7.	Julius-Leber-Kaserne	Husum	1961
8.	Henning-v.-Tresckow-Kaserne	Oldenburg	1961
9.	Generalfeldmarschall-Rommel-Kaserne	Augustdorf	1961
10.	Fritsch-Kaserne	Koblenz	1964
11.	Rommel-Kaserne	Dornstadt	1965
12.	General-Hans-Graf-Sponeck-Kaserne	Germersheim	1966
13.	Hammerstein-Kaserne	Wesendorf	1968
14.	Generaloberst-Hoepper-Kaserne	Wuppertal	1969
15.	Freiherr-v.-Fritsch-Kaserne	Celle	1970
16.	Generalmajor-Freiherr-v.-Gersdorff-Kaserne	Euskirchen	1981
17.	Georg-Freiherr-v.-Boeselager-Kaserne	Münster	1984
18.	Henning-v.-Tresckow-Kaserne	Geltow	1992
19.	General-Olbricht-Kaserne	Leipzig	1992
20.	Moltke-Kaserne	Dabel	1993
21.	Julius-Leber-Kaserne	Berlin	1993
22	General-Dr.-Speidel-Kaserne	Bruchsal	1997
23.	Philipp-Freiherr-v.-Boeselager-Kaserne	Gelsdorf	2009

Preußische Reformer

1.	Scharnhorst-Kaserne	Hannover	1938
2.	Lützow-Kaserne	Aachen	1939
3.	Theodor Körner-Kaserne	Aachen	1961
4.	Schill-Kaserne	Luetjenburg	1962
5.	Blücher-Kaserne	Aurich	1963

266 Anlage zu ParlSts. Beim Bundesminister der Verteidigung Dr. Pflüger 1680015-V50 vom 19. Mai 2006, Deutscher Bundestag – 16. Wahlperiode, Drucksache 16/1601, S. 9ff.

6.	Freiherr-vom-Stein-Kaserne	Diez	1964
7.	Clausewitz-Kaserne	Nienburg/Weser	1964
8.	Lützow-Kaserne	Münster	1964
9.	Dörnberg-Kaserne	Homberg	1964
10.	Ernst-Moritz-Arndt-Kaserne	Hagenow	1964
11.	Scharnhorst-Kaserne	Bremen	1964
12.	Blücher-Kaserne	Hauer	1964
13.	Theodor-Körner-Kaserne	Lüneburg	1964
14.	Schill-Kaserne	Wesel	1965
15.	Blücher-Kaserne	Münster	1965
16.	Blücher-Kaserne	Hess.-Lichtenau	1966
17.	Lützow-Kaserne	Schwanenwede	1966
18.	Freiherr-vom-Stein-Kaserne	Coesfeld	1971
19.	Clausewitz-Kaserne	Hamburg	1977
20.	Scharnhorst-Kaserne	Lingen/Ems	1979
21.	Gneisenau-Kaserne	Koblenz	1981
22.	Ferdinand-v.-Schill-Kaserne	Torgelow	1991
23.	Clausewitz-Kaserne	Burg	1992
24.	Blücher-Kaserne	Berlin	1993
25.	Blücher-Kaserne	Schwerin	1993
26.	Theodor-Körner-Kaserne	Leipzig	1993
27.	von-Helldorf-Kaserne	Hohenoelsen	1993

Politiker

1.	Hindenburg-Kaserne	Münster	1964
2.	Hindenburg-Kaserne	Ulm	1968
3.	Heinrich-Wilhelm-Kopf-Kaserne	Cuxhaven	1971
4.	Konrad-Adenauer-Kaserne	Köln	1972
5.	Theodor-Heuss-Kaserne	Stuttgart	1973
6.	Lucius-D.-Clay-Kaserne	Osterholz-Scharmbeck	1973
7.	Kurt-Schumacher-Kaserne	Hannover	1975
8.	Gustav-Heinemann-Kaserne	Essen	1978
9.	Friedrich-Wilhelm-Lübke-Kaserne	Tarp	1985
10.	Reichspräsident-Ebert-Kaserne	Reichshof	1987
11.	Franz-Josef-Strauß-Kaserne	Altenstadt	1992
12.	Robert-Schumann-Kaserne	Müllheim	1993
13.	Kai-Uwe-von-Hassel-Kaserne	Kropp	1997
14.	Fritz-Erler-Kaserne	Fuldatal	2008

Künstler, Wissenschaftler, Schriftsteller

1.	Balthasar-Neumann-Kaserne	Ebern	1964
2.	Heinrich-Hertz-Kaserne	Birkenfeld	1964
3.	Liliencron-Kaserne	Kellinghusen	1964
4.	Balthasar-Neumann-Kaserne	Veitshoechheim	1966
5.	Hülsmeyer-Kaserne	Eydelstedt	1981
6.	Heinrich-Hertz-Kaserne	Daun	1985
7.	Peter-Bamm-Kaserne	Münster	1986
8.	Hugo-Junkers-Kaserne	Alt.-Duvenstedt	1989
9.	Mercator-Kaserne	Euskirchen	1990
10.	Hugo-Junkers-Kaserne	Dessau	1995
11.	Paracelsus-Kaserne	Hamm	2008

Soldaten, Generale, historische Persönlichkeiten

83 Nennungen

Truppengattungen

18 Nennungen

Landschaften, Orte

129 Nennungen

Anmerkungen

Mit Bezug auf die Darstellungen »Die Bundeswehr und der 20. Juli 1944« ergibt sich aus der Struktur der Namensgebungen der Kasernen der Bundeswehr:

1. Wie bei allen Streitkräften liegt der Schwerpunkt der Benennungen bei den Landschaften, Orten der Standorte und Truppengattungen.
2. Die Namensgebungen nach Soldaten, Unteroffizieren, Offizieren, Generalen und historischen Persönlichkeiten folgen dem Bemühen um historisch bedingte und eindeutig militärische Anknüpfungen. Auffallend ist, dass keine vordergründige »Heldenverehrung« betrieben wird.
3. Wie in der Zeit des Aufbaus der Bundeswehr und des Entwurfs eines neuen Traditionsverständnisses überlegt und insbesondere von Wolf Graf von Baudissin (Konzept der Inneren Führung) empfohlen, gibt es eine deutliche Anknüpfung an den deutschen Widerstand und die preußischen Reformer.
4. Die Namensgebungen nach Politikern vor und nach 1945 konzentrieren sich auf die Reichs- und Bundespräsidenten, Bundeskanzler, Bundesverteidigungsminister, Bundes- und Landespolitiker.
5. Die Namensgebung nach Künstlern, Wissenschaftlern und Schriftstellern konzentrieren sich wesentlich auf Techniker und Erfinder. Die Geisteswissenschaften und die Literatur sind offensichtlich unterrepräsentiert.
6. Es wird sich in Zukunft lohnen, den staatsbürgerlichen Unterricht in der Bundeswehr verstärkt mit Namensgebungen der Kasernen zu verbinden, die das »demokratische Traditionsverständnis« deutlicher hervortreten lassen. Hierbei bieten sich Persönlichkeiten an, die in bedeutsamer Weise mit der Verfassungsgebung ebenso verbunden sind wie Schriftsteller und Dichter, die gerade in der Zeit der Diktatur durch persönlichen Mut hervorgetreten sind. Namensgebungen müssen nicht auf den nationalen Raum beschränkt sein.
7. Die politischen Repräsentanten der Europäischen Einigung sind auffällig unterrepräsentiert.

Publikationen der Forschungsgemeinschaft 20. Juli 1944 e.V.

Schriftenreihe der Forschungsgemeinschaft 20. Juli e.V. (1975–1980)

Jürgen Liebing: Helden, Märtyrer oder Opfer. Der Deutsche Widerstand 1933 bis 1945 als Unterrichtsgegenstand. Eine historische Betrachtung bundesdeutscher Schulbücher. Eine Sendung des RIAS-Berlin vom 20.7.1975, Verlag der Forschungsgemeinschaft 20. Juli e.V., Berlin 1975.

Otto-Ernst Schüddekopf: Der deutsche Widerstand gegen den Nationalsozialismus. Seine Darstellung in Lehrplänen und Schulbüchern der Fächer Geschichte und Politik in der Bundesrepublik Deutschland (Geleitwort Bundespräsident Walter Scheel, Vorwort Rüdiger von Voss), Verlag Moritz Diesterweg, Frankfurt a.M. 1977 (ISBN 3-425-07325-7)

Marion Gräfin Döhnhoff: In memoriam 20. Juli 1944. Manuskript, geschrieben 1945, veröffentlicht 1946 (Vorwort Rüdiger von Voss), Verlag der Forschungsgemeinschaft 20. Juli 1944, Berlin 1980.

Publikationen der Königswinterer Tagungen (1992–2000)

Deutscher Widerstand – Demokratie heute (Kirche, Kreisauer Kreis, Ethik, Militär und Gewerkschaften), Hg. von Huberta Engel im Auftrag der Forschungsgemeinschaft 20. Juli 1944 e.V.; mit Beiträgen von Kurt Finker, Frédéric Hartweg, Ulrich von Hehl, Karol Jonca, Albrecht von Moltke, Klaus-Jürgen Müller, Gerhard Ringshausen, Michael Schneider, Peter Steinbach, Johannes Tuchel, Hubertus von Voss; Bouvier Verlag, Bonn/Berlin 1992 (ISBN 3-416-02342-0).

Gerhard Ringshausen; Rüdiger von Voss (Hg.): Widerstand und Verteidigung des Rechts; mit Beiträgen von Winfried Beckerer, Roman Bleistein, Brigitte Gess, Karol Jonca, Wolf Krötke, Marek Maciejewski, Peter Maser, Tilman Mayer, Heinz-Albert Raem, Gerhard Ringshausen, Gerhard Robbers, Gregor Schöllgen, Johannes Tuchel, Rüdiger von Voss, Hans Wrobel, Jürden Zarusky; Bouvier Verlag, Bonn 1997 (ISBN 3-416-02678-0).

Schriftenreihe der Forschungsgemeinschaft 20. Juli 1944 e.V.
(Neue Folge: LIT-Verlag Dr. W. Hopf, Berlin), Hg. Prof Dr. Joachim Scholtyseck und Fritz Delp

Band 1: Jana Leichsenring (Hg.): Frauen und Widerstand. Vorträge und Diskussionen der XIV. Königswinterer Tagung 2001; mit Beiträgen von Birtke Kundrus, Jana Leichsenring, Hannelore Erhart, Nathan Stolzfus, Sigrid Jacobeit sowie Beiträgen von Zeitzeuginnen Irmgard von zur Mühlen, Johanna Helene Rathgens, Stephanie von Lahousen-Vivremont, Marie-Louise Schultze-Jahn, Liselotte Trompke, Evelin-Gisela Halke, geb. Weigert (ISBN 3-8258-6489-8).

Band 2: Mechthild Gilzmer (Hg.): Widerstand und Kollaboration in Europa. Vorträge und Diskussionen der XV. Königswinterer Tagung 2002; mit Beiträgen von Klemens von Klemperer, Bogdan Musial, Hermann von der Dunk, Mechthild Gilzmer, Brunello Mantelli und Zeitzeugenberichten von Monsignore Klaus Mayer, Klemens von Klemperer, Stanislaus Herman, Helge Loewenberg-Domp, Bruno Mantelli, Dagmar Albrecht unter der Leitung von Günter Brakelmann (ISBN 3-8258-6602-5).

Band 3: Günter Brakelmann: Der Kreisauer Kreis. Chronologie, Kurzbiographien und Texte aus dem Widerstand, Münster 2003 (ISBN 3-8258-7025-1).

Band 4: Günter Brakelmann: Die Kreisauer. Folgenreiche Begegnungen; biographische Skizzen zu Helmuth James von Moltke, Peter Yorck von Wartenburg, Carla Mierendorff und Theodor Haubach, Münster 2003 (ISBN 3-8258-7026-X)

Band 5: Detlef J. Blesgen (Hg.): Financiers, Finanzen und Finanzierungsformen des Widerstandes. Vorträge der XVI. Königswinterer Tagung 2003; mit Beiträgen von Joachim Scholtyseck, Carlos Collado Seidel, Wolfgang Benz, Winfried Becker, Gerhard Besier, Gerhard Lindemann, Harald Joerges, Ulrich Jahn, Christine F. Koenigs, Astrid von Pufendorf, Jutta Kindel, Eugen Herman-Friede, Hedwig Brüchert, Annemarie Porter (ISBN 3-8258-7662-4).

Band 6: Joachim Scholtyseck; Stephen Schröder (Hg.): Die Überlebenden des deutschen Widerstandes und ihre Bedeutung für Nachkriegsdeutschland. Vorträge der XVII. Königswinterer Tagung 2004; mit Beiträgen von Joachim Scholtyseck, Tilman Mayer, Rudolf Morsey, Heinrich Potthof, Rudolf Lill, Henriette Schuppener, Stefan Geilen, Christoph Studt, Michael Kißener, Pia Nordblom, Klemens von Klemperer (ISBN 3-8258-8317-5).

Band 7: Henriette Schuppener: »Nichts war umsonst«. Harald Poelchau und der deutsche Widerstand, Berlin 2006 (ISBN 3-8258-9315-4).

Band 8: Christoph Studt (Hg.): »Diener des Staates« oder »Widerstand zwischen den Zeilen«? Die Rolle der Presse im »Dritten Reich«. Vorträge der XVIII.

Königswinterer Tagung 2005; mit Beiträgen von Christoph Studt, Bernd Sösemann, Ulrich Höver, Magnus Brechtken, Gabriele Toepser-Ziegert, Wolfgang Müsse, André Uzulis, Jürgen Frölich, Viktoria Plank, Maria Theodora Frfr. von dem Bottlenberg-Landsberg, Günther Gillessen, Volker Mauersberger, Birgit Rätsch (ISBN 978-3-8258-9781-9).

Band 9: Joachim Scholtyseck; Christoph Studt (Hg.): Universitäten und Studenten im Dritten Reich. Bejahung, Anspannung, Widerstand. Vorträge der XIX. Königswinterer Tagung 2006; mit Beiträgen von Klaus Hildebrand, Michael Grüttner, Ralf Forsbach, Jens Nordalm, Frank-Lothar Kroll, Anselm Faust, Anne Chr. Nagel, Michael Kißener, Nils Goltschmidt, Holger Impekoven, Riccardo Bavaj, Berlin 2008 (ISBN 3-978-8258-9753-6).

Band 10: Stephen Schröder; Christoph Studt (Hg.): Der 20. Juli 1944. Profile, Motive, Desiderate. Vorträge der XX. Königswinterer Tagung 2007; mit Beiträgen von Hermann Wenther, Maria Theodora Frfr. von dem Bottlenberg-Landsberg, Frank-Lothar Kroll, Lothar Höbelt, Richard Hufschmied, Volker Thiel, Winfried Heinemann, Joachim Scholtyseck, Günter Brakelmann, Wolfgang Graf von Vitzthum, Romedio Graf von Thun-Hohenstein, Rolf-Ulrich Kunze; Berlin 2008 (ISBN 3-978-8258-1171-6).

Band 11: Günter Brakelmann: Christsein im Widerstand. Helmuth James von Moltke – Einblick in das Leben eines jungen Deutschen, Berlin 2008 (ISBN 3-978-8258-1567-7).

Band 12: Manuel Becker, Holger Löttel, Christoph Studt (Hg.): Der militärische Widerstand gegen Hitler im Lichte neuer Kontroversen. Vorträge der XXI. Königswinterer Tagung 2008; mit Beiträgen von Fritz Delp, Manuel Becker, Holger Löttel, Christoph Studt, Klemens von Klemperer, Bogdan Muial, Joachim Scholtyseck, Rolf-Dieter Müller, Jürgen Förster, Dittmar, Dahlmann, Johannes Hürter, Hermann Graml, Klaus J. Arnold, Ulrike Jureit, Norbert Haase, Söhnke Neitzel, Julia Warth, Peter Hoffmann, Berlin 2010 (ISBN 978-3-8258-1768-8).

Publikationen, herausgegeben im Auftrag der Forschungsgemeinschaft 20. Juli 1944 e.V.

Rüdiger von Voss (Hg.): Von der Legitimation der Gewalt. Widerstand und Terrorismus; mit Beiträgen von H.G. Adler, Eberhard Bethge, H.B. Streithofen, Christian Graf von Krockow, Verlag Bonn Aktuell, Stuttgart 1978 (ISBN 3-87959-088-5).

Der Nationalsozialismus als didaktisches Problem. Beiträge zur Behandlung des NS-Systems und des deutschen Widerstandes im Unterricht, Hg. Bundeszentrale für politische Bildung und Forschungsgemeinschaft 20. Juli 1944

e.V. (Schriftenreihe der Bundeszentrale für politische Bildung, Bd. 156), Bonn 1980 (ISBN 3-921352-59-2).
Hans-Jochen Markmann: Der deutsche Widerstand gegen den Nationalsozialismus 1933–1945. Modelle für den Unterricht. Medien – Materialien – Dokumente, Mainz 1984 (Sonderausgabe für die Bundeszentrale für politische Bildung und für die Landeszentralen für politische Bildung (ISBN 3-7758-1065-X).
Karl Dietrich Bracher (Hg.): Gedanken zum 20. Juli 1944. Theodor Heuss, Heinrich Lübke, Gustav W. Heinemann, Walter Scheel, Karl Carstens; Einleitung von Helmut Kohl, Vorwort von Karl Dietrich Bracher, Verlag v. Hase & Koehler, Mainz 1984 (ISBN 3-7758-1081-1).
Karl Dietrich Bracher in Verbindung mit der Forschungsgemeinschaft 20. Juli (Hg.): Das Gewissen steht auf. Lebensbilder aus dem deutschen Widerstand 1933–1945. *Neuherausgabe von*: Annedore Leber (Hg.): Das Gewissen steht auf. Lebensbilder aus dem deutschen Widerstand 1933–1945, gesammelt und herausgegeben in Zusammenarbeit mit Willy Brandt und Karl Dietrich Bracher, Verlag v. Hase & Koehler, Mainz 1984 (ISBN 3-7758-1064-1). – *Englische Ausgabe*: The Conscience in Revolt. Portaits of the German Resistence 1933–1945, Foreword Richard von Weizsäcker, Preface Helmut Kohl, Introduction Karl Dietrich Bracher, Re-edited by Karl Dietrich Bracher in association with Forschungsgemeinschaft 20. Juli 1944 e.V., Verlag v. Hase & Koehler, Mainz/München 1994 (ISBN 3-7758-1314-4). – *Französische Ausgabe*: La Conscience se Révolte, Portraits de résistants allemands 1933–1945, recueillis et publiés par Annedore Leber en cooperation avec Willy Brandt et Karl Dietrich Bracher, Nouvelle éditionde Karl Dietrich Bracher en association avec la communauté de recherche du 20 juillet, Avant-Propos Roman Herzog, Preface Helmut Kohl, Introduction Karl Dietrich Bracher, Verlag v. Hase & Koehler, Mainz 1996 (ISBN 3-7758-1350-0).
Gerhard Ringshausen; Rüdiger von Voss (Hg.): Die Ordnung des Staates und die Freiheit des Menschen. Deutschlandpläne im Widerstand und Exil, Bouvier Verlag, Bonn 2000 (ISBN 3-416-02918-6).

Sonstige Publikationen

Dokumentation: Der deutsche Widerstand und die CDU. Reden – Stellungnahmen – Erklärungen (1954–1978), Vorwort Helmut Kohl, Redaktion Rüdiger von Voss, Klaus Gotto, Bonn o.J.
Rüdiger von Voss; Günther Neske (Hg.): Der 20. Juli 1944. Annäherung an den geschichtlichen Augenblick, Verlag Günther Neske, Pfullingen 1984 (ISBN 3-7885-0270-3).

Rüdiger von Voss; Günther Neske (Hg.): Versöhnung mit der Geschichte. Reden am 20. Juli 1984 in Berlin (Albert H. Friedlaender, Eberhard Diepgen, Klaus von Dohnanyi, Helmut Kohl, Richard von Weizsäcker, Howard I. Friedman), Verlag Günther Neske, Pfullingen 1985) (ISBN 3-7885-0271-1).

Gerhard Besier; Gerhard Ringshausen (Hg.) mit Hilfe der Forschungsgemeinschaft 20. Juli: Bekenntnis, Widerstand, Martyrium. Von Barmen 1934 bis Plötzensee 1944, Göttingen 1986 (ISBN 3-525-55402-8).

Bibliographien

Rüdiger von Voss (Hg.) im Auftrag der Forschungsgemeinschaft 20. Juli 1944 e.V.: Bibliographie »Widerstand«, Bearbeiter Ulrich Cartarius, Einleitung Karl Otmar Freiherr von Aretin, Verlag K. G. Saur, München/New York/London/Paris 1984 (ISBN 3-598-10468-5).

Königswinterer Tagungen der Forschungsgemeinschaft 20. Juli 1944

1.	Der deutsche Widerstand. Aspekte der neueren Forschung	1988
2.	Der deutsche Widerstand. Fragen und Streitfragen	1989
3.	Der Kreisauer Kreis	1990
4.	Der christlich-soziale Widerstand	1991
5.	Recht und Staat. Totalitäre Bedrohung und Widerstand	1992
6.	Europa und die Kultur der Freiheit	1993
7.	Dietrich Bonhoeffer. Person, Leben und Werk	1994
8.	Widerstand im Deutschland der Diktatur	1995
9.	Katholische Kirche und Widerstand	1996
10.	Der Widerstand und die Juden	1997
11.	Nicht nur der 20. Juli... Zur Geschichte der Attentatsversuche	1998
12.	Die Rezeption des 20. Juli 1944	1999
13.	Wirtschaftspolitische Vorstellungen im Widerstand gegen den Nationalsozialismus	2000
14.	Frauen und Widerstand	2001
15.	Widerstand und Kollaboration in Europa	2002
16.	Wer hat den Widerstand finanziell unterstützt	2003
17.	Die Überlebenden des deutschen Widerstandes und ihre Bedeutung für Nachkriegsdeutschland	2004
18.	»Diener des Staates« oder »Widerstand zwischen den Zeilen«. Die Rolle der Presse im »Dritten Reich«	2005
19.	Universitäten und Studenten im Dritten Reich	2006

20. Der 20. Juli 1944. Profile, Motive, Desiderate 2007
21. Militärischer Widerstand gegen Hitler im Licht neuer Kontroversen 2008
22. Der Umgang des »Dritten Reichs« mit den »Feinden des Regimes« 2009
23. Die weltanschaulichen Grundlagen des Nationalsozialismus. Ursprünge, Gegenentwürfe, Nachwirkungen 2010

Tagungen der Söhne- und Töchtergeneration

1. Die Rezeption des Widerstandes gegen den Nationalsozialismus 1997
2. Widerstand – Trauma – Trauer. Die Frauen – Witwen – Mütter des 20. Juli 1944 1998
3. Eine Wiederbegegnung nach 53 Jahren. Treffen der 1944/45 in Bad Sachsa internierten »20. Juli-Kinder« 1998

Tagungen für die Enkelgeneration

1. Die Rote Kapelle 1996
2. Die europapolitischen Vorstellungen des »Kreisauer-Kreises« 1998

Tagungen in Kreisau in Zusammenarbeit mit der Internationalen Jugendbegegnungsstätte Kreisau (Polen)

1. Widerstand gegen Nationalsozialismus und Okkupation in Deutschland und Polen (I) Mai 1997
2. Widerstand gegen Nationalsozialismus und Okkupation in Deutschland und Polen (II) Sept. 1997
3. Flucht – Vertreibung – Heimatverlust. Erfahrungen aus Deutschland und Polen 1998
4. Der Widerstand und die Juden. Jüdischer Widerstand. Erfahrungen aus Deutschland 1999
5. Die europapolitischen Vorstellungen des Kreisauer Kreises 2000
6. Katholiken und Sozialdemokraten im Kreisauer Kreis 2001
7. Der Widerstand der Geschwister des Grafen Yorck von Wartenberg 2002

Personaltableau

Stiftung Hilfswerk 20. Juli 1944 (seit 1947) / Stiftung 20. Juli 1944 (seit 1994)

Stifterkreis 1947
Annedore Leber, Dr. Otto Lenz, Elisabeth Strünck, Emil Henk, Pater Augustin Roesch, Dr. Walter Bauer, Dr. Eugen Gerstenmaier, Dr. Paul Collmer, Prof. Dr. Alexander Schenk Graf von Stauffenberg, Prof. Dr. Gerhard Ritter, Carl-Hans Graf von Hardenberg, Hermann Freiherr von Lünninck
Justitiar: Dr. Fabian von Schlabrendorff

Kuratoriumsvorsitzende

1949–69	Emil Henk
1969–71	Fritz Sänger
1971–87	Prof. Dr. Eberhard Bethge
1987–96	Ludwig Freiherr von Hammerstein
1996–2009	Rüdiger von Voss, Ehrenvorsitzender seit 2009
seit 2009	Dr. Axel Smend

Kuratorium
Dr. Axel Smend (Vors.), Dr. Karl Meyer OP (stv. Vors.), Sophie Freifrau von Bechtolsheim, General Josef Blotz, Carsten Bolz, Dr. Christof Bosch, Prof. Dr. Salomon Korn, Prof. Dr. Reinhard Rürup, Dr. Michael Roik, Boris Ruge, Prof. Dr. Joachim Scholtyseck, Dr. Franz Graf von Schwerin von Schwanenfeld, Dr. Agnieszka von Zanthier
Ehrenvorsitz: Rüdiger von Voss

Vorstand

1949–69	Dr. Walter Bauer, Dr. Paul Collmer
1969–87	Dr. Reinhard Goerdeler, Ludwig Freiherr von Hammerstein, Dieter Thomas
1987–96	Dr. Reinhard Goerdeler, Dieter Thomas
1996–98	Alfred von Hofacker, Dieter Thomas
1998–2003	Alfred von Hofacker, Detlef Graf von Schwerin von Schwanenfeld, Dieter Thomas
2003–05	Dr. Axel Smend, Detlef Graf von Schwerin von Schwanenfeld, Dieter Thomas
2005	Dr. Axel Smend, Felicitas von Aretin, Peter Pechel, Detlef Graf von Schwerin von Schwanenfeld, Dieter Thomas

2006	Dr. Axel Smend (Vors.), Felicitas von Aretin, Peter Pechel, Dieter Thomas
2007	Dr. Axel Smend (Vors.), Moritz von Jagow, Hans Speidel, Dieter Thomas
2007–09	Dr. Axel Smend (Vors.), Moritz von Jagow, Hans Speidel, Prof. Dr. Robert von Steinau-Steinrück, Dieter Thomas
2009–10	Prof. Dr. Robert von Steinau-Steinrück (Vors.), Moritz von Jagow, Elisabeth Ruge, Hans Speidel, Dieter Thomas
2010	Prof. Dr. Robert von Steinau-Steinrück (Vors.), Moritz von Jagow, Klaus Mertes SJ, Elisabeth Ruge, Hans Speidel

Leitung Geschäftsstelle

1949–59	Renate Gräfin von Hardenberg
1960–70	Gertrud Lampe
1970–96	Käthe Hilgenstock
1995–2005	Renate Scheffler
2005–06	Susanne van Cleve
seit 2006	Tanja Czibulinski-Kühn

Forschungsgemeinschaft 20. Juli 1944 e.V.

Vorsitzende

1973–95	Rüdiger von Voss
1995–2004	Dr. Christel Blumenberg-Lampe
2004–10	Hans-Manfred Rahtgens
seit 2010	Friedrich von Jagow

Ehrenvorsitz: Rüdiger von Voss

Beirat

Prof. Dr. Wolfgang Bergsdorf, Prof. Dr. Günter Brakelmann, Dr. Klaus von Dohnanyi, Dr. h.c. Joachim Gauck, Prof. Dr. Peter Hoffmann, Prof. Dr. Michael Kißener, Prof. Dr. Klemens von Klemperer, Prof. Dr. Frank-Lothar Kroll, Dr. Christoph Studt

Danksagung

Diese Publikation verdankt ihre Entstehung der über fünfundvierzig Jahre andauernde Zusammenarbeit mit den Menschen, die ehrenamtliche Aufgaben in der »Stiftung 20. Juli 1944« und in der gleichnamigen Forschungsgemeinschaft erfüllt haben.

Zu danken hat der Verfasser in besonderer Weise den Freunden, die mich bei deren Gründung im Jahre 1973 unterstützt und kraftvoll begleitet haben. Dies gilt in besonderer Weise für Alfred und Marion von Hofacker, Michael Maaß (†), Peter und Ulrike Kaiser und Rudolf Georgi.

Die Jahrzehnte andauernde Mitwirkung in der »Stiftung 20. Juli 1944« gibt dem Verfasser allen Anlass, den Mitgliedern des Kuratoriums und Vorstandes dieser Stiftung seine Dankbarkeit für Hilfe und Ermunterung auszusprechen und die Erinnerung an die Gründer der Stiftung und Vorgänger im Amt des Kuratoriumsvorsitzenden zu bewahren. Erwähnt seien für alle besonders Prof. Dr. Eberhard Bethge und Ludwig Freiherr von Hammerstein.

Gedankt sei der Geschäftsführerin, Frau Tanja Czibulinski-Kühn, für die engagierte Hilfe bei der Erschließung der Gründungsakten unserer Stiftung und Prof. Dr. Johannes Tuchel, dem Leiter der Gedenkstätte Deutscher Widerstand in Berlin, für die Dokumentation der für diese Arbeit erforderlichen Reden der Gedenkveranstaltungen zum Deutschen Widerstand.

Gedankt sei meinem Freund Manfred Rahtgens, der mich als amtierender Vorsitzender der »Forschungsgemeinschaft 20. Juli 1944« mit seinen Erfahrungen und aktuellen Unterlagen unterstützte. Auch Dieter Thomas, der kurz vor seinem Tode 2010 seine Gedanken zur Geschichte der »Stiftung 20. Juli 1944« niederschrieb, sei dankend genannt. Ein besonderer Dank gilt dem Generalinspekteur der Bundeswehr, General a.D. Wolfgang Schneiderhan für kritische Anregungen und Hilfe bei der Zuarbeit durch das Militärarchiv und hier insbesondere Herrn Thomas Marschner im Bundesarchiv/Militärarchiv in Freiburg.

Bundesminister Dr. Karl-Theodor Freiherr zu Guttenberg danke ich für das Geleitwort und seine Anregung, dass dieses Buch eine junge Leserschaft finden möge.

Die Drucklegung ist durch eine großmütige Spende meines treuen Freundes Klaus Kunkel sowie durch die Unterstützung der Gedenkstätte Deutscher Widerstand und durch Beiträge des Dorothee-Fliess-Fonds, der »Stiftung 20. Juli 1944« und der »Forschungsgemeinschaft 20. Juli 1944« gefördert worden.

Gedankt sei persönlich Manfred Rahtgens, Prof. Dr. Joachim Scholtyseck, Dr. Axel Smend, Prof. Dr. Robert von Steinau-Steinrück und Friedrich von Jagow.

Mein Dank gilt zugleich Herrn Roland Hartung, dem Vorsitzenden der Alfred-Delp-Gesellschaft, und Prof. Dr. Peter Steinbach, die den Verfasser einluden, mit einem Vortrag die Alfred-Delp-Gedenkvorlesung an der Universität Mannheim am 22. September 2009 zu eröffnen. Dieser Vortrag bildet den ersten Teil des Manuskripts und gab Anlass, die weiteren Teile dieser Publikation zu erarbeiten.

Mein herzlicher Dank gilt meiner Frau Monica, die das gesamte Manuskript in die Reinschrift brachte und mich in schwieriger Zeit durch Kritik und Ermunterung begleitete. Ohne ihre Unterstützung sowie die engagierte Sorgfalt des Lukas Verlages und seines Verlegers, Dr. Frank Böttcher, wäre diese Arbeit nicht gelungen. Herrn Dr. Christian Hufen danke ich herzlich für seine kritische und weiterführende Durchsicht und Lektorierung des gesamten Textes.

Bonn, Dezember 2010 *Rüdiger von Voss*